AF892851

David Vargas Castro

EL SUICIDIO COMO ACTO Y SUS PARADOJAS

Prólogo de Gabriel Lombardi

Letra Viva

Vargas Castro, David

El suicidio como acto y sus paradojas – 1ª ed. – Buenos Aires : Letra Viva, 2020.

203 p. ; 23 x 16 cm.

ISBN 978-950-649-911-2

1. Psicoanálisis. I. Título

CDD 150.195

Fotografía de tapa y contratapa: Faber Franco

Fotografía de solapa: Dante Mogni

Director editorial: Leandro Salgado

© 2020, Letra Viva, Librería y Editorial
Av. Coronel Díaz 1837, (1425) C. A. de Buenos Aires, Argentina
E-MAIL: letraviva.edit@gmail.com

© 2020, David Vargas Castro
E-MAIL: vargascastrod@yahoo.com.ar

Primera edición: agosto de 2020

Impreso en Argentina – *Printed in Argentina*

Queda hecho el depósito que marca la Ley 11.723

Prohibida la reproducción total o parcial de esta obra bajo cualquier método, incluidos la reprografía, la fotocopia y el tratamiento digital, sin la previa y expresa autorización por escrito de los titulares del *copyright*.

a Buma

Flora

Blímele

Alejandra

Sasha

Pizarnik

quien no quiso ir

nada más

que hasta el fondo.

"El psicoanálisis aporta tantas cosas nuevas, y entre ellas tantas que contradicen opiniones consabidas y sentimientos hondamente arraigados, que no puede menos que provocar oposición al comienzo. Pero si uno suspende el juicio y deja que el psicoanálisis como un todo lo impresione, quizá llegue a la convicción de que aun eso nuevo indeseado merece conocerse y es indispensable si se quiere comprender el alma y la vida de los hombres".

Sigmund Freud, *Prólogo a la traducción al hebreo de las Conferencias de introducción al psicoanálisis.*

"Los psicoanalistas son así, ellos confiesan todo... ellos confiesan todo... y todo lo que ellos relatan prueba de que evidentemente son muy buenas personas. Es increíble lo que ellos aman al ser humano, como quieren su bien, su normalidad – es inaudito, en fin, no es, es inaudita la locura de curar, ¿de curar qué? Es justamente eso lo que jamás hay que poner en duda...".

Jacques Lacan, *Del discurso psicoanalítico.*

Índice

Prólogo

Gabriel Lombardi

Para el hombre de todas las épocas, el suicidio añade, al temor de la muerte, una suerte de horror sagrado. No es una mera catástrofe, sino un acto cometido en coordenadas en las que ha intervenido una elección, y un ser capaz y digno de ella. ¿Más, menos consciente?, ¿forzado o no por las circunstancias?, poco importa. Así fue considerado desde la Antigüedad por poetas y filósofos, y más tarde por la teología moral y el psicoanálisis.

En contraste, el suicidio es ahora resumido en estadísticas de salud mental que lo asocian con predisposiciones y enfermedades, como un hecho que responde a un orden natural, con prevalencias cuantificables según los antecedentes personales y familiares, el sexo, la raza, la condición social, cultural y etcétera. Incluso el psicoanálisis ha añadido estigmas tales como: hijo no deseado.

El siglo XX nos enseñó que la muerte de un hombre puede ser una tragedia, la de millones, cuestión de estadística, Stalin y Primo Levi coinciden en ese punto.

Cuando la muerte de un ser hablante en particular, con nombre y apellido, toma la forma nítida de una decisión, de un acto, despierta en nosotros esa sensibilidad ética característica que todos conocemos. Es el tema nítido y preciso de este libro de David Vargas Castro.

Nuestra actitud ante la muerte suele ser ambigua. Asomarse por el balcón de un piso alto causa al mismo tiempo temor y atracción, de allí el vértigo, la pérdida de las coordenadas cotidianas al encontrar esas otras, las de una vida súbitamente seducida por un rápido final, abismal, estallado, seco o sangriento, salir del mundo.

A esa extraña atracción se une la sensación, diversamente frecuente, de que la vida resulta insoportable. ¡No haber nacido! es el grito trágico que resuena en nuestra cultura desde el origen de los tiempos. Esa maldición, sorda o explícita, frecuenta noches y pesadillas, tripas y voces, quisiéramos no escucharla.

Entre Sófocles y nosotros está Shakespeare, el intérprete del deseo que supo volver aquel grito verosímil, próximo al hombre moderno, que duda. Notoriamente en ese famoso monólogo en que Hamlet comienza diciendo "ser o no ser, esa es la cuestión". ¿Qué es más digno –duda–, soportar las calamidades de la vida o hacerles frente hasta terminar con ellas... muriendo? Morir, dormir, tal vez soñar... ¡pero allí está el problema! *There's the rub.*

Shakespeare señala ese punto rugoso en que nos detenemos: ¿qué otros sueños pueden venir cuando hayamos dejado nuestro efímero envoltorio? Uno mismo podría procurar su reposo con un simple estilete, pero el temor que extravía la voluntad *(puzzles the will)* es el temor de otra cosa tras la muerte –esa ignorada región de cuyos confines ningún viajero retorna–. Nos detenemos en ese punto en que intervienen la consciencia moral, sus piedrecillas o escrúpulos.

La biología enseña que el sexo es condición suficiente de la muerte, que la garantiza en plazos perentorios. Es normal soñar entonces en posponer el final de la vida, y esta actitud cuenta con el aval de la religión, que nos da fe y esperanza, y sentido a los cementerios. Desde este punto de vista, la tendencia inversa, adelantar la muerte, es siniestra; sitúa después de ese ultraje la pesadilla de un juicio ulterior. La injuria se atenúa y se agiganta en ficciones aterradoras. Dante y Shakespeare muestran el camino que lleva, de la tragedia antigua, a la comedia del hombre moderno, de fantasías sangrientas y áridas estadísticas, que compensan la ignominia del suicidio con el anonimato de la fosa común.

Demorar o acelerar la muerte, ambas opciones sugieren que podemos tener incidencia en los tiempos y en las formas en que terminemos nuestra vida. Freud conjetura –conjetura extrema– que toda muerte es un suicidio encubierto. George Sylvester Viereck asegura que dijo eso en una entrevista en 1926. Tal vez el testimonio de Viereck sea apócrifo, pero el marco en que Freud ofrece el tema no lo es. Mientras fumaba su cigarro, o viceversa, Freud encontró la certeza de una pulsión de muerte, cada ser viviente tiende al Nirvana; por intensamente que arda en él el fuego de la vida, anhela que esa fiebre llamada vida llegue a su fin. Morir, dormir, no más y, con un dormir, decir basta a las heridas que atormentan la carne –que la carne hereda, precisa Shakespeare–.

Si bien tal pulsión puede disfrazarse mediante circunloquios, finalmente, el destino último de la vida es su propia extinción. Con refinada ironía, Freud aclara que si la humanidad no se decide ya por el suicidio es porque su propia naturaleza aborrece el camino directo hacia su objetivo. Lo cual deja un tiempo para la realización de algún otro deseo.

Por eso Freud mismo advierte sobre el riesgo de un goce sin deseo, cuando la pulsión de muerte "se desmezcla", se aparta de las otras tendencias del hablante y acelera el paso.

Bello tema el del suicidio, a Goethe le valió su temprana gloria, la del joven Werther, de la que disfrutó hasta muy avanzada su vida. Por suerte, suele ser un tema deslizante y fallido, central sin embargo para la experiencia del análisis, que en general permite postergar la muerte.

Este libro de David Vargas lo desarrolla de modo detallado, referenciado, sin apuro, de un modo que da ganas de seguir leyendo y de seguir viviendo. Nos evita la experiencia de Catón que, después de varias horas de leer a Platón, se atravesó con su espada. Personalmente me pasó más bien como a Ishmael, quien en la primera página de *Moby Dick* detalla su aburrimiento, su deseo de otra cosa, y por eso se embarca para relatar, en la pluma de Melville, una historia de pasaje al acto, tema en la que este autor neoyorkino, erudito y americano al mismo tiempo, es especialista.

La pluma de Vargas propone la aventura de explorar e inventariar los diferentes modos en que este término insolente concierne y urge, ilusiona o angustia a cada hombre en tanto hablante de lenguas equívocas; lenguas que le permiten la desconexión de toda necesidad, cualquiera que sea su naturaleza, vital o lógica. Puede o no tomar esa libertad, esa trascendencia a la vida que el lenguaje le ofrece y le hace posible decir que no.

Por eso, entre la vida y la muerte, el análisis inserta el acto, que da otra dimensión y otra dignidad a la existencia humana. Se puede dejar de comer –algunos pueden–, se puede dejar de desear, de vivir.

El lenguaje, que habilita el suicidio, el decir ¡basta! a las exigencias y los tormentos de la vida hablante, nos facilita también el deslizamiento, es posible surfear la superficie inconsciente del lenguaje sin llegar a pronunciar un “me voy” irreversible. Nos habilita también la fantasía: podemos ensayar, imaginar, jugar y asustar con nuestra intención suicida, vengarnos y tomar lista de los presentes en nuestro velorio, presagiar su dolor y contar sus lágrimas. Y también, más interesante aún, el lenguaje nos da tiempo para revisar nuestra relación con el deseo que nos habita y con los tiempos posibles de su realización. Ese es el tiempo del análisis, cuyo final en muchos casos precede a la muerte.

Es un libro para leer con cuidado, siguiendo sus líneas de fuerza y sus coordenadas con cautela, despacio, evitando la sobredosis. Me llevó un mes leerlo, estudiar sus referencias, recordar otras. Así pude sobrevivir hasta este momento, miércoles 28 de agosto de 2019, en Buenos Aires, y poner punto final a este prólogo.

Prefacio

El presente libro responde a diez años dedicados al estudio del suicidio en psicoanálisis.

Durante estos años muchas fueron las personas que de una u otra manera me acompañaron, por lo que quiero destacar y agradecer a algunas de ellas. A Arturo Frydman, por su paciencia y confianza, además por sus palabras para la contratapa de este libro. A Vanina Muraro, por su lectura atenta e incondicional ayuda. A Gabriel Lombardi, por su bello prólogo. A mis queridas colegas y amigas, Andrea Maldini y Marcela García Rey, quienes fueron interlocutoras de mis elaboraciones. A Jorge Baños Orellana, por recomendarme la novela *La vida en sordina* de David Lodge (no se puede escribir sobre suicidio sin un toque de comedia). A Gloria Gómez, por las traducciones. A mis amigos, quienes siempre me alentaron a terminar lo que parecía interminable. A mi madre, Niva Castro, quien siempre ha creído en mí. A la memoria de mi padre, Luis Vargas, por heredarme su perseverancia y terquedad.

Desde la lectura del título de este libro, que evidencia que me ocuparé de uno de los estatutos del suicidio, el lector debe advertir que no pretendo responder definitivamente al enigma de este fenómeno –tarea imposible y productiva por ello–, sino que tengo el propósito de que el lector pueda considerar que es aún un terreno amplio a la investigación y con consecuencias directas a nuestra práctica como psicoanalistas al volver a poner en cuestión un estatuto silenciado por los lacanianos; silencio expresado, ora en una repetición sin trabajo minucioso de las referencias al respecto, ora por el desdeño directo de dicho estatuto.

Hablar sobre lo que normalmente no se habla trae fuertes resistencias, tanto propias como ajenas, ya que si se menciona al suicidio sin estar "en contra", rápidamente es comprendido como una apología, especialmente cuando el estatuto de acto en psicoanálisis ha sido idealizado. Que el suicidio sea pensado desde diversas perspectivas da cuenta de la complejidad que implica, así como la imposibilidad de realizar una lectura unívoca al respecto. Es el espíritu que anima este texto: abrir a otras interpretaciones, cuestión que concierne, precisamente, al quehacer del analista.

El lector se equivoca si pretende encontrar aquí una investigación que tenga propósitos de manual en donde pueda prescindir de lo azaroso de su práctica al decirle qué hacer con un paciente que amenaza con suicidarse, ni mucho menos ha de esperar de las siguientes páginas una perspectiva preventiva. Se trata, precisamente, de recordar la posibilidad –retomada por Lacan de otras perspectivas de pensamiento– de que el acto humano no responde a estándares de normalidad ni de una perspectiva de salud mental, sino que el deseo se plantea, en varias ocasiones, como radicalmente distinto a los ideales que el discurso ofrece, prescindiendo de la vida como Bien supremo y sagrado.

Poner en cuestión al suicidio como acto es, a mi entender, una forma de interrogar los límites de nuestra práctica y a la posición del analista, pretendiendo un "rigor ético fuera del cual toda cura" –señala Lacan– "incluso atiborrada de conocimiento psicoanalítico, no sería sino psicoterapia".

Introducción

Entre horror y fascinación

"—¿Y podría decirme para qué quiere morir? ¿Tiene una cita con alguien en el otro mundo?
—Usted ¿para qué quiere vivir? ¿Sabría contestármelo?
—Si me dejara pensar un rato, se lo diría.
—¿Es difícil? ¿Tiene que pensar para decírmelo?
—No soy tan espontáneo como usted.
—No tenga miedo al ridículo.
—Tengo consciencia de mis limitaciones, pero la felicidad, la falta de obstáculos, no me parecen indispensables para desear vivir.
—A mí tampoco. A veces uno toma una decisión y la cumple cuando la causa que nos ha obligado a tomarla no existe".

Silvina Ocampo, *Cornelia frente al espejo* (fragmento).

El suicidio es un fenómeno que desde el inicio de la humanidad ha ocupado a diversos pensadores a lo largo de la historia. Uno de ellos, Sigmund Freud, creador del psicoanálisis, así lo demuestra en su casuística: la carta de suicidio de Dora, el impulso obsesivo de cortarse el cuello de El hombre de las ratas, los intentos de suicidio de La joven homosexual y de Paul Schreber. Igualmente, si bien nunca consagró ningún trabajo metapsicológico al respecto, diversas elaboraciones denotan un interés no sólo descriptivo sino explicativo de este fenómeno.

Por su parte, en la enseñanza de Jacques Lacan también hallamos, de principio a fin, desarrollos a propósito del suicidio. Ya sea en textos tan tempranos como *La familia*, pasando por el seminario *La angustia*, hasta seminarios muy tardíos como *R.S.I*, Lacan se ocupó de otorgarle al suicidio diversos estatutos. Uno de estos es el de acto, el cual es planteado por el psicoanalista francés a la altura del seminario *Los cuatro conceptos fundamentales del psicoanálisis* sirviéndose de la práctica samurái conocida como *harakiri*. Dicho estatuto hace que referencias previas tales como la del suicidio de Empédocles en "Función y campo de la palabra y del lenguaje en psicoanálisis" y "Posición del inconsciente", puedan ser leídas desde esta perspectiva, así como referencias posteriores puedan pensarse a la luz de los desarrollos realizados a propósito del acto.

Sin embargo, las elaboraciones de Lacan concernientes al suicidio en tanto acto están lejos de ser lineales, además de presentarse, en algunas ocasiones, aparentes contradicciones con los planteamientos concernientes al acto. Leemos, por ejemplo, que Lacan considera que el suicidio es el único acto que tiene éxito sin fracaso; mientras que, en otro lugar, dirá que la dimensión propia del acto es el fracaso. Igualmente, veremos que afirmará que para que un suicidio pueda ser logrado, es necesario que alguien se suicide sabiendo que es un acto, así como manifestará que lo interno del acto es que se desconoce a sí mismo.

Nos encontramos entonces con algunas paradojas: un acto que, aparentemente, no cumple con las características del acto. Si lo propio del acto es su dimensión de fracaso, ¿cómo el suicidio puede tener tal estatuto al excluir la dimensión de fracaso? Así mismo, ¿cómo hablar de acto previamente a su ejecución cuando el acto es la lectura del acto, es decir, sólo pudiendo considerarse como tal *a posteriori*? ¿Qué repetición allí donde es un acto que anula toda posibilidad de repetirse?

Estas paradojas nos llevan a las siguientes preguntas: ¿En qué consiste el suicidio como acto? ¿Cuáles son sus características? ¿Cuál es su lógica? Preguntas que nos llevan a la pregunta central de este libro: ¿Por qué el suicidio puede ser un acto?

Si bien es cierto que en la teoría psicoanalítica hay una gran cantidad de textos en los que se aborda la temática del suicidio, son pocos los escritos que se dedican a dilucidar la perspectiva lacaniana del suicidio en su estatuto de acto. Podemos agruparlos entre los que afirman que el suicidio puede tener tal estatuto y los que, tajantemente, no consideran que pueda tenerlo. Sin embargo, ambas perspectivas realizan el mismo abordaje al respecto: ninguna da razones de su postura. La famosa afirmación de Lacan del suicidio como único acto sin fracaso aparece más como un dato anecdótico, olvidando –o reprimiendo– las otras referencias que complejizan tal aseveración. En este punto, fascinación y horror se estrechan en fraterno abrazo, dejando de lado el intento de desplegar este estatuto. Otros, se limitan a repetir las referencias hechas por Lacan, más al estilo de compilación, sin desarrollarlas y careciendo de todo intento de formalización.

Esto justifica y le da al presente libro su objetivo: explicar y demostrar por qué el suicidio puede tener estatuto de acto. Para ello, consideramos necesario realiza el siguiente recorrido. En un primer momento, y como antecedente, revisar la pulsión de muerte en Freud, las posiciones de analistas posfreudianos al respecto, así como la lectura y reformulación que Lacan hace de ésta. Seguidamente, un recorrido histórico sobre diversas perspectivas del suicidio a lo largo de la historia, así como ubicar de qué forma el descubrimiento freudiano subvirtió la concepción que se tenía de este fenómeno.

Posteriormente, describir las coordenadas dadas por Lacan para delimitar otros dos estatutos del suicidio, a saber, *acting-out* y pasaje al acto, para poder realizar, con retroactividad, distinciones y similitudes respecto al acto. Luego, delimitar las características del acto en la obra de Lacan, seguido de desarrollar las referencias en torno al suicidio en su estatuto de acto, para así poder advertir –e intentar plantear soluciones– las paradojas resultantes de comparar las características del acto y las referencias de Lacan a propósito del suicidio como acto. Finalmente, extraer algunas consecuencias éticas para la práctica psicoanalítica.

Lacan consideró que el análisis es un juicio, de allí que por más que el suicida no pueda decir nada del acto, el acto quiere decir, decir al que el analista no debe hacer oídos sordos acompañando el silencio que la muerte impone, o sumándose a la cacofonía de ideales de felicidad que harían de su práctica una estafa, al adjudicar a la depresión como causa única. No sólo se trata entonces del suicidio en tanto acto, sino del acto del analista, por más que éste le tenga horror. Así, se abre la posibilidad de entender al suicidio más allá de la "belleza horrenda que lleva a los hombres a condenarlo de forma tan terrible"[1], prescindiendo del lacrimoso abordaje que se le suele dar, en el que se evocan historias de supuestas vidas prometedoras, desgracias prevenibles y destinos fatales.

Antes de dar comienzo a nuestra investigación, digamos con Lacan la advertencia realizada a los asistentes de su seminario *El deseo y su interpretación* cuando se ocupaba de la obra shakesperiana *Hamlet*:

> Tal vez algunos de ustedes crean –pienso que no hay muchos de esta clase– que estamos lejos de la clínica. No es verdad, estamos de lleno en ella. Dado que lo que está en juego es situar el sentido del deseo, del deseo humano, el modo de localización al cual procedemos sobre algo que además es uno de los grandes temas del pensamiento analítico desde el comienzo, de ninguna manera podría desviarnos de aquello que de nosotros se requiere como lo más urgente.[2]

1. Lacan, J. (1957-1958). *El seminario. Libro 5: Las formaciones del inconsciente*. Buenos Aires, Argentina: Paidós, 2007, p. 254.
2. Lacan, J. (1958-1959). *El seminario. Libro 6: El deseo y su interpretación*. Buenos Aires, Argentina: Paidós, 2014, p. 299.

Capítulo I

La pulsión de muerte: de Freud a Lacan

> "La clínica psicoanalítica consiste en volver a cuestionar todo lo que Freud dijo".
>
> Jacques Lacan, *Apertura de la sección clínica.*

Es bien conocido el revuelo que el texto "Más allá del principio del placer" produjo en el ámbito analítico en el momento de su aparición. Causa de parcial o total disidencia por parte de analistas que seguían las elaboraciones freudianas. Aún en la actualidad, siguen siendo razón de interrogación y debate las elaboraciones allí planteadas.

Como tampoco es misterio, tanto los desarrollos de Freud y de colegas que le fueron contemporáneos, así como analistas posteriores, se sirvieron de la pulsión de muerte para intentar dar cuenta del suicidio. A nuestro parecer, las propuestas que se han hecho respecto a la pulsión de muerte no han sido sin consecuencias en las teorizaciones sobre el suicidio y, más radicalmente, en la dimensión ética de la práctica analítica. En este punto, los aportes de Lacan tienen una nítida diferencia con las elaboraciones precedentes al reformular la pulsión de muerte.

En razón de esto, en el presente capítulo nos abocaremos a recorrer ciertas referencias concernientes a dicha pulsión, iniciando con la obra freudiana, pasando por autores posfreudianos, y culminando con la relectura que efectuó Lacan al respecto.

Pulsiones de vida, pulsiones de muerte

En la obra freudiana podemos ubicar diversos momentos en sus desarrollos sobre la dinámica pulsional, la cual siempre la presentará en términos dualistas. Inicialmente, encontramos los planteamientos realizados sobre la pulsión, así como la diferencia entre pulsiones sexuales y pulsiones de autoconservación. Luego, con los desarrollos sobre el narcisismo, las dividirá entre pulsiones sexuales y pulsiones yoicas, en donde la libido ha de entenderse en términos de libido yoica y libido de objeto. Finalmente, en su texto "Más allá del principio del placer" –y sirviéndose de los aportes de Sabina Spielrein sobre la pulsión de destrucción[1]– plantea la distinción entre las pulsiones de vida y muerte. Las pulsiones sexuales o Eros comprenden la pulsión con meta sexual, la pulsión sexual con meta inhibida, las mociones pulsionales sublimadas, al igual que las pulsiones de autoconservación correspondientes al yo. Dichas pulsiones sexuales, dirá Freud, son las que se hacen más evidentes en nuestra práctica.

Por otro lado, plantea lo que llama *pulsiones de muerte* apoyándose en la biología, las cuales –a pesar de encontrar dificultades para ubicarlas en la clínica– considera que encuentran en el sadismo su mejor ejemplo:

> Sobre la base de consideraciones *teóricas*, apoyadas por la *biología*, suponemos una pulsión de muerte, encargada de reconducir al ser vivo orgánico al estado inerte, mientras que el Eros persigue la meta de complicar la vida mediante la reunión, la síntesis, de la sustancia viva dispersada en partículas, y esto, desde luego, para conservarla. Así las cosas, ambas pulsiones se comportan de una manera conservadora en sentido estricto, pues aspiran a restablecer un estado perturbado por la génesis de la vida.[2]

Recordemos que el marco en el que ocurre esta reformulación está dado por los fenómenos que dan cuenta de la compulsión de repetición, los cuales ponen en cuestión la hipótesis de que el aparato psíquico funciona bajo el principio del placer tendiendo a la menor tensión, evidenciando esto las neurosis traumáticas, al repetir sueños de angustia; así como los juegos infantiles al repetir situaciones displacenteras, tales como la ausencia de la madre en el paradigmático *Fort-Da*.

Freud y sus recaudos

Si hay algo que salta a la vista en la lectura del texto "Más allá del principio del placer" es la insistencia por parte de Freud en advertir al lector de que no está caminando en terreno firme, que se está abandonando a la especulación: "Lo que sigue es especulación, a menudo de largo vuelo,

---

1. Spielrein, S. (1912). *La destrucción como origen del devenir*. Recuperado de http://www.elescarmiento.com.ar/archivo/Sabina_Spielrein.pdf
2. Freud, S. (1923). "El yo y el ello". En *Obras completas*, t. XIX. Buenos Aires, Argentina: Amorrortu, 2003, p. 41. Las cursivas son mías.

que cada cual estimará o desdeñará *de acuerdo con su posición subjetiva*. Es, además, un intento de explorar consecuentemente una idea, por curiosidad de saber adónde lleva"[3].

Sin embargo, dicha especulación está sostenida por la impresión derivada de la indagación analítica, ya que se trata de la hipótesis misma de la existencia de lo inconsciente. No es una especulación filosófica, alejada de la experiencia del análisis, sino necesaria para la clínica. Igualmente, y de allí que lo destaquemos, Freud responsabiliza al lector diciendo que dependerá de su "posición subjetiva" si toma o no la hipótesis que está proponiendo. Veremos cómo éste será un caballo de batalla de Freud al respecto: "No importa si lo que de esto saliera tiene aire de 'profundo' o suena a algo místico; por nuestra parte, nos sabemos bien libres del reproche de buscar semejante cosa. Nos afanamos por alcanzar los sobrios resultados de la investigación o de la reflexión basada en ella, y no procuramos que tengan otro carácter que el de la certeza"[4].

Para no importarle, la reiteración parece demostrar lo contrario, así como su anticipación a la pregunta que podría formularle un interlocutor, a saber, de si está convencido de los planteamientos que está realizando:

> Podríamos preguntárseme si yo mismo estoy convencido de las hipótesis desarrolladas aquí, y hasta dónde lo estoy. Mi respuesta sería: ni yo mismo estoy convencido, ni pido a los demás que crean en ellas. Me parece que nada tiene que hacer aquí el factor afectivo del convencimiento. Es plenamente lícito entregarse a una argumentación, perseguirla hasta donde lleve, sólo por curiosidad científica o, si se quiere, como un *advocatus diaboli* que no por eso ha entregado su alma al diablo. No desconozco que el tercer paso de la doctrina de las pulsiones, este que emprendo aquí, no puede reclamar la misma certeza que los dos anteriores, a saber, la ampliación del concepto de sexualidad y la tesis del narcisismo. *Esas innovaciones eran trasposiciones directas de la observación a la teoría; no adolecían de fuentes de error mayores que las inevitables en tales casos.*[5]

Freud ubicará la falta de certeza respecto a sus planteamientos como fruto de esperar que otros campos –tales como la fisiología, la biología y la química– echen luz sobre la doctrina de las pulsiones, advertido, sin embargo, de que en ellos también tratamos con lenguaje figurado, sólo

---

3. Freud, S. (1920). "Más allá del principio del placer". En *Obras completas*, t. XVIII. Buenos Aires, Argentina: Amorrortu, 2003, p. 24. Las cursivas son mías.
4. *Ibíd.*, p. 37.
5. *Ibíd.*, p. 57. Las cursivas son mías.

que más conocido por nosotros desde mayor tiempo atrás. Sin embargo, manifiesta su esperanza de que, en decenios venideros, la biología esclarezca los interrogantes concernientes a lo pulsional en psicoanálisis.

La influencia de Lamarck

Es interesante ver la argumentación que da Freud para desmentir cualquier intento de separación entre el ser humano y los demás animales. Será despreciando la idea de una pulsión de perfeccionamiento:

> A muchos de nosotros quizá nos resulte difícil renunciar a la creencia de que en el ser humano habita una pulsión de perfeccionamiento que lo ha llevado hasta su actual nivel de rendimiento espiritual y de sublimación ética, y que, es lícito esperarlo, velará por la transformación del hombre en superhombre. Sólo que yo no creo en una pulsión interior de esa índole, y no veo ningún camino que permitiría preservar esa consoladora ilusión. Me parece que la *evolución* que ha tenido hasta hoy el ser humano no precisa de una explicación diversa que la de los animales, y el infatigable esfuerzo que se observa en una minoría de individuos humanos hacia un mayor perfeccionamiento puede comprenderse sin violencia como resultado de la represión de las pulsiones, sobre la cual se edifica lo más valioso que hay en la cultura humana.[6]

Sin entrar en el debate de si el bicho humano es superior o inferior a los otros animales por los efectos que el lenguaje hacen de él sujeto, y que hace a la gramática pulsional distinta del saber del instinto; llama la atención este esfuerzo de Freud por borrar dichos efectos, so pena de considerar que, de no hacerlo, estaría ubicando al hombre como amo de la creación, al igual que en el mito bíblico. Resulta sorprendente en tanto es Freud quien dio cuenta de cómo el parásito del lenguaje separa al humano de los animales, lo que, lejos de traerle alguna "superioridad", le trae una "complicación [que] es obra de la función del lenguaje"[7].

Si nos remitimos a la tan conocida definición freudiana de pulsión, en tanto "concepto fronterizo entre lo anímico y lo somático"[8], ha de llamar nuestra atención lo que dice en "Más allá del principio del placer": "*Una*

---

6. Freud, S. (1920). *Op. cit.*, pp. 41-42. Las cursivas son mías.
7. Freud, S. (1940). "Esquema del psicoanálisis". En *Obras completas*, t. XXIII. Buenos Aires, Argentina: Amorrortu, 2003, p. 160.
8. Freud, S. (1915). "Pulsiones y destinos de pulsión". En *Obras completas*, t. XIV. Buenos Aires, Argentina: Amorrortu, 2003, p. 117.

pulsión sería entonces un esfuerzo, inherente a lo orgánico vivo, de reproducción de un estado anterior que lo vivo debió resignar bajo el influjo de fuerzas perturbadoras externas; sería una suerte de elasticidad orgánica o, si se quiere, la exteriorización de la inercia en la vida orgánica"[9].

Por lo menos, debemos preguntarnos: ¿por qué si ubicó la pulsión entre lo anímico y lo somático, acá parece restringirla a lo orgánico? ¿No se trata, como él mismo lo está señalando, de lo que "debió resignar" por "los influjos de fuerzas de perturbaciones externas", lo que podríamos leer como la afección traumática del lenguaje en el organismo vivo que hace de ello un cuerpo?

Si seguimos a Freud luego de la cita antes mencionada, continúa diciendo que no es de extrañar que nos resulte inusual la cualidad de la pulsión de muerte como conservadora del ser vivo, con la pretensión de regresar a un estado anterior, ya que estamos acostumbrados a pensar la pulsión en términos de desarrollo y cambio. Sin embargo, Freud se remite a la migración de los peces y aves para dar cuenta de que no es tan extraño este fenómeno. Apela entonces a la embriología para dar cuenta de la compulsión de repetición, al verse obligado cada miembro de la especie a repetir las estructuras de sus antepasados, lo ontogenético repitiendo lo filogenético. Recordemos que el dato clínico que usa para reformular su teoría pulsional es la compulsión a la repetición, en la que el aparato psíquico ya no parece estar regido por el principio del placer, pero vemos que lo que parece sustentar su reformulación le viene del campo de la biología.

Con respecto a la compulsión a la repetición, dirá que encuentra su origen en la acción de pulsiones que "estaban destinadas a conducir a la satisfacción; pero ya en aquel momento no la produjeron, sino que conllevaron únicamente displacer. Esa experiencia se hizo en vano. Se la repite a pesar de todo; una compulsión esfuerza a ello"[10]. Señala que es esto mismo lo que encontramos en los fenómenos de transferencia tanto en neuróticos como no neuróticos, manifestándose a modo de un destino predeterminado, imprimiendo un carácter demoníaco en la vida, pero siendo develado por el psicoanálisis como autoinducido y siendo consecuencia de vivencias infantiles.

Teniendo como premisa que todo lo vivo muere por razones internas, Freud ubica a la muerte como meta de la vida, así como sitúa lo inorgánico como precedente de lo vivo, lo que da cuenta así de la compulsión a la repetición y del principio de Nirvana. La pulsión de vida se contrapo-

---

9. Freud, S. (1920). *Op. cit.*, p. 36. Las cursivas corresponden al original.
10. *Ibíd.*, p. 21.

ne entonces a la pulsión de muerte complejizando, creando rodeos de tal modo que la meta de la muerte se dilate lo mayor posible. Freud ubicará este rodeo como consecuencia de influjos externos decisivos:

> Durante largo tiempo, quizá, la sustancia viva fue recreada siempre de nuevo y murió con facilidad cada vez, hasta que decisivos influjos externos se alteraron de tal modo que forzaron a la sustancia aún sobreviviente a desviarse más y más respecto de su camino vital originario, y a dar unos rodeos más y más complicados, antes de alcanzar la meta de la muerte.[11]

En "El yo y el ello", Freud continuará los desarrollos de "Más allá del principio del placer" a la luz de su nueva estructuración del aparato psíquico. Señala que en razón de la unión de los organismos elementales unicelulares en seres vivos pluricelulares, fue posible desviar, parcialmente, a la pulsión de muerte de las células singulares dirigiéndola hacia el mundo exterior como pulsión de destrucción gracias a la musculatura.

Continúa diciendo que en el odio podemos encontrar un representante de la pulsión de muerte, así como el amor lo es del Eros. Y prosigue, a propósito de la mudanza del amor en odio, en estos términos: "Si esta mudanza es algo más que una mera sucesión en el tiempo, vale decir, un relevo, entonces evidentemente carece de sustento un distingo tan radical como el que media entre pulsiones eróticas y de muerte, que presupone procesos fisiológicos que corren en sentidos contrarios"[12].

Estas diversas referencias a la evolución y a la biología son consecuencia de la influencia del naturalista francés Jean-Baptiste Lamark en Freud. Sin el ánimo de hacer un despliegue de la teoría de Lamark presentada en su texto *Filosofía zoológica*[13], conformémonos con decir que su propuesta –la primera teoría de la evolución natural– consiste en que los seres vivos evolucionan en la medida en que, por razones internas, intentan adaptarse a su medio para sobrevivir, efectuándose cambios en sus necesidades, hábitos y modos de existir; cambios que son transmitidos a futuras generaciones luego de un tiempo prolongado en razón del uso y desuso de los órganos en cuestión. En razón de las circunstancias infinitamente diversas a las que los seres de cada grupo de organismos se vieran sometidos, podemos entonces adjudicar las diferencias de cada especie.

---

11. *Ibíd.*, p. 38.
12. Freud, S. (1923). *Op. cit.*, p. 44.
13. Lamark, J-P. (1986). *Filosofía zoológica*. Barcelona, España: Alta fulla.

Tanto Domínguez[14] como Rodríguez y Vallejo[15] afirman que el creador del psicoanálisis se mostraba más afín a las propuestas de Lamarck que a las emergentes elaboraciones darwinianas, aferrándose a ellas al considerarlas piedra angular del psicoanálisis aún en tiempos en que la comunidad científica las cuestionaba.[16] Esto pone en duda la común suposición de que Freud abandonó las consideraciones biológicas a medida que avanzaba en su obra, siendo éstas rezagos de su formación como neurólogo. Por el contrario, "el espíritu de combinar los descubrimientos psicoanalíticos con un marco evolutivo se encuentran presentes durante toda su obra"[17]. Ya veremos, más adelante, los comentarios de Lacan en torno a la biología evolutiva en Freud.

Del recaudo a la certeza

En "El malestar en la cultura", y en contraste a lo que venimos desarrollando, Freud parece dejar de lado sus recaudos y ya no necesitar hacer una advertencia al lector. Señala que en el sadismo y en el masoquismo se le hacía presente la pulsión agresiva al servicio del Eros, pero que, posteriormente, tuvo que considerar como independiente a otro grupo de pulsiones que no tenían valor erótico sino meramente destructivo.

Al contrario de su posición inicial, considera ahora que la desautorización que algunos colegas manifiestan sobre la pulsión de muerte no es más que una resistencia de la cual él mismo fue presa en un principio, pero que ahora ha superado, lo que resuena con lo que destacamos previamente cuando, en "Más allá del principio del placer", señalaba que quedaba a cuenta de la posición subjetiva del lector que tomase como verídicas o no las elucubraciones sobre lo pulsional que allí presentaba:

---

14. Domínguez, G. (2013). "Freud y su relación con la biología: entre Darwin y Lamarck". En *Memorias V Congreso Internacional de Investigación y Práctica Profesional en Psicología XX Jornadas de Investigación Noveno encuentro de Investigadores en Psicología del MERCOSUR*. Buenos Aires, Argentina: Facultad de Psicología, pp. 40-44.
15. Freud, S. (1915). "Introducción a la 'Sinopsis de las neurosis de transferencia'". En *Textos inéditos y documentos recobrados*. Medellín y Barranquilla, Colombia: FCHS, 2017, p. 162.
16. Recordemos, de todas formas, que en una de las obras centrales del psicoanálisis, *Tótem y tabú*, el creador del psicoanálisis se sirve de la teoría de la evolución darwiniana para hacer referencia a la horda primitiva y al asesinato primordial del padre orangután.
17. Domínguez, G. (2013). *Op. cit.*, p. 43.

> El supuesto de la pulsión de muerte o de destrucción tropezó con resistencia aun dentro de círculos analíticos; sé que muchas veces se prefiere atribuir todo lo que se encuentra de amenazador y hostil en el amor a una bipolaridad originaria de la naturaleza misma. *Al comienzo yo había sustentado sólo de manera tentativa las concepciones aquí desarrolladas, pero en el curso del tiempo han adquirido tal poder sobre mí que ya no puedo pensar de otro modo.* [...] Recuerdo mi propia actitud defensiva cuando por primera vez emergió en la bibliografía psicoanalítica la idea de la pulsión de destrucción, y el largo tiempo que hubo de pasar hasta que me volviera receptivo para ella[18]. Me asombra menos que otros mostraran –y aun muestran– la misma desautorización.[19]

Si bien Freud manifiesta su convencimiento respecto a la pulsión de muerte, vemos cómo en el intercambio epistolar con Albert Einstein titulado "¿Por qué la guerra?", el creador del psicoanálisis vuelve a señalar –seguramente por la filiación científica de su interlocutor– la naturaleza especulativa de su planteamiento: "Pues bien; con algún gasto de especulación hemos arribado a la concepción de que ella [la pulsión de muerte] trabaja dentro de todo ser vivo y se afana en producir su descomposición, en reconducir la vida al estado de la materia inanimada"[20].

En la conferencia "Angustia y vida pulsional"[21], Freud volverá sobre las objeciones a la pulsión de muerte y justificará dicha oposición de la misma manera que en "El malestar en la cultura", agregando que la razón por la cual dentro del psicoanálisis hizo falta tanto tiempo para aceptar la pulsión de muerte, por más evidentes que eran sus manifestaciones, fue porque contradice convenciones sociales y premisas religiosas, en tanto consideran al hombre bueno por naturaleza, resultándonos más fácil atribuirle tal pulsión a los animales.

En este mismo texto, Freud reiterará que es gracias a los fenómenos del sadismo y del masoquismo que tuvo lugar el supuesto de una pulsión de agresión y destrucción. Es así que se remite a los problemas que acarrea económicamente el masoquismo. Señala que, si prescindimos momen-

---

18. Precisamente se refiere a los desarrollos realizados por Sabina Spielrein en su texto "La destrucción como origen del devenir", publicado en 1912, ocho años antes del texto del que nos estamos ocupando.
19. Freud, S. (1930). "El malestar en la cultura". En *Obras completas*, t. XXI. Buenos Aires, Argentina: 2003, pp. 115-116. Las cursivas son mías.
20. Freud, S. (1933). "¿Por qué la guerra?". En *Obras completas*, t. XXII. Buenos Aires, Argentina: Amorrortu, 2003, p. 194.
21. Freud, S. (1933). "Nuevas conferencias de introducción al psicoanálisis. 32ª conferencia. Angustia y vida pulsional". En *Obras completas*, t. XXII. Buenos Aires, Argentina: Amorrortu, 2003.

táneamente de sus componentes eróticos, da cuenta de un empeño que tiene como meta la destrucción de sí mismo, evidenciando que el masoquismo es más primario que el sadismo, ya que éste último es la dirección hacia el exterior de la pulsión de muerte que, originariamente, hizo parte del ello, lo que se traduce entonces como agresión.

Gracias a esto, Freud deduce lo perjudicial que puede resultar impedir la agresión, ya que "las cosas se presentan de hecho como si debiéramos destruir a otras personas o cosas para no destruirnos a nosotros mismos, para ponernos a salvo de la tendencia a la autodestrucción. ¡Triste revelación, sin duda, para el moralista!"[22].

Al igual que en "Más allá del principio del placer", se remitirá a la fisiología, como cuando hace mención a la mucosa gástrica que se digiere a sí misma para dar cuenta de la presencia de la pulsión de destrucción más allá de lo humano. En esta misma dirección, se remitirá a las migraciones de los peces y pájaros para ejemplificar el imperio de la compulsión de repetición y "la *naturaleza conservadora* de las pulsiones" llegando a decir que "la embriología es toda ella compulsión de repetición"[23].

Posfreudianos y la pulsión de muerte

Desde la postulación de la pulsión de muerte hasta nuestros días, son varios los analistas que han estado en acuerdo y desacuerdo con Freud. Veamos algunos de ellos.

Melanie Klein puso en el núcleo de sus teorizaciones el dualismo pulsional, especialmente el de la pulsión de muerte desde tiempos muy tempranos en la constitución psíquica. Esto es manifiesto en una de las dos posiciones planteadas por esta autora[24], la posición que llamó *esquizo-paranoide*, acontecida en los primeros tres meses de vida, fruto de fantasías canivalísticas, acordes a la pulsión oral-sádica y dirigida al pecho materno como objeto parcial. El bebé, afirma Klein, siente ansiedad por la retaliación fantaseada por parte del objeto, consecuencia de la pulsión de muerte proyectada como agresión dirigida a éste. Será con la segunda posición, la *depresiva*, con la que el bebé intentará, vía la culpa y el amor consecuencia de los daños fantaseados hacia los objetos buenos, repararlos, pudiendo instalar entonces el objeto total –la madre como totalidad y no el pecho como bueno o malo– dentro de sí al poder integrar tanto

22. *Ibíd.*, p. 98.
23. *Ibíd.*, pp. 98-99. El subrayado es del original.
24. Klein, M. (1952). "Algunas conclusiones teóricas sobre la vida emocional del bebé". En *Obras completas*, t. III. Buenos Aires, Argentina: Paidós, 2008.

amor como odio por el objeto, lo que trae consigo un cambio a nivel cualitativo en las emociones del bebé para con sus objetos.

Sin embargo, Laplanche y Pontalis consideran que es pertinente interrogarse si la perspectiva kleiniana absorbe completamente las significaciones freudianas concernientes al dualismo de la tercera teoría pulsional, en tanto que, si bien en la propuesta kleiniana las pulsiones se contraponen por su fin, no tienen divergencias significativas respecto al principio de funcionamiento, como ocurre en la perspectiva freudiana.[25]

Profundizando el aporte kleiniano, Wilfred Bion ubica el temor a morir del bebé como expresión de la pulsión de muerte. La forma en la que intentará tramitarlo será vía la identificación proyectiva, al expulsar y depositar en la madre estos temores, identificándolos en ella. La capacidad que el psicoanalista británico llamó *rêverie*, concierne a la posibilidad de funcionar como continente de lo expulsado por el bebé, metabolizándolo, respondiendo creativamente, simbolizándolo, otorgándole significado; luego de lo cual devolvérselo para que éste pueda asimilarlo.[26]

Como fruto de dicha interacción, el bebé podrá funcionar para sí mismo como continente creándolo en su psiquismo, permitiéndole metabolizar futuras experiencias emocionales. Esta capacidad para simbolizar, solidaria del pensar, es lo que hará posible también la capacidad de vincular. A los elementos metabolizados, Bion los llamará alfa, mientras que a los caóticos y a la espera de simbolización, beta.[27]

En oposición a Klein y Bion, Donald Winnicott considera el concepto de pulsión de muerte como destinado a "desaparecer por innecesario"[28] en tanto que, a la luz de los avances en el estudio de las afecciones narcisistas, la agresión se ve como prueba de vida, y no como expresión de una pulsión propiamente de muerte. Cuestión que ratificará posteriormente diciendo que "no encuentro ningún valor en su idea [de Freud] de un instinto de muerte"[29], señalando además que uno de los aportes "dudosos" de la teoría kleiniana es la subsistencia de dicha teoría pulsional.

---

25. Laplanche, J. y Pontalis, J-B. (1986). *Diccionario de psicoanálisis*. Barcelona, España: Labor.
26. Bion, W. (1950). *Volviendo a pensar*. Buenos Aires, Argentina: Lumen-Hormé, 2013.
27. Bion, W. (1963). *Elementos de psicoanálisis*. Buenos Aires, Argentina: Hormé-Paidós, 2000.
28. Winnicott, D. (1959). "La clasificación, ¿hay una contribución psicoanalítica a la clasificación psiquiátrica?". En *Obras completas*, p. 434. Recuperado de http://psikolibro.blogspot.com/search/label/Obras%20Completas%20Winnicott
29. Winnicott, D. (1962). "Un modo personal de ver el aporte kleiniano". En *Obras completas*, p. 1025. Recuperado de http://psikolibro.blogspot.com/search/label/Obras%20Completas%20Winnicott

Para justificar su negativa, y haciendo hincapié en la relación que otros colegas establecen entre la agresión y la pulsión de muerte, considera que, en tiempos primitivos del bebé, la muerte únicamente alcanza un significado luego de la presencia del odio, y no previamente. Si bien resulta complicado alcanzar las raíces de la agresión –sentencia– no resulta útil emplear los opuestos vida y muerte, en tanto carecen de significado en la etapa infantil en la que se la pretende ubicar, además que sólo con la constitución de la persona total es que podemos hablar de odio. De allí que manifieste como inapropiado, y expresión de una simplificación teórica, equivaler el odio y la rabia a la pulsión de muerte. Plantea la necesidad de erradicar dicha pulsión del corpus teórico psicoanalítico, juzgando luego si se hace necesario volver a contar con ella o no.

En 1968, el psicoanalista inglés será claro manifestando que "no hay ninguna dificultad en que pensemos que hay algo equivocado en la formulación del instinto de muerte por Freud, ya que él mismo parece haber tenido dudas, propias de un científico que sabe que ninguna verdad es absoluta o definitiva, y que lo que cuenta es pensar y sentir y la libertad para especular"[30].

Concerniente a los analistas que no estuvieron de acuerdo con la propuesta freudiana de la pulsión de muerte, al considerar que los hechos clínicos a los que Freud apela deben ser entendidos sin hacer referencia a esta noción, Laplanche y Pontalis[31] plantean que las críticas pueden ser enumeradas de la siguiente forma:

- Perspectiva metapsicológica: negativa a considerar la reducción de tensiones como propiedad de las pulsiones de muerte.
- Hipótesis sobre origen de la agresividad: se rechazan las hipótesis de que toda pulsión en sus inicios es correlativamente agresiva en tanto que realiza una acción que se dirige al objeto, así como que sea consecuencia de la frustración proveniente del objeto.
- Se reconoce la importancia e independencia de las pulsiones agresivas, aunque no por ello vinculadas a una tendencia autoagresiva, en tanto la agresión sólo se manifiesta hacia un objeto exterior, como lo revela la temprana ambivalencia pulsional. De allí que no se considere posible hablar de una oposición entre pulsiones de vida – pulsiones de autodestrucción.

30. Winnicott, D. (1968). "Raíces de la agresión". En *Obras completas*, p. 1193. Recuperado de http://psikolibro.blogspot.com/search/label/Obras%20Completas%20Winnicott
31. Laplanche, J. y Pontalis, J-B. (1986). *Op. cit.*

A fines de sintetizar, nos parece ejemplar –y justificado citarlo en su extensión– el resumen que André Green realiza de las posiciones que diversas corrientes analíticas han tenido respecto a la pulsión de muerte:

> Están aquellos –los más numerosos– que no creen en ella y buscan conceptos sustitutos que son cual trajes mal cortados. Ferenczi inaugura una nueva clínica sin pronunciarse. También están los que aspiran a prolongar la obra de Freud orientándola hacia la búsqueda de las fijaciones en los primeros estadios de desarrollo: Melanie Klein. De allí en más, la preocupación esencial es definirse en relación con esta analista. Algunos –Bion, por ejemplo– amplían y definen con mayor rigor las ideas de Klein. Siguen adhiriendo a la hipótesis de la pulsión de muerte o de destrucción. Otros más, a la vez que reconocen la importancia del aporte kleiniano, se diferencian de él: Winnicott. Están, asimismo, los que son efectivamente partidarios de una teoría de las pulsiones, pero reemplazan la pulsión de muerte por la agresividad. Es la posición del psicoanálisis norteamericano encabezado por Heinz Hartmann [...] Como colofón, hay una última corriente que ya no quiere oír hablar de las pulsiones, sean de vida o, menos aún, de muerte. [...] En nuestros días, la moda concede sus favores a una corriente relacionista: relación de objeto (Fairbairn y Klein), relacionismo (Greenberg y Mitchell), relacionismo pragmático (Renik).[32]

Lo que resulta sumamente notable es que, dentro de los analistas –lacanianos o no– que tomaron las elaboraciones de "Más allá del principio del placer", en todo intento por pensar el suicidio, apelan a la pulsión de muerte en menor o mayor medida.

Lacan: crítica y reformulación de la pulsión de muerte

En textos tan tempranos como *La familia*, y fuertemente influenciado por los desarrollos de Melanie Klein, vemos a Lacan criticar la pulsión de muerte en el apartado que llamó "el apetito de muerte", en donde considera que Freud cede al prejuicio del biólogo, cuestión que hemos venido localizando desde el inicio de este capítulo:

> El análisis demuestra en todos los niveles del psiquismo la realidad constituida por el hecho de que la tendencia a la muerte es vivida por

32. Green, A. (2014). *¿Por qué las pulsiones de destrucción o de muerte?* Buenos Aires, Argentina: Amorrortu, pp. 84-85.

el hombre como objeto de un apetito. El inventor del psicoanálisis reconoció el carácter irreductible de esta realidad; sin embargo, por seductora que sea la explicación que proporcionó en este sentido a través de un *instinto de muerte*[33], ésta, de todas formas, es contradictoria en sus términos; el genio mismo, en Freud, cede en efecto al prejuicio del biólogo que exige que toda tendencia se relacione con un instinto.[34]

El psicoanalista francés considera más pertinente abordar la tendencia a la muerte a partir del concepto de *complejo* –entendido como unidad funcional del psiquismo; correspondiente no a funciones vitales, sino resultante de la insuficiencia propia de dichas funciones– más precisamente, del "complejo de destete".

Como expresiones ejemplares de dicho complejo, evoca los "suicidios no violentos"[35], tales como la huelga de hambre en la anorexia mental y el envenenamiento lento en algunas toxicomanías. Para Lacan, el sujeto en su abandono a la muerte intenta reencontrar la *imago* materna, teniendo, por ejemplo, la sepultura el sentido psicológico del retorno al seno materno.

Es también en 1938 que encontramos una intervención de Lacan en la Sociedad Psicoanalítica de París, en la que, con un claro tono irónico, señala que es difícil excluir de la doctrina analítica la intuición freudiana de la pulsión de muerte y que, según lo señalado por sus colegas, Freud estuvo alejado de los hechos de su práctica, cayendo así en una construcción especulativa. Sin embargo, continúa diciendo:

> Es más especulativo querer que todo lo que encontramos en nuestro dominio tenga un sentido biológico que, siguiendo esa experiencia concreta del hombre –ninguno otro la tuvo en su siglo más que Freud– hacer surgir una noción bastarda, que nos deja estupefactos. Poco me importa que esto constituya un enigma biológico, es cierto que en el

33. Si bien en el texto se lee "instinto", debemos entenderlo como pulsión, tal como los podemos distinguir: el instinto como "conjunto de pautas de reacción que, en los animales, contribuyen a la conservación de la vida del individuo y de la especie" (Real Academia Española), y la pulsión como "concepto fronterizo entre lo anímico y lo somático, como un representante psíquico de los estímulos que provienen del interior del cuerpo y alcanzan el alma, como una medida de la exigencia de trabajo que es impuesta a lo anímico a consecuencia de su trabazón con lo corporal" (Freud, S. (1915). *Op. cit.*, p. 117), lo que deja en claro que, en el humano, dicho conjunto de pautas están ausentes por los efectos del lenguaje en el cuerpo, es decir, la presencia del malentendido que introduce el inconsciente.
34. Lacan, J. (1938). *La familia*. Buenos Aires, Argentina: Argonauta, 2003, pp. 40-41.
35. Al respecto, véase Vargas, D. y Abínzano, R. (2020). Anorexia y suicidios no violentos. *Affectio Societatis* (en evaluación).

dominio biológico, el hombre se distingue, en tanto que es un ser que se suicida, que tiene un superyó.[36]

Aclara diciendo que si en algunos casos encontramos esbozos de un superyó en el reino animal, es en los animales domésticos –los que, posteriormente, llamará con el neologismo "dombrésticos"[37], que equivoca con hombre y doméstico– lo que ya acarrea cierta humanización, siendo gracias a esto que también el hombre es un animal que se sacrifica. Dirá así que la especificidad del ser hablante con la pulsión de muerte es que es un animal que sabe que va a morir.

Casi veinte años más tarde, en el marco del seminario que consagró a *El yo en la teoría de Freud y en la técnica psicoanalítica*, Lacan considera a la pulsión de muerte como resultado de la intuición freudiana del orden simbólico, diciendo que dicha pulsión no es más que "la máscara del orden simbólico", insistiendo lo simbólico por ser reconocido por el Otro[38], e intentando su realización para salir del mutismo: "Al orden simbólico, a la vez no-siendo e insistiendo en ser, apunta Freud cuando nos habla de instinto de muerte como lo más fundamental: un orden simbólico naciendo, viniendo, insistiendo en ser realizado"[39]. Cuestión que ha de resonar con lo que dirá casi diez años más tarde en su seminario *Los cuatro conceptos fundamentales del psicoanálisis*, cuando considere al inconsciente como ético, como lo no-realizado.

Dos seminarios después, en *La relación de objeto y las estructuras freudianas*, acentúa lo que señalamos previamente al ubicar a la pulsión de muerte en la relación del significado con el significante. Será la dependencia del sujeto al significante, y de la imposibilidad de acceder a un significado sobre la muerte que, en tanto historizado, subsistirá a su muerte gracias al significante:

---

36. Lacan, J. (1938). "Intervenciones de Lacan en la Sociedad Psicoanalítica de París: El instinto de muerte". En *Intervenciones y textos*, t. I. Buenos Aires, Argentina: Manantial, 2002, p. 11.
37. Lacan, J. (1974). "Televisión". En *Otros escritos*. Buenos Aires, Argentina: Paidós, 2012, p. 537.
38. Tengamos presente que en este momento de la enseñanza de Lacan, tiempo de la intersubjetividad, el Otro, en tanto tesoro de los significantes, no ha sido inscrito como afectado por una falta, lo que Lacan llamará después "significante de la falta en el Otro". Justamente, la inscripción de esta falta dará cuenta de la imposibilidad del Otro de responder por el ser del sujeto y de los límites de esta realización de lo simbólico.
39. Lacan, J. (1954-1955). *El seminario. Libro 2: El yo en la teoría de Freud y en la técnica psicoanalítica*. Buenos Aires, Argentina: Paidós, 2008, p. 481.

> Con todo, se trata de algo que se encuentra virtualmente en el límite de la reflexión del hombre sobre su vida, que le permite entrever la muerte como condición absoluta, insuperable de su existencia, tal como lo expresa Heidegger. Las relaciones del hombre con el significante en su conjunto se encuentran vinculadas de forma muy precisa con esta posibilidad de supresión, de puesta en paréntesis de todo lo vivido.[40]

Esta posibilidad de supresión será la que reencontraremos en su próximo seminario[41] cuando haga referencia a que el suicida ataca la cadena significante para sustraérsele, aunque esto tenga como efecto paradójico que quede más alienado a ella. Inevitablemente, esta tensión entre sustracción y alienación hemos de leerla a la luz de lo planteado años después en torno a las operaciones de alienación y separación, lectura que realizaremos en un capítulo posterior.

En *La ética del psicoanálisis*, Lacan manifiesta que "La pulsión de muerte debe situarse en el dominio histórico, en la medida en que ella se articula en un nivel que sólo puede ser identificado en función de la cadena significante"[42]. Igualmente, considera que toda pulsión es pulsión de muerte y descarta la influencia de Schopenhauer en Freud en relación a la destrucción como voluntad, ubicando que dicha voluntad ha de ser entendida en tanto insistencia del significante, es decir, una insistencia sin sujeto.

Si en Freud pudimos ubicar recaudos y advertencias concernientes a las elaboraciones sobre la pulsión de muerte, en Lacan los encontramos a modo de rodeos, negaciones y puesta en sospecha: "No les estoy diciendo que la noción de pulsión de muerte en Freud no sea en sí algo muy sospechoso –tan sospechoso, y diría casi tan irrisorio, como la idea de Sade [...] Esto es incluso doblemente sospechoso [...] Quiero decir sencillamente que la pulsión de muerte en Freud no es ni verdadera ni falsa. Es sospechosa"[43].

Lo que Lacan precisa como razón de su sospecha es, justamente, la perspectiva evolucionista, lo que nos remite, directamente, a lo señalado en el apartado dedicado a Freud y la influencia de Lamarck: "También aquí yace el fondo de esa advertencia cuyo tono y nota les di más de una vez – desconfíen del registro del pensamiento que se llama el evolucionismo"[44].

---

40. Lacan, J. (1956-1957). *El seminario. Libro 4: La relación de objeto*. Buenos Aires, Argentina: Paidós, 2004, p. 50.
41. Lacan, J. (1957-1958). *El seminario. Libro 5: Las formaciones del inconsciente*. Buenos Aires, Argentina: Paidós, 2007.
42. Lacan, J. (1959-1960). *El seminario. Libro 7: La ética del psicoanálisis*. Buenos Aires, Argentina: Paidós, 2009, p. 255.
43. *Ídem*.
44. *Ibíd*., p. 258.

Señala que, sin importar la trascendencia de la "imaginación metapsicológica" que es la pulsión de muerte, la pregunta que ha de importarnos es cómo el ser humano, en tanto ser vivo, puede captar su relación con la muerte, a lo que responde diciendo que es "por la virtud del significante y bajo su forma más radical. En el significante, y en la medida en que el sujeto articula una cadena significante, palpa que él puede faltar en la cadena de lo que él es[45]"[46].

En "Subversión del sujeto y dialéctica del deseo en el inconsciente freudiano", Lacan le da a la pulsión de muerte estatuto de metáfora en Freud, al considerar cómo el lenguaje afecta el cuerpo vivo de tal forma que en la mortificación de la cosa por el significante – "la palabra es la muerte de la cosa", siguiendo a Hegel–, también lo eterniza en su estatuto de puro significante, como lo demuestra la lápida mortuoria. En explícita referencia a algunos posfreudianos, advertirá que "eludir el instinto de muerte de su doctrina [la de Freud] es desconocerla absolutamente"[47].

Algunos años después, en *Los cuatro conceptos fundamentales del psicoanálisis*, insistirá en la dimensión significante de la pulsión de muerte, y señala que diferenciar Eros y pulsión de muerte sólo se justifica en tanto dan cuenta de dos aspectos de la pulsión, "pero con una condición –la de concebir que todas las pulsiones sexuales se articulan a nivel de las significaciones en el inconsciente, por cuanto hacen surgir a la muerte –la muerte como significante y sólo como significante, pues ¿cabe decir que haya un ser-para-la-muerte?"[48].

En 1970, en el seminario *El reverso del psicoanálisis*, el psicoanalista francés denota la relación entre goce y repetición, ubicando a la pulsión de muerte freudiana como hipótesis necesaria para pensar tal articulación:

---

45. Contrario a lo que señalamos en la nota al pie concerniente al seminario *El yo en la teoría de Freud y la técnica psicoanalítica*, aquí Lacan ya ha transitado el seminario de *Las psicosis*, momento en el que advierte la incompletud del Otro por la presencia o ausencia de un significante, El Nombre-del-Padre; pasando por *La relación de objeto y las estructuras freudianas*, título de por sí irónico, en tanto que trabajará las formas de la falta de objeto; y llegando a plantear el grafo del deseo en el seminario *Las formaciones del inconsciente*, momento en donde escribe el matema del significante de la falta en el Otro: S (Ⱥ).
46. Lacan, J. (1959-1960). *Op. cit.*, p. 352.
47. Lacan, J. (1960). "Subversión del sujeto y dialéctica del deseo en el inconsciente freudiano". En *Escritos*, t. II. Buenos Aires, Argentina: Siglo veintiuno, 2010, p. 764.
48. Lacan, J. (1964). *El seminario. Libro 11: Los cuatro conceptos fundamentales del psicoanálisis*. Buenos Aires, Argentina: Paidós, 2001, p. 265.

> Lo que precisa de la repetición es el goce, término que le corresponde en propiedad. En la medida que hay búsqueda de goce en tanto repetición, se produce lo que está en juego en ese paso, ese salto freudiano –lo que nos interesa como repetición y que se inscribe por una dialéctica del goce, es propiamente lo que va contra la vida. Si Freud se ve, de algún modo, obligado, por la misma estructura del discurso, a articular el instinto de muerte, es en relación con la repetición.[49]

En la clase del 10 de junio del mismo seminario, Lacan volverá sobre este punto, señalando que la pulsión de muerte concierne a la forma en la que Freud pudo dar cuenta del carácter radical de la repetición: "Es precisamente lo que Freud, de todos modos, había descubierto en aquella época, y que calificó como pudo, como instinto de muerte, a saber, el carácter radical de la repetición, esa repetición que insiste y que caracteriza, como ninguna otra cosa, a la realidad psíquica del ser inscripto en el lenguaje"[50].

Finalmente, dos años después, en la *Conferencia en Lovaina*, volverá a señalar –en un tono claramente burlón– la desconfianza que ha de generarnos la tercera teoría pulsional y la ya señalada relación a la biología:

> He sido así un poquito arrastrado a hacer observar que, sobre el asunto de la biología, ahí, el psicoanálisis, en fin, no ha aportado gran cosa, y sin embargo sólo tiene eso en la boca: las pulsiones de vida, en fin, y "yo te cloqueo", las pulsiones de muerte. En fin, de eso les ha llegado algo, ¿sí o no?, porque sin eso, paso, sí o no, más bien sí o más bien no. ¡Ah! Hay que desconfiar de toda esa charlatanería.[51]

Como queda evidenciado, la reformulación por parte de Lacan de la pulsión de muerte no se realizó en un sólo momento de su enseñanza, sino que está desplegada a lo largo de ella, con insistencia, no sin ciertas críticas, omisiones, elogios y burlas, tanto a Freud como a otros psicoanalistas; haciendo énfasis en perspectivas que el creador del psicoanálisis había dejado interrumpidas, sin aclarar, o –como fue el estilo de Lacan– leyendo en él lo que no dijo.

Teniendo este recorrido como telón de fondo, adentrémonos ahora a revisar diversas perspectivas sobre el suicidio en Occidente a lo largo de la historia.

---

49. Lacan, J. (1969-1970). *El seminario. Libro 17: El reveros del psicoanálisis*. Buenos Aires, Argentina: Paidós, 2009, p. 48.
50. *Ibíd.*, p. 186.
51. Lacan, J. (1972). *Conferencia en Lovaina*. Buenos Aires, Argentina: Escuela Freudiana de Buenos Aires. Inédito.

Capítulo II

Historia del suicidio

"El suicidio es un hecho que forma parte de la naturaleza humana. A pesar de lo mucho que se ha dicho y hecho acerca de él en el pasado, cada uno debe enfrentarse a él desde el principio, y en cada época debe repensarlo".

Johann Wolfgang von Goethe, *Poesía y verdad*.

A lo largo de la historia de Occidente han sido diversas las perspectivas que se tuvieron del suicidio, ya sean las definiciones que decantaron en la palabra suicidio, las prácticas afines a éste, así como las reacciones morales, éticas y políticas que despertó. Podemos decir de otro modo que en este capítulo presentaremos cuáles son los lugares que el Otro social ha dado al suicidio.

Definición y etimología

La Real Academia Española nos dice que *suicidio* es una voz formada a semejanza de homicidio, proveniente del latín *sui*, que traduce "sí mismo", y *caedere*, "matar", teniendo dos connotaciones: "acción y efecto de suicidarse", lo cual es "quitarse voluntariamente la vida"; y "la acción o conducta que perjudica o puede perjudicar muy gravemente a quien la realiza".

Si nos remitimos a la etimología de esta palabra "se descubre que aunque la moderna palabra *suicidio* es una formación de raíces latinas, el latín clásico desconocía esta expresión. Ni siquiera es un compuesto latino, dado que el prefijo *suus* no se usaba en expresiones compuestas. Y si así fuere, suicidio en latín significaría, literalmente, 'dar muerte a un cerdo'"[1]. Igualmente, hemos de advertir que dicho vocablo es relativamente nuevo dado que el diccionario de inglés de Oxfort nos dice que fue empleado por primera vez en 1651 y que, en su lugar, aparecían las

1. Cohen, D. (2010). *Por mano propia*. Buenos Aires, Argentina: Fondo de Cultura Económica, p. 73.

palabras "matarse", "destruirse", "asesinarse", las cuales están relacionadas al asesinato.[2]

Las lenguas clásicas carecían de una palabra para dar cuenta del suicidio, lo que daba lugar a que se entendiera de dos formas. Por un lado, el suicidio como acción de matar –forma activa–; y por otro, como modo de morir –forma pasiva–:

> El acto de poner fin a la propia vida (*autoktonos*) suponía una muerte violenta, aunque no necesariamente un crimen; las expresiones griegas más antiguas tienen asimismo una connotación de muerte, pero no de crimen o de asesinato. El hecho de morir voluntariamente (*hekousios apotheisko*) o de optar por la muerte (*lambano thanaton*) suponía no sólo una sofisticación en términos de método (la cicuta), sino también un método que indicaba una forma pasiva de suicidio.[3]

Al final del periodo clásico surge la palabra *autophoneutes* que refiere a la idea de dar fin a la propia vida. En razón de la compleja sintaxis y las motivaciones que tenían lugar en dicho periodo, esta palabra también podía significar incitar a otro al suicidio o alguien que autoriza a otro a suicidarse. Estos términos serán reemplazados por el de suicidio, lo cual, como puede advertirse, elimina las sutilezas que los términos anteriores posibilitaban.

En la Edad Antigua las expresiones lingüísticas hacían referencia a un modo de morir y no tanto a un modo de matar, teniendo muy posteriormente la connotación de un autoasesinato.

Sobre este punto, advirtamos que en castellano, así como en francés, "el verbo siempre se utiliza bajo la forma de pleonasmo o de redundancia: *se suicider* muestra que persiste la idea de que se alude a un crimen contra sí mismo"[4].

El sufijo "cidio" que acompaña a otras palabras como homicidio, magnicidio y parricidio, hace referencia a una acción punible y reprobable, de modo tal que desde "muerte voluntaria" hasta "suicidio" asistimos a un paulatino cambio ideológico.[5]

La complejidad del vocablo no sólo se reduce a los diversos términos que le precedieron, sino a su definición, ya que reducir tal acto a su condición –a saber, si hay presencia o no de la voluntad– es insuficiente en tanto son muchos los casos en los que no es posible determinar con claridad si

---

2. Álvarez, A. (1973). *El dios salvaje*. Naucalpan de Juárez, México: Novaro.
3. Brown, R. (2001). *El arte del suicidio*. Madrid, España: Síntesis, p. 25.
4. Cohen, D. (2010). *Op. cit.*, p. 74.
5. Andrés, R. (2015). *Semper Dolens. Historia del suicidio en Occidente*. Barcelona, España: Acantilado.

el propósito era morir, un llamado que terminó en muerte, o un intento de dar fin a un sufrimiento de alguna enfermedad que ha resultado insoportable de sobrellevar.

Edad Antigua

Tanto en la Antigua Grecia como en Roma se usaba la expresión "morir por mano propia" para hacer referencia al suicidio, y se le adjudica a Cicerón la frase *mors voluntaria*, considerada la más antigua para hacer mención a esta acción. Tal frase latina enfatiza la dimensión deliberada, en oposición a la palabra *suicidio* en la que tiene preponderancia el hecho de que tanto el objeto sobre quien recae la acción es el mismo sujeto que la realiza.

Las muertes voluntarias en la antigüedad tienen como cualidad común cierta nobleza en cuanto a los motivos que llevan a ejecutarlas. Según lo que podemos saber de los griegos, estos únicamente se suicidaban por razones tales como dolor, altos principios patrióticos o por deshonor.[6]

La iconografía del suicidio inicia con la muerte de Áyax[7], teniendo ésta dos versiones, y siendo representaba en antiguas ánforas, como la realizada por Exequias (Figura 1), en donde se ve a Áyax preparando su espada para dejarse caer sobre ella. En la versión de Píndaro, el legendario héroe se quita la vida luego de perder el honor. En la versión más detallada de Sófocles, se suicida cuando Ulises le gana la armadura de Aquiles, la cual Áyax había hecho suya luego de vencer a Héctor. Es entonces allí que, enloquecido por la humillación, se atraviesa con su espada.

Figura 1. **Suicidio de Áyax representado en un ánfora por Exequias.**

6. Álvarez, A. (1973). *Op. cit.*
7. Brown, R. (2001). *Op. cit.*

Desde estas dos versiones de la muerte de Áyax encontramos dos perspectivas que se presentarán en la historia del suicidio: el suicidio como acto de honor y el suicidio como consecuencia de la locura.

Los principios filosóficos que daban lugar a esta posición ética eran la mesura y los elevados principios. No se debía aceptar el suicidio en caso de que éste se presentara como una acción carente de respeto hacia los dioses. Era en razón de esto que, por ejemplo, los pitagóricos no aceptaban el suicidio, al considerar que la vida es la disciplina de los dioses.

En el código penal, libro IX, que podemos encontrar en *Las Leyes*, el filósofo griego Platón ubicará los castigos que han de aplicarse en caso de asesinato. Allí, se pregunta qué pena debe sufrir quien mate a aquel del cual se suele decir que es el más querido y próximo:

> Me refiero al que se mate a sí mismo, impidiendo con violencia el cumplimiento de su destino, sin que se lo ordene judicialmente la ciudad, ni forzado por una mala suerte que lo hubiera tocado con un dolor excesivo e inevitable, ni porque lo aqueje una vergüenza que ponga a su vida en un callejón sin salida y la haga imposible de ser vivida, sino que se aplica eventualmente un castigo injusto a sí mismo por pereza y por una cobardía propia de la falta de hombría.[8]

A propósito de la sepultura, dirá que las tumbas de quienes mueran de esta manera deben tener ciertas particularidades: deben ser sepultados en lugares alejados, en suelo distinto al de los demás, y sin que tengan sus nombres o estela alguna.

Posteriormente, Aristóteles planteará en *Ética a Nicómaco* que tanto el cobarde, el temerario y el valiente se comportan de diversa forma frente a los mismos hechos. Mientras que el primero cede en la acción, el segundo es precipitado, y el tercero se mantiene sereno previamente y acciona cuando se presenta el hecho. De esta forma, los dos primeros pecan por exceso o por defecto, mientras que el tercero da cuenta de la debida mesura, propia de una actitud intermedia acorde a la virtud. El valor se expresa así en el punto intermedio entre las cosas que generan confianza y temor, eligiendo y soportando en tanto es honroso hacerlo y deshonroso no hacerlo, de allí que "morir por huir de la pobreza o del amor o de algo doloroso, no es propio del valiente sino más bien del cobarde; porque es blandura rehuir de lo que es penoso, y no sufrir la muerte por ser noble, sino por rehuir un mal"[9].

---

8. Platón. (390 a. C.). "Leyes". En *Diálogos*. Tomo IX, Madrid, España: Gredos, 1999, pp. 167-168.
9. Aristóteles. (V a. C.). *Ética a Nicómaco*. Madrid, España: Centro de estudios políticos y constitucionales, 2009, p 44.

Respecto a si es posible o no ser injusto con uno mismo, señala que las acciones justas son aquellas que se acoplan a cualquier virtud, de allí que estén prescriptas por la ley, y da el ejemplo del suicidio diciendo que la ley no lo autoriza y lo prohíbe: "El que, en un acceso de ira, se degüella voluntariamente, lo hace en contra de la recta razón, cosa que la ley no permite, luego obra injustamente"[10]. Aclara Aristóteles que, si bien el suicida se somete a sí mismo a un sufrimiento voluntario, su obrar es injusto contra la ciudad, de allí que la ciudad lo castigue imponiéndole la pérdida de algunos derechos civiles. Sin embargo, al igual que Platón, Aristóteles plantea algunas excepciones en las que el suicidio encuentra su justificación, como es el caso del deshonor.

Por su parte, la tradición estoica fundada por Zenón, cien años después de la muerte de Sócrates, hicieron del suicidio la forma más sensata y deseable de las soluciones. No sólo ellos, sino los epicúreos decían ser igualmente indiferentes tanto a la vida como a la muerte. Según el ideal estoico, se trataba de vivir acorde a la naturaleza, de allí que cuando la vida parecía no permitirlo, la muerte resultaba ser la elección más acorde, así como ser la decisión más racional.[11]

Para los estoicos, la salud, la vida, las propiedades, los hombres, no son bienes, así como la muerte, los infortunios, la pobreza, la enfermedad no son males. Ellos, como lo señalamos previamente, se mostraron indiferentes tanto a la vida como a la muerte, de allí que no consideraban algo más importante que otra cosa por fuera de vivir acorde a la naturaleza:

> ¿De qué manera se aplica esta teoría general a la particular práctica del suicidio? Los impulsos razonables son aquellos que favorecen las capacidades humanas. Toda vez que una enfermedad incurable o un dolor insoportable, o hasta la ausencia de los medios mínimos de subsistencia vuelven imposible continuar con una "vida natural", entendida como aquella que se ajusta a un normal funcionamiento biológico, entonces el acto apropiado es, precisamente, la muerte voluntaria. Pero es un acto tan apropiado como indiferente, pues así como se desprecian los bienes materiales, se puede llegar a despreciar la propia vida.[12]

Es evidente la diferencia con la perspectiva judeocristiana en la cual la vida tiene un valor especial y sagrado gracias a que ésta es dada por Dios; en la perspectiva estoica la vida no tiene un valor por sí misma, sino de acuerdo a cómo se viva. Se trata entonces, como lo manifestaba

10. *Ibíd.*, p. 87.
11. Álvarez, A. (1973). *Op. cit.*
12. Cohen, D. (2010). *Op. cit.*, p. 153.

Séneca, de que lo bueno no es vivir, sino vivir bien, siendo la subsistencia biológica insuficiente para justificar una existencia acorde a la ética estoica, en donde lo importante era morir bien o mal, no más pronto o más tarde, entendiendo morir bien cuando se evita vivir mal.

Tanto en Atenas como en colonias griegas de Marsella y Ceos, donde el suicidio por ingesta de cicuta tuvo auge, los magistrados tenían provisiones de veneno para las personas que desearan usarlo. El requisito para que se les fuera dada alguna provisión era exponer las razones ante el Senado, luego de lo cual, si éste consideraba las razones como válidas, concedía al demandante la cantidad necesaria para alcanzar su propósito.

Llegando a este punto, podemos decir que fue gracias a los griegos que el suicidio fue pensado más allá de los horrores primitivos para así arribar, lentamente, a discutirse de una forma más racional. Y fue gracias a los romanos que pensar el suicidio se volvió a cargar de emoción, pero desde una perspectiva tal que ya no fuera moralmente condenable, sino un acto acorde a ideales éticos que daban cuenta de virtud y excelencia.[13]

Tengamos en cuenta que no sólo se trataba de si se efectuaba suicidio por razones honorables o no, sino que era importante también la forma en la que se hiciera. En las culturas helénicas, por ejemplo, el ahorcamiento se consideraba tabú, así como en la romana era una forma que sólo usaban mujeres y delincuentes, al verse como un método alevoso y cruel. Es así como método y motivo se encontraban ligados: "La espada tenía una connotación de muerte honorable, de un digno regreso a la tierra, pero la soga dejaba el cuerpo suspendido entre el cielo y la tierra y por eso se consideraba una muerte indecorosa"[14].

Ahora bien, si nos remitimos a la Biblia, encontramos varios suicidios. En el Antiguo Testamento se registran los suicidios de Sansón, Zimrí, Saúl, Abimelech y Ajitófel, estando desprovistos de cualquier comentario negativo. En el Nuevo Testamento, encontramos el suicidio de Judas Iscariote, a quien, a pesar de ser considerado el criminal máximo, no se le juzga por su suicidio, y lejos de sumársele a sus crímenes, da la impresión de tener un valor de arrepentimiento.[15]

Edad Media

Es a partir de San Agustín que comienza a tener lugar la condena contra el suicidio. Deudora de la perspectiva platónica en la que, como

13. Álvarez, A. (1973). *Op. cit.*
14. Brown, R. (2001). *Op. cit.*, p. 46.
15. Álvarez, A. (1973). *Op. cit.*

señalamos previamente, se consideraba al suicidio como una afrenta contra la divinidad, la doctrina agustiniana se aleja del texto bíblico al agregar a la traición de Judas –y otorgándole mayor gravedad– el haberse suicidado (Figura 2), ya que, si se considera el suicidio una forma de homicidio, se atenta contra el Quinto Mandamiento que exhorta a no matar: "¿A qué se debe este giro interpretativo? A juicio de San Agustín, el pecado de Judas no radica en su traición, sino en su suicidio, pues al condenarse a sí mismo, implícitamente condenó a toda la Creación, y al odiarse a sí mismo, odió al Creador"[16].

Igualmente, San Agustín consideró que el suicidio le quita al pecador el tiempo en vida necesario para que pueda arrepentirse y pagar la penitencia que acarrean sus pecados, por lo que es necesario que se respete dicho tiempo y no se pretenda sustraerse de ello vía la muerte, lo cual sería otro pecado, de modo tal que no es posible salvarse de un pecado con otro pecado.

Figura 2. "El suicidio de Judas", Giovanni Canavesio.

Desde esta perspectiva, el ser humano está en el deber de comportarse como lo hace el vigilante que cuida aquello que se le otorgó, cayendo en falta cada vez que abandona lo que se le dio a cuidar. Soportar los sufri-

16. Cohen, D. (2010). *Op. cit.*, p. 81.

mientos que han sido ordenados por Dios es "una medida de la grandeza de alma de cada uno. Así, el hecho de suicidarse probaba solamente que uno no aceptaba la voluntad divina"[17].

Como consecuencia de la oposición de San Agustín al suicidio, así como al desmesurado número de presuntos mártires, en el año 533 d. de C., en el concilio de Orleáns, además de ser considerado el suicidio un verdadero crimen, se dictaminó que los ritos funerarios debían negársele a quienes se quitaran la vida. Al proseguir de esta forma, no estaban únicamente ateniéndose a la ley romana en la que el Estado disponía de la herencia del suicida, sino que juzgaban al suicidio como un crimen *per se*, además de mayor gravedad que otros al negarse los ritos fúnebres:

> Treinta años después, esta disposición fue reconocida sin calificativos por la ley canónica. En el concilio de Braga, en 562, los ritos fúnebres fueron denegados a *todos* los suicidas, sin tener en cuenta su posición social, sus motivos o el método empleado. El último paso fue dado en 693 por el concilio de Toledo, que ordenó que incluso quien intentara suicidarse debía ser excomulgado.[18]

Santo Tomás de Aquino, por su parte, consideró en su *Suma teológica* que el suicidio no era sólo un pecado mortal contra Dios, en tanto Él nos ha dado la vida, sino que también era un pecado contra la justicia y la caridad. Igualmente, es gracias a su doctrina del doble efecto que la Iglesia Católica logró justificar algunos actos considerados suicidas. Esta doctrina permite distinguir entre la intención inicial que empuja al acto, de las consecuencias que fueron contempladas, pero que fueron ajenas al propósito de la acción, como es el caso del bombero que se arroja a las llamas para salvar a alguien y no para quitarse la vida:

> Puesto que los pensadores de raigambre cristiana ponen el acento en los motivos o en la significación moral que impulsan una conducta, es comprensible que empleen el término *suicidio* para designar el acto resultante de todas aquellas acciones que juzgan como moralmente condenables, y reservan los términos *autosacrificio*, *martirio*, *heroísmo* y otros similares para aquellos actos, a su juicio, moralmente dignos de elogio.[19]

Es así como, en la Edad Media y los inicios de la Modernidad, la muerte no salvaba al cuerpo del suicida de los tribunales para que recayera sobre

---

17. Álvarez, A. (2010). *Op. cit.*, p. 86.
18. *Ídem*.
19. Cohen, D. (2010). *Op. cit.*, p. 61.

él el peso de la justicia, de allí que su cuerpo fuera echado fuera del cementerio o "existían cementerios reservados a los suicidas, donde el ataúd era pasado por encima de un muro sin abertura"[20].

El extenso poema de Dante Aliguieri, *La divina comedia*, da cuenta de la perspectiva terrorífica que se tenía de la muerte y del suicidio como pecado, al ubicarlo en el séptimo círculo del infierno, además de mostrar los sufrimientos que padecían para toda la eternidad quienes optaran por esta forma de morir.

En el canto XIII, se nos cuenta que los suicidas están transformados en árboles los cuales las arpías, al devorarles sus hojas, les infligen dolor, dando lugar a un bosque que emana gemidos. Una de las particularidades que señala Dante de los suicidas es que no podrán revestirse de sus cuerpos como otros difuntos, sino que permanecerán suspendidos de las ramas de los árboles en los que se han convertido. La explicación que se da de ello es que no es justo volver a tener aquello que se ha quitado voluntariamente.

Destaquemos que el autor convoca al lector a que se interrogue sobre el juicio que se hace de los suicidas, además de invitar a ser piadosos con ellos. Un pasaje nos ilustra al respecto. En el momento en que Dante es invitado por Virgilio a que rompa una de las ramas de un árbol para que advierta de dónde provienen los gemidos –en tanto que, en un primer momento, Dante tuvo temor al pensar que eran personas escondidas en el bosque–, el árbol lo interpela preguntándole: "¿Por qué me rompes? [...] ¿por qué me desgarras? ¿No tienes ningún sentimiento de piedad? Hombres fuimos y ahora estamos convertidos en troncos: tu mano debió haber sido más piadosa aunque fuéramos almas de serpientes"[21].

Edad Moderna

El escritor inglés William Shakespeare, en su obra *Hamlet* muestra, por medio del protagonista, la posición moral de la iglesia cristiana a propósito del suicidio a finales del siglo XVI. Sin embargo, lo planteado en dicha obra no se restringe sólo a ese momento histórico, sino a la historia como tal del suicidio, la cual puede ser entendida entre el suicido como pecado o acto heroico, la capacidad de razonar del ser humano que le permite ser libre aún frente a la muerte, o ser la locura la única forma

---

20. Ariès, P. (2011). *El hombre ante la muerte*. Buenos Aires, Argentina: Taurus, p. 57.
21. Alighieri, D. (1307). *La divina comedia*. Barcelona, España: Juventud, 2006, p. 51.

de liberarse de las amarras de la razón. Estas perspectivas son recreadas en la obra por la muerte de Hamlet y Ofelia.[22]

Hamlet, al decidir tener lugar en la lucha que lo llevará a la muerte, se procura una muerte que es voluntaria sin ser producida por él sino por su contrincante (Laertes), lo que le permite no cometer suicidio y así no pecar, siendo considerado su acto como heroico. Por su parte, Ofelia, al enloquecer y suicidarse luego del asesinato de su padre y el rechazo de Hamlet (Figura 3), recrea el polo opuesto, al mostrar la fragilidad y la concomitante desintegración de la razón.

Figura 3. "Ofelia muerta", John Everett Millais.

Es así como en 1601 el suicidio ya era considerado como uno más de los crímenes más bajos, y la Ley se encontraba con el mismo dilema que la doctrina cristiana, a saber, un crimen en el que objeto y agente eran la misma persona.[23]

El primer ensayo sobre suicidio de la literatura moderna concierne al inglés John Donne. En su libro *Biathanatos* distingue lo que se puede entender como homicidio de sí del asesinato de sí, teniendo compasiva aprobación por el primero y rechazo por el segundo, en tanto el primero responde al intento de preservar los intereses de la naturaleza humana, mientras el segundo se hace por motivos personales.

Interroga la idea fuertemente asentada del suicidio como pecado en sí mismo, suspendiendo entonces el juicio que ya pesaba en la iglesia – siendo san Agustín, como podemos suponer por el recorrido que venimos

22. Brown, R. (2001). *Op. cit.*
23. Álvarez, A. (1973). *Op. cit.*

haciendo, uno a quienes critica– y preguntándose por los diversos motivos que pueden llevar a que alguien se suicide, poniendo en consideración el valor de pecado o el grado de pecado, teniendo en cuenta las razones que llevaron al acto, si fueron benignas o no, llegando incluso a considerar maligna la omisión en algunos casos. Señala que el suicidio puede ser, precisamente, una forma de acelerar la llegada al cielo, no teniendo mayor diferencia que someterse a penitencias que conducirán al mismo fin.

Se pregunta si el suicidio atenta contra las leyes de la naturaleza, de la razón o de Dios. Respecto a la primera, dirá que esta es resultado de transgredir un mandamiento, no una supuesta ley natural, pudiendo así oponerlo al martirio, que también sería *contra natura*, dando como ejemplo las inmolaciones, las cuales son consideradas buenas: "Así, no sólo las épocas sucesivas enfermizas y endebles, sino hasta los tiempos más puros animaron en los hombres el deseo de muerte, incluso por razones contrarias, las cuales sin embargo, por un cambio de circunstancias, aparentaban ser buenas"[24].

Consideramos que la propuesta de Donne, en última instancia, se encuentra sintetizada en lo siguiente: "La muerte, por tanto, es un acto de la justicia de Dios, y cuando a él le plazca infligirla puede elegir a su agente, y erigirme a mí en éste lo mismo que a cualquier otro"[25]. El suicidio no sería sino otra forma en la que Dios manifiesta su voluntad por medio del hombre.

Robert Burton en 1621 escribe *Anatomía de la melancolía*, obra monumental en que se sirve de la filosofía, la historia y la medicina para señalar a la melancolía como pandemia de su época, además de justificar el suicidio. Allí, sirviéndose de la conocida teoría de los humores, señala que la melancolía debía entenderse como "desajuste de base anatómico-químico fisiológico del que el sujeto no es verdaderamente agente, sino víctima"[26]; siendo resultado de la acumulación de bilis en el bazo, produciendo alteraciones psíquicas que pasan a lo somático, dando lugar, en situaciones extremas, a suicidio. Adelantémonos diciendo que la actual postura psiquiátrica frente al suicidio responde a esta misma lógica.

El filósofo neerlandés Baruj Spinoza, en su *Ética demostrada según el orden geométrico*, señala que quien desea darse muerte lo hace, principalmente, por causas externas ya que toda cosa pretende perseverar en su ser, por lo que es imposible que algo interno al ser pretenda, a su

24. Donne, J. (1608). *Biathanatos*, Barcelona, España: El cobre, 2007, p. 73.
25. *Ibíd.*, p. 115.
26. Bauzá, H. (2018). *Miradas sobre el suicidio*. Buenos Aires, Argentina: Fondo de Cultura Económica, p. 192.

vez, destruirlo. Afirma que la razón no pide nada en contra de la naturaleza, sino a amarse a sí misma. Considera que, así como es imposible que de la nada surja algo, tampoco de la esencia del hombre como deseo puede surgir no existir.

Sin embargo, por más que no sea posible hablar de un deseo de suicidio propiamente dicho, ya que al ser humano no le es posible hacerse una idea de su muerte, quien piensa en suicidarse siente imaginariamente un deseo de escapar de algún mal o de algo que reduce su energía vital, pero interpreta erróneamente a dicho deseo como un deseo de autodestrucción.

Igualmente, y haciendo uso de una paradoja conocida como "la paradoja del asno de Buridán" –que consiste en que un asno muere de hambre por no poder decidir entre dos alimentos puestos equidistantes– señala que, si un ser humano fuese sometido a similar situación, también moriría de hambre. Advierte, a su vez, que desconoce si dicha persona debe ser considerada como un asno: "digo que lo ignoro, como también ignoro cómo hay que valorar a aquel que se ahorca y cómo hay que valorar a los niños, los necios, los locos, etc."[27]. Este pasaje da cuenta de cómo Spinoza suspende el juicio al respecto, pero establece una serie de equivalencias –suicidas, niños, necios, locos– que nos parece interesante en tanto tiene aún vigencia.

David Hume en su texto *Sobre las falsas creencias del suicidio, la inmortalidad del alma y las supersticiones* considera que "si disponer de la vida humana estuviera totalmente reservado a la particular competencia del todopoderoso, de manera tal que si lo hicieran los hombres cometerían una intromisión en la potestad divina, las acciones que tienden a preservar la vida serían igualmente criminales que las que procuran su destrucción"[28].

Manifiesta así que nada ocurre por fuera de la voluntad divina, de modo tal que ni aún el suicidio, que aparentemente obedece a la voluntad exclusiva de quien lo realiza, en realidad responde al consentimiento de Dios. En caso de excesiva pena y dolor puede alguien concluir, en efecto, que está siendo llamado por la divina providencia a dejar su lugar en la vida terrenal.

En su texto *Fundamentación de la metafísica de las costumbres*, Immanuel Kant propone al suicidio como una transgresión, ya que va en contra del deber de vivir, así como defiende un argumento social en

---

27. Spinoza, B. (1677). *Ética demostrada según el orden geométrico*. Madrid, España: Trotta, 2009, pp. 119-120.
28. Hume, D. (1783). *Sobre las falsas creencias del suicidio, la inmortalidad del alma y las supersticiones*. Buenos Aires, Argentina: El cuenco de Plata, 2009, p. 51.

contra del suicidio al considerar que puede constituir un atropello contra terceros porque, al quitarse la vida, el suicida falta a sus obligaciones para con sus conciudadanos. Más aún: el filósofo sentencia que, por más individual que parezca el suicidio, éste afecta a toda la humanidad en tanto destruye al sujeto de la moralidad, lo que es equiparable a sacar del mundo la moral misma, ya que ésta requiere de su vida como soporte:

> Si, para escapar a una situación dolorosa, se destruye a sí mismo, hace uso de una persona como simple medio para conservar una situación tolerable hasta el fin de la vida. El hombre no es una cosa ni es algo, pues, que pueda usarse como simple medio, sino que debe ser considerado, en todas las acciones, como un fin en sí mismo. En consecuencia, no puedo disponer del hombre, en mi persona, para mutilarle, estropearle, matarle.[29]

De todas formas, también afirma que es preferible sacrificar la vida que desvirtuar la moralidad, en tanto que, si bien no es necesario vivir, sí lo es vivir dignamente. Encontramos así una excepción a la objeción hecha por Kant, así como resonancia con lo planteado por los estoicos en torno a vivir bien.

El filósofo alemán Arthur Schopenhauer –quien ha sido considerado un gran influyente en la obra freudiana– se preguntará en su libro *Sobre el dolor del mundo, el suicidio y la voluntad de vivir* si el suicidio es condenable. Remitiéndose a los filósofos estoicos, al ensayo previamente citado de David Hume y a la tragedia *Hamlet*, así como realizando una crítica al cristianismo; éste autor señala que, contrario a las acusaciones de cobardía, criminalidad y locura que se han hecho en torno al suicida, "nada hay en el mundo sobre lo cual tenga cada uno un derecho tan indiscutible como sobre su propia persona y vida"[30].

No obstante, considera que el suicida, más que no tener voluntad de seguir viviendo, lo que no quiere es continuar su vida en las situaciones dolorosas y desfavorables que lo socaban. De allí que plantea una hipótesis sobre la relación entre el suicidio y el dolor. Plantea que, si el dolor físico es predominante, nuestro deseo se enfoca en reestablecernos, más que en terminar con nuestra vida. Sin embargo, si el dolor espiritual es

---

29. Kant, I. (1785). *Fundamentación de la metafísica de las costumbres*. Santiago, Chile: Escuela de Filosofía Universidad ARCIS, p. 15. Recuperado de http://www.juslapampa.gob.ar/Consejo/images/kantfundamentaciondelametafisicadelascostumbres.pdf
30. Schopenhauer, A. (1851). *Sobre el dolor del mundo, el suicidio y la voluntad de vivir*. Madrid, España: Tecnos, 2006, p. 51.

mayor que el físico, facilita el suicidio "pues el dolor físico vinculado al mismo pierde importancia a los ojos del que está afligido por un dolor espiritual excesivo"[31].

Edad Contemporánea

Será en 1879, con el profesor italiano de medicina psicológica Enrique Morselli, quien hizo uso de estadísticas para pensar el suicidio, que se producirá un desplazamiento del individuo a lo social, de la moral a los problemas sociales: "La antigua filosofía del individualismo había atribuido al suicidio las características de libertad y espontaneidad, pero ahora se hace necesario estudiarlo, no ya como la expresión de facultades individuales e independientes, sino ciertamente como un fenómeno social combinado con todas las demás fuerzas raciales"[32].

Como se puede sospechar, Émile Durkheim fue un sucesor del mencionado profesor italiano. Con su estudio sociológico *El suicidio*, no sólo denotó lo que para él eran las causas sociales de este fenómeno haciendo uso de datos estadísticos, sino que realizó una clasificación de los suicidios: egoísta, altruista y anónimo.

El suicidio egoísta tendría lugar cuando la sociedad de la que hace parte el individuo ha perdido su cohesión y los diversos ideales que le recuerdan el lugar que ocupa en ella quedan en entredicho. Como consecuencia de esto, la persona no encuentra ningún sentido a su vida, dando lugar al suicidio.

En el suicidio altruista, a diferencia del egoísta, "si el hombre se mata, no es porque se arrogue el derecho de hacerlo, sino, cosa que es muy diferente, *porque tiene la obligación de hacerlo*"[33]. La sociedad exhorta a que el individuo se quite la vida en circunstancias específicas. De no hacerlo, se le retira la estima pública y se le margina de la existencia.

El suicidio anónimo tiene lugar cuando en la sociedad de la que hace parte el individuo sufre una ruptura de equilibrio y graves reajustes, verbigracia, cataclismos o alguna crisis económica. La vida de los ciudadanos es alterada por dichos acontecimientos, sufriendo así sus consecuencias. Si bien en el suicidio egoísta la actividad propiamente colectiva está ausente, quitándole cualquier objetivo y significado, el suicidio anónimo

31. *Ibíd.*, p. 60.
32. Álvarez, A. (1973). *Op. cit.*, pp. 88-89.
33. Durkheim, É. (1897). *El suicidio*. Buenos Aires, Argentina: Losada, 2004, p. 288. Las cursivas son del original.

"está ausente de las pasiones específicamente individuales, dejándolas sin el freno que las regulaba"[34].

Desde ya, nos parece importante señalar la manera en la que este sociólogo se vio en la necesidad de hacer clasificaciones, de allí que no podamos hablar de suicidio en singular.

Este cambio de perspectiva del suicidio desde el campo individual a lo social trajo como resultado que se pensara en los factores determinantes que, desde lo social, afectaban al individuo, modo este de responsabilizar a la sociedad al respecto. Por eso, una de las consecuencias lógicas fue la abolición tanto de las condenas por intentos de suicidio así como de los rituales de los que se pretendía privar al suicida: "Socialmente, los beneficios fueron enormes: los castigos legales desaparecieron gradualmente; las familias de los suicidas exitosos ya no se encontraron desheredadas y manchadas con la sospecha de locura hereditaria; se les permitió enterrar a su muerto y llorarlo, más o menos igual que a cualquier otro"[35].

Se produce entonces una división de perspectivas: por un lado, quienes consideraban el suicidio como un fenómeno individual, y por otro, quienes lo consideraban como un fenómeno social. Desde la perspectiva individual, se suele hablar de *suicidios*, denotando así la singularidad, el caso por caso, interrogando los posibles motivos que pudieron llevar a ejecutar el acto; contrario a la perspectiva social que hablará de *suicidio*, en el que se realizan clasificaciones de los actos suicidas, acordes a climas sociales determinados.[36]

Como reacción a esta perspectiva social, desde la filosofía, Albert Camus escribe su célebre ensayo *El mito de Sísifo*, convirtiéndose en un clásico sobre el tema. Allí, considera al suicidio como el principal problema filosófico, y hace de lo absurdo –como Descartes con la duda– un método. Señala directamente que buscar en la sociedad la causa del suicidio es infecundo, ya que "el gusano se encuentra en el corazón del hombre y hay que buscarlo en él"[37].

En tanto se trata de poder vivir acorde a lo absurdo, entendiendo que "vivir es hacer que viva lo absurdo", el filósofo francés se opone al suicidio considerando que éste resuelve lo absurdo, no lo mantiene como posición existencial:

> El suicidio, como el salto, es la aceptación en su límite. Todo está consumado y el hombre vuelve a entrar en su historia esencial. Discierne su

34. *Ibíd.*, p. 349.
35. Álvarez, A. (1973). *Op. cit.*, p. 89.
36. Cohen, D. (2010). *Op. cit.*
37. Camus, A. (1942). *El mito de Sísifo*. Buenos Aires, Argentina: Losada, 2010, p. 17.

> porvenir, su único y terrible porvenir, y se precipita en él. A su manera, el suicidio resuelve lo absurdo. Lo arrastra a la misma muerte. Pero yo sé que para mantenerse lo absurdo no puede resolverse. Elude el suicidio en la medida en que es al mismo tiempo conciencia y rechazo de la muerte.[38]

Sin embargo, aclara que las consideraciones de su ensayo son relativas porque hay algunos suicidios que deben ser pensados desde otras perspectivas, evocando como ejemplo los suicidios políticos de protesta en la revolución china.

Alejándose aún más de la responsabilidad del sujeto, se produce otro giro: el paso de lo social al campo de las perturbaciones mentales.[39] Este será un viraje decisivo, ya que la responsabilidad dependerá de si se está "perturbado" o no mentalmente, considerando entonces el intento de suicidio, más que un medio para terminar con la propia vida, un pedido de ayuda: "De ahí el aforismo de Joad de que no se debe cometer suicidio en Inglaterra, so pena de ser considerado un criminal en caso de fracaso y un chiflado en caso de éxito"[40].

Al respecto, el psiquiatra y filósofo alemán Karl Jaspers advirtió que la vía más simple ha sido creer a todo suicida un loco, forma de obturar cualquier pregunta por los motivos de la acción. Al otorgar como causa una enfermedad mental, es posible de ser diagnosticada por un especialista solamente por sus síntomas. Sin embargo, sirviéndose de datos estadísticos, Jaspers señala que tan solo un tercio de los suicidas alemanes son enfermos mentales, de allí que sentencie que no sea posible establecer la supuesta relación causa-efecto entre enfermedad mental y suicidio.[41]

Esta perspectiva basada en la perturbación mental encuentra clara expresión en la implementación de la camisa de fuerza –que también debemos entender como medicamentosa–, en donde el paciente se inmoviliza para que, justamente, no se ponga en riesgo a otros ni a sí mismo; paradigma de la anulación del "por mano propia", primera acepción que hemos visto del suicidio. Igualmente, es un sujeto acéfalo, sin nombre, una camisa que a todos ha de quedarle, contrario a como vimos antes, en el cual cada suicidio correspondía a alguien, sea Áyax, Ofelia, Judas; paradigma, también, de la falta de responsabilidad, anonimato e inimputabilidad, comandada por las buenas intenciones de procurar un cuidado de sí y de otros, autorizado en un enigmático Bien.

---

38. *Ibíd.*, p. 68.
39. Brown, R. (2001). *Op. cit.*
40. Álvarez, A. (1973). *Op. cit.*, p. 66.
41. Andrés, R. (2015). *Op. cit.*

Se evidenció entonces una clara voluntad de excluir las sanciones penales cuando, los juristas de la Modernidad temprana, consideraron que estos eran fruto de afecciones psicofisiológicas: "En cuanto al suicida fracasado, no le esperaban la horca ni la prisión sino, en el peor de los casos, un periodo de observación en una clínica siquiátrica; la mayoría de las veces, no lo esperaba nada más grave que la continuación de su propia depresión"[42].

Más recientemente, las legislaciones seculares no incriminan el suicidio ni su tentativa. Su despenalización estuvo causada, principalmente, por la idea de facilitar el tratamiento psiquiátrico, y así intervenir tanto en el individuo como en su familia. Sólo hasta los años noventa se implementó la inimputabilidad, tanto para el suicidio efectivamente acontecido y su tentativa. Sin embargo, si bien las legislaciones de muchos países del mundo no prohíben el suicidio, esto no ha dado lugar a que sea considerado un derecho o una facultad: "Lejos de esa concesión, se suele replicar que la noción misma de suicidio es hasta conceptualmente inaceptable, pues el derecho de vivir es indisponible. Pero en rigor de verdad, todavía es una cuestión en discusión si acaso existe un derecho o facultad de disponer de la propia vida"[43].

En este punto, nos parecen interesantes los planteamientos realizados por el filósofo rumano Emil Cioran, conocido por aforismos tales como "no vale la pena molestarse en matarse porque uno siempre se mata demasiado tarde" –lo que lo llevó a ser considerado uno de los grandes exponentes del pesimismo–, quien lejos de hacer una apología del suicidio, enfatiza en la decisión que implica y en el alivio que conlleva la idea de poder suprimirse de la vida, lo que tendría como efecto hacer soportable vivir:

> Sin el suicidio la vida sería, en mi opinión, verdaderamente insoportable. No necesitamos matarnos. Necesitamos *saber* que podemos matarnos. Esa idea es exaltante. Te permite soportarlo *todo*. Es una de las mayores ventajas que se le han brindado al hombre. No es complicado. Yo no abogo por el suicidio, sino sólo por la utilidad de esa idea.[44]

A la objeción de la idea del suicidio ligado a enfermedades mentales, y siendo un debate en boga, se ha dado lugar a la llamada "muerte asistida", entendida como aquella intervención en la que se ayuda a un

42. Álvarez, A. (1973). *Op. cit.*, p. 89.
43. Cohen, D. (2010). *Op. cit.*, p. 33.
44. Cioran, E. (2011). *Conversaciones*. Buenos Aires, Argentina: Tusquets, pp. 73-74. Las cursivas son del original.

paciente con alguna enfermedad terminal o crónica a morir fundándose en razones legítimas.

Uno de los mayores exponentes al respecto ha sido el psiquiatra húngaro Thomas Szasz. Realizando una crítica a la psiquiatría, advierte que no ubicar responsabilidad en el suicidio –lo que legalmente se traduce en términos de inimputabilidad– es quitar responsabilidad a los ciudadanos sobre su propia vida, bajo pretextos morales que encuentran su argumentación en principios religiosos, la Constitución o preceptos médicos.

Reformulando lo dicho por Camus, Szasz considera que "sería más exacto decir que el suicidio es nuestro principal problema político y moral, y anterior a aquellos problemas relacionados como el derecho a rechazar un tratamiento o el derecho al suicidio asistido"[45]. Legar la responsabilidad de este punto a los médicos, asegura el autor, sería dar un retroceso en la adquisición de derechos elementales.[46]

Finalizado este breve recorrido histórico, debemos regresar en el tiempo, al siglo XX, más precisamente, al año 1901, momento en el que Sigmund Freud publica *Psicopatología de la vida cotidiana*. Con este texto, y aunque haya pasado desapercibido aún para los psicoanalistas desde aquel entonces, la concepción del suicidio fue subvertida.

---

45. Szasz, T. (2002). *Libertad fatal*. Barcelona, España: Paidós, p. 15.
46. Sobre este punto, no dejemos pasar la oportunidad de hacer referencia a aquel hombre en estado de inconsciencia que fue llevado a un hospital con un tatuaje en el pecho que decía "Do Not resuscitate" [No resucitar], lo que desencadenó un dilema ético en los médicos que lo atendieron. Véase al respecto: http://cnnespanol.cnn.com/2017/12/02/no-resucitar-el-tatuaje-de-un-hombre-que-dejo-confundidos-a-los-medicos-que-lo-atendieron/

Capítulo III

La subversión freudiana del suicidio

> "Tú crees que me matas.
> Yo creo que te suicidas".
>
> Antonio Porchia.

Como vimos anteriormente, son varias las concepciones que se han tenido a lo largo de la historia a propósito del suicidio, así como las consecuencias que dichas concepciones han acarreado. Ahora nos interesa ubicar cómo los aportes realizados por Freud subvirtieron desde tres perspectivas la forma de pensar el suicidio: resolviendo la pregunta sobre el objeto y el sujeto en el suicidio, ubicando la ligazón entre sexualidad y muerte; e interrogando al suicidio como gesto de libertad.

Je est un autre

Varios son los desarrollos en la obra freudiana a propósito del suicidio, pero siendo el más conocido aquel en el que este fenómeno tiene como origen un deseo de muerte hacia un objeto, siendo el suicidio una expresión de autocastigo por dicho deseo. Esta hipótesis la hallamos como nota al pie en "Tótem y tabú", aunque ya encontrando algunos esbozos en El hombre de las ratas. En este primer texto podemos leer: "Los impulsos suicidas de nuestros neuróticos resultan ser, por regla general, unos autocastigos por deseos de muerte dirigidos a otros"[1].

Será en "Duelo y melancolía" en donde formalizará esta hipótesis señalando que los supuestos reproches que el melancólico parece dirigirse a sí mismo, en realidad, los dirige hacia el objeto que ha perdido, obteniendo en esto una satisfacción sádica. Esto es posible gracias a la relación de

1. Freud, S. (1912-1913). "Tótem y tabú". En *Obras completas*, t. XIII. Buenos Aires, Argentina: Amorrortu, 2003, p. 155.

ambivalencia con el objeto en cuestión y de una regresión desde la elección narcisista de objeto hasta el narcisismo, efectuándose una identificación:

> Desde hace mucho sabíamos que ningún neurótico registra propósitos de suicidio que no vuelva sobre sí mismo a partir del impulso de matar a otro [...] el yo sólo puede darse muerte si en virtud del retroceso de investidura de objeto puede tratarse a sí mismo como objeto, si le es permitido dirigir contra sí mismo esa hostilidad que recae sobre un objeto y subroga la reacción originaria del yo hacia objetos del mundo exterior. Así, en la regresión desde la elección narcisista de objeto, este último fue por cierto cancelado, pero probó ser más poderoso que el yo mismo.[2]

Será esta perspectiva la que subsista aún en "El yo y el ello", a pesar del giro de 1920 con "Más allá del principio del placer", en donde, hablando de la melancolía, señale la relación entre pulsión de muerte y superyó en razón de lo sádico e implacable que éste se torna en dicho tipo clínico, lo cual "a menudo logra efectivamente empujar al yo a la muerte, cuando el yo no consiguió defenderse antes de su tirano mediante el vuelco a la manía"[3].

El placer de morir

Como es posible ubicar en el texto "Duelo y melancolía", Freud sitúa una satisfacción sádica por parte del superyó en el hostigamiento que realiza al objeto que, como una sombra, ha caído sobre el yo. Hecho sin precedentes ya que, en las elaboraciones anteriores a Freud, sólo había sido advertida la cara dolorosa del suicidio, no el placer que el dolor puede acarrear aun a puertas de la muerte. Sexualidad y muerte, entonces, vuelven a articularse en la obra freudiana, encontrando su paradigma en el masoquismo.

Justamente por ello en "El problema económico del masoquismo", Freud señala el valor erótico que incluso se puede encontrar en el suicidio. Allí distingue el masoquismo erógeno, el femenino y el moral. Respecto al masoquismo moral, manifiesta que se destaca en el hecho de que parece haberse distendido la ligazón entre pulsiones sexuales y de destrucción, ya que lo importante en este caso es el padecer, independientemente de

2. Freud, S. (1917). "Duelo y melancolía". En *Obras completas*, t. XIV. Buenos Aires, Argentina: Amorrortu, 2003, p. 249.
3. Freud, S. (1923). "El yo y el ello". En *Obras completas*, t. XIX. Buenos Aires, Argentina: Amorrortu, 2003, p. 54.

que sea ejecutado por una persona amada, aprovechando el masoquista cualquier ocasión que le permita ser objeto de algún sufrimiento.

Freud nos pone en guardia sobre esta supuesta distención al decir que, si queremos entender el masoquismo moral, debemos detonar que no es casualidad que hablemos de "masoquismo" también en este caso:

> Para explicar esta conducta es muy tentador dejar de lado la libido y limitarse al supuesto de que aquí la pulsión de destrucción fue vuelta de nuevo hacia adentro y ahora abate su furia sobre el sí-mismo propio; no obstante, debe tener su sentido el hecho de que el uso lingüístico no haya resignado el vínculo de esta norma de conducta en la vida con el erotismo, y llame también "masoquistas" a estos que se infieren daño a sí mismos.[4]

Es así como Freud intenta dar cuenta del masoquismo moral remitiéndose a la génesis del superyó y la necesidad de castigo –nueva denominación del sentimiento inconsciente de culpa–. Recuerda que el superyó es el resultado de la introyección en el yo de los primeros objetos libidinosos, gracias a lo cual el vínculo con estos fue desexualizado y sufrió un desvío de las metas sexuales directas. Sin embargo, el superyó mantiene características de las figuras parentales, como su severidad, de modo que dicha severidad puede ser, posteriormente, dirigida al yo. A su vez, las figuras parentales continúan, luego del complejo de Edipo, perteneciendo al mundo exterior, deviniendo el superyó, igualmente, representante del mundo exterior.

A lo largo del desarrollo infantil, que acarrea una paulatina separación de los padres, diferentes figuras de autoridad entran en la serie del superyó, encontrando en la figura del destino su más extrema e impersonal encarnación. Dirá entonces que, gracias al masoquismo moral, "la moral es resexualizada, el complejo de Edipo es reanimado, se abre la vía para una regresión de la moral al complejo de Edipo. Y ello no redunda en beneficio de la moral del individuo", de tal forma que, con tal de recibir el castigo del superyó, el sujeto "se ve obligado a hacer cosas inapropiadas, a trabajar en contra de su propio beneficio, destruir las perspectivas que se le abren en el mundo real y, eventualmente, aniquilar su propia existencia"[5].

Ubicará así al masoquismo moral como paradigma de la mezcla pulsional entre Eros y pulsión de muerte, advirtiendo que su peligrosidad es resultado de aquella parte que no se dirige hacia el exterior y que, al tener un componente erótico en lo psíquico, posibilita que el suicida alcance una satisfacción libidinosa. Vale la pena señalar que, si bien Freud enfatiza

4. Freud, S. (1924). "El problema económico del masoquismo". En *Obras completas*, t. XIX. Buenos Aires, Argentina: Amorrortu, 2003, p. 171.
5. *Ibíd.*, p. 175.

en el masoquismo moral, no es sin su correlato –en el fenómeno que nos ocupa– en el masoquismo erógeno.

De la libertad a la sobredeterminación

Freud asestó la tercera herida narcisista a la humanidad al echar por tierra la idea de que el ser humano es dueño de su pensamiento y acción. Pero no se detuvo allí: quiso demostrar cómo diariamente lo inconsciente se manifiesta en nuestras vidas y, hasta en ocasiones, yendo contrariamente a toda conservación de ésta: "Al conceptualizar el principio del placer, Freud revolucionó el campo de la filosofía de la voluntad. Rompe con la noción de autonomía –que perduró durante todo el siglo XIX– al descartar la noción de un querer autoconservador y universal"[6].

Es así que, si bien revisamos algunos de los desarrollos propuestos por Freud en torno al suicidio, haremos especial énfasis en el texto "Psicopatología de la vida cotidiana", en tanto pone radicalmente en jaque la idea del suicidio como expresión de libertad, gracias a lo que allí llama "suicidios indirectos". Cuestión que es coherente con lo señalado más de veinte años después en la entrevista apócrifa a George Sylvester Viereck, en donde menciona que "podemos entretenernos con la fantasía de que la muerte nos viene por nuestra propia voluntad"[7].

Sin embargo, dejemos en claro que la sobredeterminación freudiana, si bien presenta cierta perspectiva desde el orden de las ciencias naturales en términos causales –siendo la construcción de la escena primaria en el caso de "El hombre de los lobos" una de sus mayores expresiones–, también hallamos que esta sobredeterminación da cuenta de que no hay ninguna determinación que funcione en términos suficientes para explicar o predecir el efecto sujeto, vaciando así el lugar de la causa. De allí que el mismo Freud plantee las series complementarias y factores constitucionales como elementos que se intrincan para el serhablante haciendo que algo de lo accidental se torne necesario en su valor fixional.[8] De este modo, queda relativizada la idea del suicidio como expresión de libertad gracias a la voluntad yoica, lo que no excluye que abra el camino a otra forma de pensar la libertad en psicoanálisis.

---

6. Alberti, S. (2010). "El acto en psicoanálisis". En *Acto, pasaje al acto y* acting-out *en psicoanálisis*. Santa fe de Bogotá, Colombia: Gloria Gómez, p. 22.
7. Viereck, G. y Freud, S. (1926). "El valor de la vida. Una rara entrevista con Freud". En *Palabra plena: conversaciones con psicoanalistas*. Cali, Colombia: Bonaventuriana, 2012, p. 43.
8. Neologismo lacaniano que condensa ficción y fijación.

Como veremos a continuación, por más que Freud ubica una tendencia a la autopunición en las psiconeurosis, generalizándolo después en "Más allá del principio del placer" y con sus desarrollos sobre la necesidad de castigo, esto no funciona como causa suficiente para el suicidio, ya que tendría que bastar con dicha tendencia para que tuviera lugar un suicidio. Esto nos parece fundamental en tanto que, como veremos más adelante, Lacan será radical al ubicar al acto en el orden de la contingencia y en discontinuidad con la determinación significante del sujeto, además de ubicar a la libertad en el orden del sin-sentido.

Igualmente, resulta pertinente revisar este texto freudiano porque el psicoanalista francés hace alusiones a éste en sus desarrollos sobre el acto. Un ejemplo de esto lo encontramos en el seminario *El acto psicoanalítico*, en donde nos dice que "lo que llamamos ahora acto sintomático, acto fallido, a quién se le hubiera ocurrido antes de Freud y su interrogación sobre la psicopatología de la vida cotidiana, incluso a quién se le ocurre aún darle el sentido pleno de la palabra acto"[9].

Los fenómenos de funcionamiento psíquico fallidos

Freud agrupa una serie de fenómenos a los que cotidianamente no se les da importancia o encuentran fácilmente una excusa que funciona como justificación al respecto. Dentro de estos fenómenos, menciona los olvidos de nombres propios, de palabras extranjeras, de impresiones y propósitos; los recuerdos encubridores, equivocaciones orales y escritas, torpezas, errores, actos fallidos y actos sintomáticos.

Desde ya, este listado pone en evidencia que Freud no redujo el acto a la motilidad. De allí que, por ejemplo, en un texto como "Introducción del narcisismo", afirme que el yo se forma a partir de un "nuevo acto psíquico"[10], o cuando señala que "El yo histérico se defiende de la percepción penosa con que lo amenaza la crítica de su superyó de la misma manera como se defendería de una investidura de objeto insoportable: mediante un acto de represión"[11]. Retengamos esto, ya que Lacan tampoco reducirá el acto a la actividad motora.

Para Freud, todos estos fenómenos dan cuenta de la existencia del

9. Lacan, J. (1967-1968). *El seminario. Libro 15: El acto psicoanalítico*. Buenos Aires, Argentina: Escuela Freudiana de Buenos Aires. Inédito. Clase del 28 de noviembre de 1967.
10. Freud, S. (1914). "Introducción al narcisismo". En *Obras completas*, t. III. Buenos Aires, Argentina: Siglo veintiuno, 2012, p. 2019.
11. Freud, S. (1923). *Op. cit.*, p. 53.

inconsciente en nuestra vida cotidiana. La presencia del inconsciente no estaría restringida, entonces, a las conversiones histéricas, las ideas obsesivas o a los delirios paranoicos, teniendo como consecuencia lógica que la línea entre lo normal y lo patológico se desdibuje.

Todos estos fenómenos son posibles de ser agrupados por varias características. Una de ellas es que tienen un sentido, es decir, "un 'significado', una 'intención', una 'tendencia' y una 'localización en un contexto psíquico continuo'"[12], así como son actos psíquicos en pleno derecho.

En razón de esto es que los actos fallidos, en los que una acción con intención consciente es sustituida por otra acción que nos resulta ajena a nuestra intención inicial, pero poseedora de una intención inconsciente, sólo son fallidos desde la perspectiva de la conciencia, ya que son "totalmente *correctos*, sólo que sustituyendo a los que esperábamos o nos proponíamos"[13].

Freud afirma que será necesario que la intención perturbadora, a saber, aquella que perturba nuestra intención consciente y que trae como consecuencia que falle, haya sido presa de un esfuerzo de desalojo. Es decir, para que advenga perturbadora, ha tenido que ser previamente perturbada. La intención perturbadora, que podemos traducir como deseo y que ha sido reprimida, insiste hasta su realización, por más que la consideremos conscientemente como ajena a nuestra voluntad.

Igualmente, todos estos fenómenos solemos adjudicarlos a cansancio, casualidades, torpeza, distracciones y otras circunstancias similares, y no al determinismo psíquico, siendo esto solidario de la represión de la cual fue presa el deseo que se expresa en dichos actos.

Como vimos en la cita que tomamos de *El acto psicoanalítico*, allí Lacan, además de hablar de los actos fallidos, habla de los actos sintomáticos. Al respecto, Freud nos dice que la diferencia entre los segundos y los primeros radica en "la ausencia de otra intención distinta a aquella con la que tropiezan y que por ellos queda perturbada. Se confunden, por último, con los gestos y movimientos encaminados a la expresión de las emociones"[14].

En estos actos la represión ha actuado de forma muy exitosa, ya que, por la ausencia de una intención perturbadora, no nos anoticiamos de que haya otro deseo por expresarse, sino que, al quedar solapado por una acción que creemos realizar –ora por una suerte de automatismo sin significado,

12. Freud, S. (1916-1917). "Lecciones introductorias al psicoanálisis". En *Obras completas*, t. III. Buenos Aires, Argentina: Siglo veintiuno, 2012, p. 2154.
13. *Ibíd.*, p. 2138.
14. *Ibíd.*, p. 2155.

ora respondiendo a una emoción circunscrita– no le adjudicamos ninguna intención más que la de pasar el rato o la expresión de una emoción.

La diferencia fundamental entre el acto fallido y el sintomático para advertir la subversión freudiana del suicidio radica en la intención consciente: mientras que el acto fallido es egodistónico, el acto sintomático es egosintónico, lo cual ubica al primero en el orden de lo involuntario y al segundo en el orden de lo voluntario, lo que no es un dato menor si tenemos en cuenta que el suicidio se ha ligado históricamente a un acto voluntario.

Por otro lado, sirviéndose de la equivocación oral, Freud advierte que la relación existente entre la intención perturbadora y la perturbada puede ser, en algunas ocasiones, de contenido, es decir, de significado; y en otras ocasiones dicha relación se restringe a la similitud gramatical. Esto nos lleva a otra característica que podemos traducir sirviéndonos de Saussure con Lacan: la relación puede ser tanto a nivel de significado así como a nivel significante.

Finalmente, plantea tres condiciones para que alguna acción pueda ser considerada como operación psíquica fallida: 1) Debe estar dentro de límites que podemos juzgar como normales; 2) El alcance de la perturbación debe ser momentánea, además de haberla ejecutado previamente con éxito o sabernos capaces de ejecutarla correctamente. Es así que, si alguien nos rectifica la operación fallida, admitimos de inmediato lo inadecuada de la misma; 3) Si nos percatamos de la operación psíquica fallida, la motivación de esta permanece ajena a nuestra consciencia, adjudicando como causa casualidad, cansancio o falta de atención.

Yerros de grave alcance

Teniendo las condiciones previamente señaladas, dirijamos nuestra atención a lo que Freud considera como yerros de grave alcance: "Los efectos producidos por yerros de hombres normales son en general inofensivos. Por eso mismo reviste particular interés averiguar si unos yerros de grave alcance, que puedan ser acompañados por consecuencias sustantivas [...], se ajustan a nuestros puntos de vista en algún aspecto"[15].

Presenta entonces un ejemplo propio. Narra lo ocurrido con una mujer de avanzada edad a quien frecuentaba dos veces por día para procurarle dos gotas de colirio en los ojos e inyectarle morfina. Prosigue detallando que, normalmente, ya están preparados los frascos, uno azul para el

15. Freud, S. (1901). "Psicopatología de la vida cotidiana". En *Obras completas*, t. VI. Buenos Aires, Argentina: Amorrortu, 2003, p. 174.

colirio y uno blanco con la morfina. Estas dos acciones solía realizarlas sin prestar demasiada atención, dirigiendo sus pensamientos hacia otras cosas.

Una mañana "el autómata había trabajado erradamente": Freud había vertido en el ojo de la anciana morfina en vez de colirio, teniendo él espanto como respuesta afectiva frente a este yerro. Se dedica entonces a intentar dilucidar a qué respondía tal afecto, ya que la cantidad vertida de morfina no llegaba a producir ningún daño.

La frase "maltratar a la vieja" es la primera que surge frente al intento de Freud por analizar este yerro, considerándola como efecto de la impresión de un sueño que un joven le había compartido la tarde de la víspera. Dicho sueño sólo admitía como interpretación el comercio sexual con la madre. Acto seguido, hace un llamado al pie en el que nos remite a su texto "La interpretación de los sueños". En dicho texto, podemos leer:

> Según mis experiencias, y ya son muchas, los padres desempeñan el papel principal en la vida anímica infantil de todos los que después serán psiconeuróticos; y el enamoramiento hacia uno de los miembros de la pareja parental y el odio hacia el otro forman parte del material de mociones psíquicas configurado en esta época como patrimonio inalterable de enorme importancia para la sintomatología de la neurosis posterior.[16]

Bajo la fuerte impresión que había dejado en Freud la interpretación de este sueño, y vagando en pensamientos al respecto, es que acude a la cotidiana visita y ocurre el yerro.

Lesiones autoinferidas y suicidios indirectos

Nos parece importante destacar que si bien Freud inicia el apartado refiriéndose a yerros graves en relación a otras personas, pasa –renglón seguido y sin dedicar un apartado especial– a los yerros graves que una persona puede infligir sobre sí misma.

Señala entonces lo siguiente: "Pero seguimos sin averiguar si en yerros capaces de provocar daño grave es lícito, como lo fue en este caso [el del apartado anterior], tomar en consideración un propósito inconsciente. En este punto, como es de esperar, el material me deja en la estacada, y quedo reducido a conjeturas e inferencias"[17].

---

16. Freud, S. (1900). "La interpretación de los sueños". En *Obras completas*, t. IV. Buenos Aires, Argentina: Amorrortu, 2003, p. 269.
17. Freud, S. (1901). *Op. cit.*, p. 175.

A continuación se refiere a las lesiones autoinferidas diciendo: "Es sabido que en casos graves de psiconeurosis suelen aparecer, como síntomas patológicos, unas lesiones autoinferidas, y nunca se puede excluir que un suicidio sea el desenlace del conflicto psíquico"[18].

Vemos entonces que Freud distingue las lesiones autoinferidas como síntomas, a saber, formaciones de compromiso que mantienen el conflicto entre la instancia moral y la pulsión; a diferencia del suicidio, ya no como formación de compromiso, sino como desenlace. Mientras que del lado del síntoma aparece como indeterminación, del lado del suicidio cobra un valor resolutivo.

Sorprende que Freud, luego de haber dicho que se encontraba en la estacada, viéndose en la necesidad de apelar a "conjeturas e inferencias", diga lo siguiente: "Ahora bien, yo tengo averiguado, y puedo documentarlo con ejemplos convincentes, que muchos daños en apariencia casuales sufridos por estos enfermos [a saber, casos graves de psiconeurosis] son en verdad lesiones que ellos mismos se infligieron"[19].

La hipótesis clínica que nos comparte en este momento de su teoría es que constantemente hay una propensión en las psiconeurosis a la autopunición, la cual se expresa, ora colaborando en la formación de síntoma, ora como autorreproche. Dicha propensión se sirve de contingencias de la vida cotidiana para lograr la autolesión deseada, e incluso participa activamente ocasionando las situaciones propicias para las lesiones, cuestión que denota la participación de lo inconsciente en dichos supuestos yerros, y siendo corroborado, por ejemplo, en la particular versión que los lesionados tienen del yerro. Advierte igualmente –y sopesando lo dicho– que tales lesiones son comunes aun en casos de relativa gravedad.

En este orden de ideas de autolesiones que responden a motivos inconscientes es que postula que, así como hay suicidios que son consecuencia de una decisión deliberada, también hay suicidios que implican propósitos inconscientes, los cuales se sirven de ocasiones riesgosas para alcanzar su fin y así pasar como desgracias.

Un ejemplo que nos comparte al respecto corresponde a un joven quien, durante un concurso hípico, tiene una caída de tal gravedad que, a los pocos días, fallece. Mientras estuvo convaleciente, así como en el tiempo previo al concurso, su comportamiento fue llamativo. Su madre había fallecido, estando en profunda desazón por ello, irrumpiendo en llanto en algunas ocasiones y manifestando fastidio por la vida. Durante el servicio militar, tuvo la intención de ir a una guerra en África la cual, si

18. *Ibíd.*, pp. 175-176.
19. *Ibíd.*, p. 176.

bien no le llamaba la atención, Freud la lee como "un propósito de suicidio consciente que, empero, rehúye el camino directo"[20]. Igualmente, destaca que, si bien actualmente evitaba montar a caballo, era un audaz jinete. Previo al concurso, el joven manifestó tener un mal presentimiento, el cual, más que una suerte de augurio, advertía la tendencia inconsciente en juego que daría lugar al desenlace fatal. Freud concluye diciendo que se le podría objetar que alguien que padeciera de tal depresión nerviosa no podrá dominar al caballo como lo haría si estuviese sano. Frente a esto, responde que, si bien considera adecuada dicha objeción, es necesario considerar al propósito de autoaniquilación como aquello por lo cual no le fue posible dominar al caballo.

Es así como advierte sobre una tendencia a la autoaniquilación que comúnmente encontramos en los seres humanos, pero que en algunos casos –y en razón de su intensidad– permanece latente, y en otros logra abrirse paso:

> Las lesiones infligidas a sí mismo son, por regla general, un compromiso entre esa pulsión [de autoaniquilación] y las fuerzas que todavía se le contraponen, y aun en los casos en que realmente se llega al suicidio, la inclinación a ello estuvo presente desde mucho tiempo antes con menor intensidad, o bien como una tendencia inconsciente y sofocada.[21]

Si bien en este texto Freud no usa la expresión "suicidios indirectos"[22], lo hace en una nota al pie en "Fragmento de análisis de un caso de histeria" al mencionar que el Sr. K es arrollado por un coche al cruzarse a Dora en una calle de intenso tráfico, fruto de haber quedado atónito y confuso al verla. En dicha referencia remite al lector a "Psicopatología de la vida cotidiana" sobre los desarrollos de los que nos acabamos de ocupar.

Habiendo arribado a este punto, debemos mantener en reserva lo dilucidado, ya que sólo hasta que nos aboquemos a desarrollar las articulaciones lacanianas a propósito del acto, podremos responder, con valor retroactivo, por qué Lacan se sirve de los actos fallidos y sintomáticos para pensar el acto.

Para seguir allanando el camino, daremos un rodeo por otros dos estatutos que Lacan le otorgó al suicidio: *acting-out* y pasaje al acto.

---

20. *Ibíd.*, p. 178.
21. *Ídem.*
22. En resonancia con esto, en la ya mencionada crónica de la supuesta entrevista dada por Freud en 1926, se afirma que consideró que toda muerte puede ser entendida como un "suicidio disfrazado".

Capítulo IV

El suicidio como *acting-out* y pasaje al acto

> "La vida es un teatro, pero nosotros somos actores sin texto y sin formación que obligados a improvisar vamos dando tumbos de un lado a otro del escenario, participando en una obra cuya trama, sentido y propósito ignoramos, farfullando diálogos cuya réplica desconocemos y sin saber quién nos ha hecho subir a escena y cuándo nos obligarán a hacer mutis. Y ni siquiera nos queda el consuelo de saber, una vez que haya caído el telón, si hemos obtenido el aplauso o los abucheos del público".
>
> Jonathan Swift.

Si bien la presente investigación se ocupará de dilucidar el suicidio en su estatuto de acto, denota que en la obra de Lacan podemos encontrar otros estatutos. En razón de esto, en el presente capítulo nos abocaremos a dar una vista panorámica a propósito del suicidio como *acting-out* y pasaje al acto, advirtiendo, sin embargo, que no por ello se agotan todos los estatutos posibles.

Para tal propósito, tomaremos como eje el seminario *La angustia*, así como usaremos dos referencias paradigmáticas: la muerte de Sócrates y el suicidio melancólico.

Cuadro de la angustia

En la clase de su seminario del 14 de noviembre de 1962, Lacan realiza en el pizarrón un cuadro que está ordenado por la triada freudiana inhibición, síntoma y angustia, y por dos vectores –movimiento y dificultad– en un sentido progresivo.

Posteriormente, en la clase del 19 de diciembre de 1962, completa dicho cuadro ubicando al *acting-out* entre el impedimento y la turbación, así como al pasaje al acto entre el embarazo y la emoción (Figura 4)[1]:

Dificultad

Inhibición	Impedimento	Embarazo
Emoción	Síntoma	Pasaje al acto
Turbación	*Acting-out*	Angustia

Movimiento

Figura 4. Cuadro de la angustia. Seminario *La angustia*. Clase del 19 de diciembre de 1962.

En lo concerniente a la emoción, el psicoanalista francés hace mención a la referencia etimológica del movimiento, pero para darle un "primer empujoncito" gracias a los aportes del psiquiatra y neurólogo Kurt Goldstein, en términos de "arrojar fuera [...] de la línea del movimiento", "movimiento que se desagrega, es la reacción que se llama catastrófica"[2].

En el embarazo, siguiendo la dimensión de la dificultad, se trata del "sujeto revestido con la barra", "cuando uno ya no sabe qué hacer con uno mismo, busca detrás de qué esconderse". Consiste en "esa forma ligera de la angustia" en el que se alcanza "el máximo de dificultad"[3]. Al respecto, hace mención a la mujer embarazada; cuestión no menor, ya que Lacan insistirá con el *niederkommen lassen* que Freud lee en el intento de suicidio del caso de la joven homosexual, que significa tanto "dejar caer" como "parir".

Por otro lado, respecto al *acting-out*, se refiere a la turbación como "trastorno, caída de potencia", "es el trastorno [...] más profundo en la dimensión del movimiento"[4]. Si nos remitimos a la Real Academia

1. Tengamos en cuenta que Lacan en ningún momento de su enseñanza circunscribe el *acting-out* o el pasaje al acto a alguna estructura clínica. Para el lector interesado sobre una introducción al asunto en las psicosis, véase Vargas, D. (2019). Algunas consideraciones sobre el *acting-out* y el pasaje al acto en las psicosis. En *Memorias XI Congreso Internacional de Investigación y Práctica profesional en Psicología, XXVI Jornadas de Investigación, XV Encuentro de Investigadores en Psicología del Mercosur, I Encuentro de Terapia Ocupacional y I Encuentro de Musicoterapia*. Buenos Aires, Argentina: Universidad de Buenos Aires, pp. 857-861.
2. Lacan, J. (1962-1963). *El seminario. Libro 10: La angustia*. Buenos Aires, Argentina: Paidós, 2006, p. 20.
3. *Ibíd.*, p. 22.
4. *Ibíd.*, p. 21.

Española, encontramos dentro de sus acepciones que "trastorno" quiere decir "invertir el orden regular de algo", así como "volver algo de abajo arriba o de un lado a otro". Ya veremos cómo Lacan destacará que en el *acting-out* se tratará de subir el objeto *a* a la escena.

Igualmente, en referencia al impedimento, lo articula con la inhibición, diciendo que estar inhibido es estar impedido, y los distingue precisando que estar "impedido es un síntoma" y "estar inhibido es un síntoma metido en el museo"[5]. Lacan es preciso al decir que no es lo mismo que nuestros analizantes nos hablen de sus inhibiciones a que no lo hagan. Esta diferencia es crucial, ya que es el paso que un análisis puede procurar, desde el silencio de la egosintonía a la egodistonía del síntoma analítico que empuja al trabajo asociativo.

A su vez, haciendo uso de la etimología, advierte que "*Impedicare* significa caer en la trampa", y que esta trampa es la que impide, no la vertiente del movimiento –aunque esta esté enlentecida, ni a la función, en términos freudianos– sino al sujeto. La captura narcisista, i(*a*), precisa Lacan, es la trampa en cuestión. Articula entonces castración, imagen narcisista y falo con el impedimento afirmando que lo que impide al sujeto avanzar en el goce es el encuentro con la fractura de la imagen narcisista, lo que en el plano simbólico corresponde a la castración. Mientras el sujeto mantiene la investidura autoerótico que el narcisismo procura, conserva su lugar como falo del Otro.

La escena y el mundo

Para poder entender los desarrollos realizados por Lacan en la clase del 23 de enero de 1963 en torno al pasaje al acto y el *acting-out*, consideramos fundamental remitirnos a la clase del 28 de noviembre de 1962 en donde desarrolla lo que denomina *la escena* y *el mundo*.

En dicha clase, evoca lo que en letra de Freud encontramos, en "La interpretación de los sueños", como "otra escena", modo en la que se refiere al inconsciente; y lo distingue de "el mundo", espacio y tiempo mítico en donde el lenguaje no ha dado como efecto un sujeto dividido por el significante.

Continúa diciendo Lacan:

> Ahora bien, la dimensión de la escena, en su división respecto del lugar, mundano o no, cósmico o no, donde se encuentra el espectador, está ahí ciertamente para ilustrar ante nuestros ojos la distinción radical entre

---

5. *Ibíd.*, p. 18.

> el mundo y aquel lugar donde las cosas, aun las cosas del mundo, acuden a decirse. Todas las cosas del mundo entran en escena de acuerdo con las leyes del significante, leyes que no podemos de ningún modo considerar homogéneas a las del mundo.[6]

No hay escena sin espectador: es el Otro en tanto supuesto por el sujeto, quien, con su mirada, sostiene la escena. Lugar en donde se escribe la historia, al ser este Otro el tesoro de los significantes, de allí que Lacan considere que "La escena es la dimensión de la historia. La historia tiene siempre un carácter de puesta en escena"[7]. Historia personal, que dista de ser recubierta por la historia de la humanidad, aunque no sin ella. Se trata de los momentos que han hecho marca en la vida del sujeto, aun presidiéndole, como destaca Lacan al hablar de la "constelación familiar"[8] en la que el sujeto nace, de allí que no corresponde a cualquier fecha del calendario, sino de aquellas que han tenido valor de acontecimiento.

No sólo se trata de una puesta en escena, sino de estar enmascarados en ella, con un recubrimiento simbólico-imaginario. Es vía el Otro que nos podemos ver, de allí que Lacan enfatice, en lo que llamó *estadio del espejo* como una escena virtual, en donde el sujeto se aliena a una imagen devenida en yo gracia al reconocimiento del Otro. La angustia tendrá lugar cuando frente a ese espejo que es el Otro, encontramos un punto ciego en donde no sabemos qué objeto somos para él. Como ilustración, Lacan nos dice que es como si estuviéramos frente al ojo de una enorme mantis religiosa, siendo el Otro dicha mantis, y portando nosotros una máscara. La angustia tendría lugar cuando, al toparnos con ese punto ciego que es el deseo del Otro, nos invadiera la posibilidad de que, quizás, portamos la máscara de alguna presa apetecible para la mantis.

Acting-out

Recordemos que *acting-out* es la traducción al anglosajón del *agieren* freudiano, si bien, como lo advierte Muñoz, esta noción excede los fenómenos que podemos ubicar como *acting-out*, pudiendo situar allí también el pasaje al acto.[9]

---

6. *Ibíd.*, p. 43.
7. *Ibíd.*, p. 43-44.
8. Lacan, J. (1952). "El mito individual del neurótico o Poesía y verdad en la neurosis". En *El mito individual del neurótico*. Buenos Aires, Argentina: Paidós, 2009.
9. Muñoz, P. (2009). *La invención lacaniana del pasaje al acto*. Buenos Aires, Argentina: Manantial.

En la obra freudiana, el *agieren* se presenta como un modo de actuar en vez de recordar, como la transferencia en tanto resistencia a la rememoración[10], lo que permitirá a Lacan referirse a éste como "interferencia entre lo simbólico y lo real, esta vez no uno que sufra el sujeto, sino que el sujeto actúa"[11].

Si bien en Lacan encontramos diversas elaboraciones sobre el *acting-out* desde seminarios tan tempranos como *Los escritos técnicos de Freud*, nos parece fundamental pensarlo a la luz del seminario *La angustia* por contar allí con el objeto *a*.

A propósito del *acting-out*, podemos sistematizar lo que Lacan señala al respecto de la siguiente manera:

- Se orienta hacia el Otro y tiene como fundamento mostrarse distinto de lo que es.
- "Es verdad, pero no sujeto": no es una verdad subjetivada, sino una verdad que no responde a la realidad fantasmática del sujeto, de allí que señale que ocurra "cuando uno simboliza prematuramente, cuando uno aborda algo en el orden de la realidad, y no en el seno del registro simbólico"[12]. Para clarificarlo, Lacan se sirve del caso del psicoanalista austriaco Ernst Kris, conocido como el caso de "el hombre de los sesos frescos"[13]. En el relato que hace Lacan del caso[14], el paciente tiene miedo de estar realizando plagio, y el analista, luego de constatar en la realidad que no es así, le señala lo injustificado de dichos temores. Seguidamente, el paciente narra su *acting-out*.

10. Sobre el *agieren* freudiano, véase Abínzano, R.; Moraña, J.; Pozzobon, F.; y Vargas, D. (2018). De una cuestión preliminar a la noción de *acting-out* en las psicosis: el *agieren* freudiano. *Revista Universitaria de Psicoanálisis* (18), 69-78.
11. Lacan, J. (1956). "Respuesta al comentario de Jean Hyppolite sobre la *Verneinung* de Freud". En *Escritos*, t. I. Buenos Aires, Argentina: Siglo veintiuno, 2010, p. 373.
12. Lacan, J. (1955-1956). *El seminario. Libro 3: Las psicosis*. Buenos Aires, Argentina: Paidós, 2009, p. 118.
13. Si bien son varios momentos en su enseñanza en los cuales Lacan se remite a este caso, en la sesión del 23 de enero de 1963 del seminario *La angustia* hace referencia a lo que él mencionó en su escrito "La dirección de la cura y los principios de su poder" (pp. 571-574). Invitamos al lector a revisar dichas páginas.
14. Enfatizamos en la dimensión de relato –y por tanto, ficción– que hace Lacan del caso en tanto que, si nos remitimos al artículo en el cual Kris, E. (1951) lo presenta, dista sustancialmente de lo dicho por el psicoanalista francés. No es nuestro propósito determinar el carácter de verdad, alteración o falsificación, sino extraer sus consecuencias de enseñanza. Al respecto, el lector puede remitirse, por ejemplo, a Leibovich, A. (1991) y Allouch, J. (2000).

- El deseo, para afirmase como verdad –verdad que tiene estructura de ficción, y no de "realidad"– vía el *acting-out*, se articula con el objeto *a*, ya que lo importante en el *acting-out* es precisamente el resto que queda en dicha acción, aquello que no se dice sino que se muestra. En el caso de Kris, Lacan señalará el "deseo de plagio" existente en el paciente, más allá de si el paciente plagió o no.
- El *acting-out* llama a la interpretación, a diferencia del síntoma que inicialmente es goce y requiere de la transferencia para ser interpretado. Cuestión que remite a lo señalado por Freud, a saber, que la interpretación sin transferencia está destinada al fracaso y a despertar resistencias, tal como lo advierte en "Sobre el psicoanálisis 'silvestre'", que también podríamos llamar "salvaje"[15].
- En solidaridad con esto, a pesar de que sólo sea hecho para ser interpretado, además de que en la mayoría de las veces el sujeto sabe que lo hace para que sea interpretado por el analista, la interpretación del *acting-out* está condenada a tener pocos efectos y aun ser perjudicial.
- En esta vía, señala que el *acting-out* es "...el esbozo de la transferencia. Es la transferencia salvaje. No hay necesidad de análisis, como ustedes se lo figuran, para que haya transferencia. Pero la transferencia sin análisis, es el *acting out*. El *acting out* sin análisis es la transferencia"[16]. Es fundamental entonces distinguir entre el fenómeno de la transferencia –que desde Freud sabemos que no se restringe al dispositivo analítico– de la transferencia analítica que articula sujeto supuesto al saber, demanda de análisis y síntoma, gracias a la rectificación subjetiva, definida como "rectificación de las relaciones del sujeto con lo real"[17], ubicando la responsabilidad subjetiva respecto a la queja. Como dijimos previamente, si el *acting-out* es "verdad pero no sujeto" es por no haberse efectuado dicha rectificación.[18]

---

15. Tal como lo señala Gallo, R. (2013), el término alemán *wild*, que integra el título *Über "wilde" Psychoanalyse* –título en alemán de *Sobre el psicoanálisis "silvestre"*–, puede traducirse por "silvestre" o "salvaje".
16. Lacan, J. (1962-1963). *Op. cit.*, p. 139.
17. Lacan, J. (1961). "La dirección de la cura y los principios de su poder". En *Escritos*, t. II. Buenos Aires, Argentina: Siglo veintiuno, 2008, p. 571.
18. Sobre la relación entre rectificación subjetiva y *acting-out*, véase Vargas, D. (2019). Realidad, juicio y rectificación subjetiva. En *Memorias XI Congreso Internacional de Investigación y Práctica profesional en Psicología, XXVI Jornadas de Investigación, XV Encuentro de Investigadores en Psicología del Mercosur, I Encuentro de Terapia Ocupacional y I Encuentro de Musicoterapia*. Buenos Aires, Argentina: Universidad de Buenos Aires, pp. 852-856.

- Igualmente, el sujeto padece el síntoma, no el *acting-out*, lo que Lacan destaca al decir que es "interferencia entre lo simbólico y lo real, esta vez *no uno que sufra* el sujeto, sino que el sujeto actúa"[19].
- En el *acting-out* "el sujeto exige una respuesta más justa"[20] por parte del Otro. En razón de esto es la exhortación de Lacan a que el único sujeto en análisis sea el analizante, mientras que el analista debe ocupar el lugar de semblante de objeto *a*, destituido subjetivamente. De no ser así, la introducción de la realidad psíquica del analista obturará la emergencia del sujeto del inconsciente. La respuesta más justa pedida al Otro es, precisamente, la de subordinarse a la posición subjetiva del paciente.
- Define al *acting-out* como "lo que se produce siempre como un hecho proveniente de un lugar distinto que la causa sobre la que se acaba de actuar"[21]. En psicoanálisis, el lugar de la causa es un vacío. El *acting-out* da cuenta, ejemplarmente, de que cualquier objeto que pretenda colmar el lugar de la causa del deseo se encontrará con la resistencia que el analista mismo encarna con sus pretensiones de realidad. Por esta razón, Lacan señala que el paciente de Kris, luego de que le desmienta su temor de plagio, es como si le dijera: "Todo lo que usted dice es cierto, sólo que deja intocado el problema, quedan los sesos frescos"[22].

Otra característica que nos parece relevante del *acting-out*, pertenece al seminario *De un discurso que no fuera del semblante*. Consiste en "hacer pasar el semblante a la escena, en montarlo a la escena, en hacer de él ejemplo"[23]. Tengamos presente que en este seminario Lacan ubica al semblante en el lugar del agente, entendiendo éste como un lugar en el discurso gracias al cual un entramado simbólico-imaginario organiza el lazo social e intenta velar lo real.

---

19. Lacan, J. (1956). *Op. cit.*, p. 373. Subrayado mío.
20. Lacan, J. (1960-1961). *El seminario. Libro 8: La transferencia*. Buenos Aires, Argentina: 2004, p. 375.
21. Lacan, J. (1962-1963). *Op. cit.*, p. 347.
22. *Ibíd.*, p. 138.
23. Lacan, J. (1971). *El seminario. Libro 18: De un discurso que no fuera del semblante*. Buenos Aires, Argentina: Paidós, 2009, p. 32.

La muerte de Sócrates

En el seminario *La identificación*, Lacan menciona que Sócrates hizo de su muerte "el *acting-out* de su vida"[24]. ¿A qué se refiere con esto? Remontémonos a las circunstancias en las cuales aconteció la muerte de Sócrates.

Como se lee en "Apología de Sócrates", el filósofo griego considera que fue acusado mentirosamente de no creer en los dioses, de corromper a los jóvenes por medio de sus diálogos y de la enseñanza de su método, además de alterar el orden social, ya que dichos diálogos, afirmaban sus delatores, llevaban a quienes los realizaban a un punto de ignorancia en el que esclavo y amo quedaban a la par.

En la defensa ejecutada por Sócrates a propósito de los cargos que se le adjudicaban, éste, haciendo uso de su método, demostró lo falso de dichas acusaciones. Sin embargo, consideró que si los pertenecientes al jurado eran hombres justos, entonces, sus juicios eran justos, de allí que la condena estuviera dada por dos opciones: el exilio o tomar la cicuta.

Para Sócrates, un hombre de la *polis*, el exilio no era una opción. Hasta último momento, y tal como puede leerse en "Fedón", sus amigos intentaron persuadirlo de fugarse, pero él siempre rechazó tal opción, considerando que si la Justicia había dado tal sentencia, debía seguirse, so pena de corromper la Ley.[25] Desde este punto, podemos ubicar que la posición de Sócrates es respuesta a la posición que el jurado, en tanto Otro, encarna, señalando así que de haberse dado otra respuesta, "una respuesta más justa", el destino de Sócrates quizás habría sido otro. Es así que, por más que tenía la opción de irse a otra ciudad en donde sería bien recibido, eligió ingerir la cicuta, siendo acorde a sus convicciones sobre cómo debía comportarse un filósofo y ciudadano ateniense.

En "Apología de Sócrates", Sócrates explica por qué se ha dedicado a interrogar a los atenienses y, con ello, alcanzar la fama que ahora lo tiene en su actual situación. Señala que un amigo suyo de juventud, al ir a Delfos, y al preguntar a su famoso oráculo si había alguien más sabio que Sócrates, el oráculo contestó negativamente. Desde entonces, Sócrates comienza a dirigirse a quienes le parecen sabios, encontrando que creían ser sabios pero no lo eran, despertando la enemistad de los interlocutores. Se dirigió así a políticos, poetas, artesanos y a cuanto ciudadano ateniense que estuviese dispuesto a entablar diálogo con él. Esta investigación,

---

24. Lacan, J. (1961-1962). *El seminario. Libro 9: La identificación*. Buenos Aires, Argentina: Escuela Freudiana de Buenos Aires, Inédito. Clase del 15 de noviembre de 1961.
25. Platón. (390 a. C.). "Fedón". En *Diálogos*, t. I. Madrid, España: Gredos, 2011.

afirma el filósofo griego, le ha traído muchas enemistades y las respectivas acusaciones de las que es presa.

Es así como también se pregunta frente al jurado si no siente vergüenza de haberse dedicado a un propósito que, actualmente, lo ha llevado a que su vida corra peligro, respondiendo que un hombre que actúa en provecho de la sociedad debe estar guiado por hacer las cosas de forma justa y buena, sin tener en consideración el riesgo de vivir o morir, sino la deshonra. Sócrates aclara que, si deciden dejarlo en libertad bajo la condición de que deje de filosofar, desde ya les hace saber que seguirá el designio de los dioses de continuar haciéndolo. Si bien, como lo dirá Lacan, "morir de vergüenza es un efecto que rara vez se consigue"[26], en éste caso, Sócrates prefirió la muerte que la vergüenza.

Téngase en cuenta que, además, Sócrates se mostró desafiante frente al jurado, llegando a decir que la defensa que estaba realizando no era a su favor, sino en favor de los atenienses, no fuese que, al condenarlo, estuviesen cometiendo un error a propósito del obsequio dado por los dioses que él encarnaba. Sócrates sabe, y lo dice al jurado, que no suplicar puede despertar en ellos ira. A modo de amenaza, agrega que por no esperar un tiempo prolongado –ya que su juicio se realizó en un tiempo muy breve– los atenienses tendrán la fama y culpa de haber matado a un sabio.

Luego de la deliberación del jurado, y considerando a Sócrates culpable, éste aclara que no elegirá la cárcel ni el destierro, ya que sabe que estas opciones le son perjudiciales, mientras que, dado que de la muerte nada sabe, ingerirá la cicuta.

En este sentido, podemos leer las apreciaciones que realiza Lacan en el seminario *La transferencia* concerniente a la actitud de Sócrates en la "Apología" y la decisión de ingerir la cicuta. Considera que resulta complicado determinar que no quisiera morir, si tenemos presente la actitud desafiante que optó frente al jurado en el juicio:

> Apunto, con esto, en una primera aproximación, a la naturaleza enigmática de un deseo de muerte. El cual, sin duda, puede ser considerado ambiguo, porque se trata de un hombre que habrá dedicado setenta años a conseguir la satisfacción de tal deseo, y con toda seguridad no podemos tomarlo en el sentido de la tendencia al suicidio, al fracaso, ni en el sentido de ningún masoquismo, moral o de otra clase.[27]

26. Lacan, J. (1969-1970). *El seminario. Libro 17: El reverso del psicoanálisis*. Buenos Aires, Argentina: Paidós, 2009, p. 195.
27. Lacan, J. (1960-1961). *Op. cit.*, pp. 99-100.

Vemos que Lacan aclara que "no podemos tomarlo en el sentido de una tendencia al suicidio", ya que "tendencia" remite, por un lado, a una disposición natural –distinguiéndose así entre tendencia y deseo de muerte, lo que denota que el deseo no tiene nada de natural–; y por otro lado, que el deseo de muerte que hipotetiza Lacan en Sócrates no tiene nada que ver con un anhelo de morir. Encontramos acá lo que señalamos previamente: el *acting-out* se muestra al Otro distinto de lo que es. Por eso, podríamos decir que Sócrates dedicó su vida a ser condenado a muerte. No por nada el silogismo: "Todos los hombres son mortales. Sócrates es un hombre. Luego, Sócrates es mortal"; lo que le permitirá a Lacan ironizar al preguntarse si –denotando otra de las consecuencias del silogismo– todo hombre desea la muerte.

Vemos así que dicho deseo de muerte, como deseo del Otro, se apuntala en los ideales del ciudadano ateniense, haciéndose así ejemplo: "Como digo, realizar este trabajo me ha sido encomendado por el dios por medio de oráculos, de sueños y de todos los demás medios con los que alguna vez alguien, de condición divina, ordenó a un hombre hacer algo"[28]. Gran error sería entender esto como respondiendo a alguna alucinación, ya que hacía parte del discurso de la época que los dioses se comunicaran con los humanos vía sueños u oráculos. El deseo de los dioses no es otra cosa que el deseo del Otro, como lo afirmará Lacan en el seminario que consagró a la ética del psicoanálisis.

Sócrates, tal como lo ilustra Jacques-Louis David en su pintura *La muerte de Sócrates* (Figura 5), está en una posición inquebrantable mientras va a tomar la cicuta.

Figura 5. "La muerte de Sócrates". Jacques-Louis David

28. Platón. (390 a. C.). "Apología de Sócrates". En *Diálogos*, t. I. Madrid, España: Gredos, 2011, p. 21.

Digno ejemplo para los otros, quienes le acompañan dando muestra de profundo dolor: lloran, gritan, y algunos dialogan con él para persuadirlo de la idea de tomar la cicuta. Tragicómicamente, cuando ya todos creen que ha muerto, Sócrates recuerda una deuda: un gallo que le debe a Esculapio, el cual pide a Critón que pague por él. Vemos la aparición de este objeto en la escena, de forma abrupta y casi sin sentido, pero es un objeto de una deuda que cae del lado del Otro.

La aparición del gallo en escena ha dado lugar a muchos estudios e hipótesis al respecto, lo que nos recuerda a lo mencionado por Lacan a propósito de los paseos que la joven homosexual realizaba junto a la *cocotte* cerca del trabajo de su padre: "lo que se muestra, se muestra esencialmente como distinto de lo que es. Lo que es, nadie lo sabe, pero que es distinto, nadie lo duda"[29].

La irrupción de este gallo-deuda nos marca la presencia del objeto en la escena. Un pasaje en "Apología de Sócrates" apunta a identificar a Sócrates a este gallo, quedando así, por alusión, el objeto voz señalado, ya que dicha identificación es insinuada por medio de la función del despertar:

> El dios me ha colocado junto a la ciudad para una función semejante, y como tal, *despertándoos*, persuadiéndoos y reprochándoos uno a uno, no cesaré durante todo el día de posarme en todas partes [...] Pero, quizás, irritados, como los que son *despertados* cuando cabecean somnolientos, dando un manotazo me condenaréis a muerte a la ligera, haciendo caso a Ánito [quien hizo la denuncia]. Después, pasaríais el resto de la vida durmiendo, a no ser que el dios, cuidándose de vosotros, os enviara otro.[30]

La forma en que concluye el "Fedón", afirmando que Sócrates fue el mejor hombre que los disertantes habían conocido, el de mayor inteligencia y justicia, da cuenta de lo dicho previamente, a saber, la captura narcisista del impedimento, así como la referencia a "subir el semblante a la escena, hacer de él ejemplo".

Pasaje al acto

La noción de pasaje al acto surge de la psiquiatría, entendido como "un fenómeno violento y brusco, en el que el sujeto no tiene control sobre la intensidad de su accionar"; y sufre, a lo largo de la obra de Lacan, tal

29. Lacan, J. (1962-1963). *Op. cit.*, p. 136.
30. Platón. (390 a. C.). *Op. cit.*, p. 19. Las cursivas son mías.

grado de modificaciones que se hace necesario decir que el psicoanalista francés realizó una invención de éste.[31]

En el seminario *La angustia*, Lacan retoma el caso freudiano de la joven homosexual para pensar el pasaje al acto, luego de haberlo trabajado en el seminario *La relación de objeto*, para aportarle nuevos elementos, en especial, el lugar del objeto *a* en la trama.

Hablando del intento de suicidio en el caso en cuestión, retoma el término resaltado por Freud, *niederkommen* –teniendo las acepciones "dejar caer" y "parir" –, señalando que en el pasaje al acto se trata justamente de ello ya que el sujeto, al quedar presa del embarazo y la emoción, sale de la escena al mundo: "Es entonces cuando, desde allí donde se encuentra –a saber, desde el lugar de la escena en la que, como sujeto fundamentalmente historizado, puede únicamente mantenerse en su estatuto de sujeto– se precipita y bascula fuera de la escena"[32].

Ese paso de la escena fantasmática al mundo es posible gracias a la identificación del sujeto al objeto *a* en tanto residuo, objeto eyectado del Otro, lo que da lugar a una destitución subjetiva salvaje: "Se trata de uno de esos casos en que la decepción debida al objeto del deseo se traduce por una inversión completa de la posición –el sujeto se identifica con dicho objeto, lo que equivale, como Freud lo articula en una nota, a una regresión al narcisismo"[33].

La joven homosexual, al arrojarse a las vías del tren, al dejarse caer-parir da cuenta del objeto al que se identifica: el hijo que deseaba del padre en términos de falo. Lacan nos señala, igualmente, que otra de las características del pasaje al acto es la confrontación del deseo y la ley. En el caso en cuestión, el deseo de la joven por recibir un hijo del padre se confronta con la mirada de irritación que éste le hace, y luego, al ser rechazada por la dama, el deseo no encuentra otra forma de sostenerse, ya que si la joven podía, por medio de su actitud de reto al padre estando con la *cocotte*, comportarse como alguien que detenta el falo; al ser rechazada por la dama, toda la escena cae. Se produce entonces el viraje del *acting-out* al pasaje al acto: "En el caso de la homosexualidad femenina, mientras que la tentativa de suicidio es un pasaje al acto, toda la aventura con la dama de dudosa reputación elevada a la función de objeto supremo es un *acting out*"[34].

31. Muñoz, P. (2009). *Op. cit.*, p. 25.
32. Lacan, J. (1962-1963). *Op. cit.*, p. 128.
33. Lacan, J. (1956-1957). *El seminario. Libro 4: La relación de objeto*. Buenos Aires, Argentina: Paidós, 2004, p. 107.
34. Lacan, J. (1962-1963). *Op. cit.*, p. 136.

Ahora bien, a propósito del pasaje al acto, Lacan comenta que "se produce algo donde se libera una causa por medios que no tienen nada que ver con ella"[35]. Siguiendo el ejemplo del intento de suicidio en cuestión, el medio equivale al arrojarse a las vías del tren, en donde se devela la causa, a saber, el niño-falo que la joven esperó recibir del padre vía el significante *niederkommen*.

No se trata, como en el *acting-out*, de esperar una respuesta más justa, reconocimiento o una mostración al Otro, sino de un rechazo radical de éste. Rechazo del saber inconsciente, así como de su deseo en tanto deseo del Otro. Rechazo, en último término, de su condición de sujeto.

Resulta fundamental advertir el genitivo que implica decir que en el pasaje al acto se trata de un rechazo *del* Otro, ya que Lacan será enfático señalando que el rechazo también parte del Otro. Este punto, frecuentemente omitido, es reiterado por el psicoanalista francés en diversas formas sirviéndose del caso de la joven homosexual.

En el caso en cuestión, puntúa, en primera persona, cómo está organizada la escena entre la joven, el padre, la *cocotte* y el falo: "Ella será mi Dama y yo seré, por mi parte, quien sostenga, quien cree la relación idealizada con aquello que de mí misma fue rechazado"[36]. En el encuentro con el padre y su mirada de irritación, así como el hartazgo de la dama, momento de desbarate de la escena, se reencuentra con el rechazo, arrojándose entonces a las vías del tren. Esto nos permite también rectificar que, si bien el pasaje al acto no es mostración al Otro, no carece de dirección al Otro.

Especialmente Lacan señala el "dejar caer" en el marco del análisis con Freud diciendo que él también la "deja caer", repetición así en transferencia: "Freud se da por vencido", "tira la toalla, ante este agarrotamiento de todos los engranajes. No se interesa por lo que hace agarrotarse, o sea, el desecho, el pequeño resto, lo que detiene todo y que, sin embargo, es lo que aquí surge como pregunta"; momento entonces en el que él "pasa al acto"[37].

Sin duda podemos objetar esta lectura de Lacan diciendo que Freud no la "dejó caer", sino que frente a la dificultad que le acarreó el caso, decidió realizar la derivación, pero consideramos que esto es desconocer a lo que apunta Lacan cuando dice estar interesado en marcar algo concerniente al manejo de la transferencia señalando cómo este "dejar caer" no da cuenta, como pensaba Freud, de una ausencia de transferencia, sino, precisamente, de una repetición en transferencia, lo que advierte una

---

35. *Ibíd.*, p. 347.
36. *Ibíd.*, p. 124.
37. *Ibíd.*, p. 143.

forma de relación del sujeto al Otro y al objeto. Posteriores intentos de suicidio dan cuenta de ello.[38]

Lo que queda claro es que si hay algo que brilla por su ausencia en el caso freudiano es cuál es el síntoma de la joven, ya que la homosexualidad era síntoma para el padre y para Freud, pero no para ella. Que el título del caso freudiano intente dar cuenta de la psicogénesis de la homosexualidad de la paciente evidencia qué interesaba a Freud. Esto sin duda impidió la oportunidad de que en el "tratamiento" –¿de qué?– se abriera la pregunta en torno a algún sufrimiento de Sidonie Csillag, y así, quizás, al síntoma analítico. Cuestión crucial en cualquier análisis, especialmente cuando se trata de pacientes que son traídos por otros.

Finalmente, es importante denotar que cuando Lacan se sirve de la fuga como otro ejemplo de pasaje al acto, precisa: "Se hace mala sangre, como se suele decir y, por supuesto, vuelve, lo cual puede ser una oportunidad para él de darse aires"[39]. Es decir, también puede funcionar para el sujeto como modo de sustraerse de una escena que le resulta insoportable. Esta precisión despoja al pasaje al acto de la veta "perjudicial" con la que se suele pensar, subrayando así la dimensión de oportunidad, la cual, en un análisis, puede ser provechosa en aras de abrir un tiempo para comprender.

Esta reformulación lacaniana del pasaje al acto, no circunscrita a la perspectiva psiquiátrica en términos de violencia[40], encuentra su elaboración más clara cuando, unos seminarios después, plantee el *cogito, ergo sum* cartesiano como pasaje al acto, así como se refiera al pasaje de analizante a analista en términos de pasaje al acto "dilucidado", "esclarecido"[41].

El suicidio melancólico

Siguiendo la descripción de la psiquiatría clásica, y tomando como ejemplo a Henri Ey, el melancólico se presenta normalmente inmóvil, no

---

38. Allouch, J. (2004). *La sombra de tu perro. Discurso psicoanalítico, discurso lesbiano*. Buenos Aires, Argentina: El cuenco de plata.
39. Lacan, J. (1962-1963). *Op. cit.*, p. 129.
40. No circunscrita, pero aún teniendo esa connotación, como lo podemos leer en la siguiente cita de su seminario varios años después: "De aquí que, en lugar de tener la exquisita cortesía animal, ocurre que los hombres violan a las mujeres o inversamente. En los límites del discurso, por cuanto este se esfuerza en sostener el semblante mismo, hay de tiempo en tiempo real. Lo llamamos pasaje al acto". Lacan, J. (1971). *Op. cit.*, p. 32.
41. Lacan, J. (1967-1968). *Seminario 15: El acto psicoanalítico*. Escuela Freudiana de Buenos Aires, Inédito.

habla y si acaso llora o gime, se siente "incapaz de querer", abandonado a la inercia, con "inhibición psíquica", "dolor moral"; "el deseo y la búsqueda de la muerte son constantes", "el suicidio llega a hacerse obsesivo; imaginado y buscado sin cesar. Se le considera a la vez como una obligación, un castigo necesario y una solución"[42].

En el capítulo que titula "el suicidio patológico"[43] –lo que ya deja en claro que no considera que todo suicidio lo sea[44]– presenta los *raptus*-suicidas, siendo uno de estos el correspondiente a la melancolía. Al respecto, dirá que consiste en "una impulsión brutal y súbita que precipita al melancólico por la ventana o en el agua, le hace apoderarse bruscamente de las tijeras, etc., en los momentos más inesperados y cuando parece estar más tranquilo"[45].

Esta precipitación por una ventana será la que Lacan tome en el seminario *La angustia* para pensarlo como paradigma del pasaje al acto. Es así que, retomando el significante crucial en el caso freudiano de la joven homosexual *–niederkommen–*, advierte:

> No basta con recordar la analogía con el parto para agotar el sentido de esta palabra. El *niederkommen* es esencial en toda súbita puesta en relación del sujeto con lo que él es como *a*. No sin razón el sujeto melancólico tiene tal propensión, siempre llevada a cabo con rapidez fulgurante, desconcertante, a arrojarse por la ventana. En efecto, la ventana, en tanto que nos recuerda el límite entre la escena y el mundo, nos indica lo que significa tal acto –de algún modo, el sujeto retorna a aquella exclusión fundamental en la que se siente.[46]

El melancólico ataca su imagen especular, el *i(a)*, para intentar atravesarla y encontrar el objeto *a* que se encuentra por fuera del Otro, lo cual "...lo arrastrará en la precipitación-suicidio, con el automatismo, el mecanismo, el carácter necesario y profundamente alienado con el que, como ustedes saben, se llevan a cabo los suicidios de melancólicos"[47].

En Freud hallamos un antecedente de la identificación al objeto *a* en la melancolía, cuando, en "Duelo y melancolía", plantea que si bien el melancólico sabe a quién perdió, no sabe qué perdió con él. En esta misma dirección, Freud destaca que la elección de objeto se ha efec-

---

42. Ey, H. (1965). *Tratado de psiquiatría*. Barcelona, España: Masson, 1996, pp. 229-230.
43. Ey, H. (1948). *Estudios psiquiátricos*. Buenos Aires, Argentina: Polemos, 2008, p. 357.
44. Agradezco a mi querido amigo y colega, Manuel Ugalde, por esta referencia.
45. Ey, H. (1965). *Op. cit.*, p. 230.
46. Lacan, J. (1962-1963). *Op. cit.*, p. 123.
47. *Ibíd.*, p. 363.

tuado sobre una base narcisista. Advierte a su vez cómo el sadismo del cual se hace presa el melancólico está dirigido a ese objeto al cual se identifica.

Igualmente, si bien ya en Freud encontramos a la melancolía como la inhibición general "más grave"[48], advertimos entonces que no se trata solamente de una disminución del movimiento meramente motor que puede llegar hasta la catatonia, sino el del deslizamiento del sujeto en la cadena significante. Al quedar identificado como objeto, se detiene el deslizamiento significante, lo que suele manifestarse como mutismo.

Si estos suicidios suelen realizarse arrojándose por una ventana, no es por azar, señala Lacan, ya que remite directamente a una forma salvaje de atravesamiento del fantasma y destitución subjetiva. La pintura de Frida Khalo, *El suicidio de Dorothy Hale* (Figura 6), nos muestra dicho momento de franqueamiento, pero del cual no pretendemos hacer ningún diagnóstico, ya que no podemos restringir esta modalidad de suicidio a la melancolía.

Figura 6. "El suicidio de Dorothy Hale". Frida Khalo

48. Freud, S. (1926). "Inhibición, síntoma y angustia". En *Obras completas*, t. XX. Buenos Aires, Argentina: Amorrortu, 2003, p. 86.

Sin embargo, esto no nos impide conjeturar, sirviéndonos de algunos datos biográficos de Dorothy Hale, cómo su suicidio da cuenta del rechazo del Otro. Dorothy tenía como ilusión convertirse en una gran actriz, pero este plan no prosperó. Tampoco sus anhelos de conseguir un marido rico que la *mantuviera*. Sumado a sus fracasos amorosos, con deudas económicas que le hacían cada vez más difícil sostener su vida de alta sociedad, su último pretendiente, Bernard Baruch, le dice que, a sus 33 años, ya era demasiado tarde para que su carrera en el cine progresara, dándole una suma de dinero y aconsejándole comprarse un vestido para conseguir otro marido. Este rechazo del Otro respecto a su Ideal del yo lo podemos ubicar como el punto de "supremo embarazo" y de "emoción [que] la invade por la súbita imposibilidad en que se encuentra de hacer frente"[49] a su situación. Es allí en donde se mueve en dirección a evadirse de la escena como objeto eyectado: atiende a algunos amigos de la alta sociedad en una fiesta en su casa, va al teatro, escribe algunas cartas de despedida –siendo una de ellas dirigida a Bernard, diciéndole que no seguirá su consejo, lo que da cuenta de cómo el pasaje al acto es rechazo del Otro pero no sin dirección al Otro–, para luego lanzarse por la ventana de su departamento a dieciséis pisos de altura.

Llegados a este punto, podemos advertir que clasificaciones tales como considerar que las cartas de suicidio son índice de *acting-out*, mientras que los suicidios consumados son pasaje al acto, son clasificaciones fenoménicas que responden más a una perspectiva psiquiátrica que a las coordenadas que Lacan trazó al respecto, ya que enfatizan en el grado de daño resultante de la acción. Igualmente, por más que Lacan nos presenta el pasaje al acto y el *acting-out* en oposición, clínicamente nos advierte que puede pasarse del *acting-out* al pasaje al acto, cuestión que pone en evidencia tanto en el caso Dora como en el de la joven homosexual; así como no piensa estas dos nociones en términos de "patologías del acto", lo que en últimas no hace más que delatar la preferencia de algunos analistas por el acto en detrimento de otros modos de respuesta a la angustia, preferencia que evidencia la idealización de la que ha sido presa el acto lacaniano.

Como último punto a tratar, remitámonos a cuando Lacan reorganiza el cuadro de la angustia desde el nivel escópico, ubicando al suicidio en el lugar del pasaje al acto (Figura 7):

49. Lacan, J. (1962-1963). *Op. cit.*, p. 124.

Inhibición	Deseo de no ver	Impotencia	Concepto de angustia
Síntoma	Desconocimiento	Omnipotencia	**Suicidio**
Angustia	Ideal	Duelo	Angustia

Figura 7. Reorganización del cuadro de la angustia en el nivel escópico. Seminario *La angustia*. Clase del 3 de julio de 1963.

Gracias a esto se ha dado por entendido que, cuando hablamos de suicidio, estamos haciendo referencia a un pasaje al acto pero, como ya advertimos, un *acting-out* puede resultar en suicidio, así como veremos que también puede ser un acto. Igualmente, si bien el psicoanalista francés escribe allí *suicidio*, cuando explica el cuadro, habla de *fantasma de suicidio*, lo que acarrea que distingamos uno de otro, en tanto el fantasma es una forma de sostener el deseo y no implicando, necesariamente, su realización. Es en esta dirección que Lacan precisa: "En el lugar del pasaje al acto, el fantasma de suicidio, cuyo carácter, así como su autenticidad, deben cuestionarse esencialmente en la casuística"[50].

En coherencia con este cuestionamiento en la casuística es que este libro se propone una diferenciación en los estatutos que puede tener el suicidio. Ya teniendo presente el suicidio como *acting-out* y pasaje al acto, nos abocaremos a pensar las coordenadas del acto en Lacan, cuestión preliminar para delimitar el suicidio como acto.

50. Lacan, J. (1962-1963). *Op. cit.*, p. 360.

Capítulo V

Características del acto

> "Los seres humanos no nacen para siempre el día que sus madres los alumbran: la vida los obliga a parirse a sí mismos una y otra vez, a modelarse, a transformarse, a interrogarse (a veces sin respuesta), a preguntarse para qué diablos han llegado a la tierra y qué deben hacer en ella".
>
> Gabriel García Márquez, *El coronel no tiene quien le escriba*.

En tanto que no es nuestro propósito realizar una genealógica del concepto de acto en Lacan –lo que acarrearía una investigación en sí misma–, extraeremos de diversos momentos de su enseñanza referencias que nos permitan captar sus características, aclarando que la separación de las mismas es con fines didácticos. Como saldo del recorrido realizado, propondremos una definición de acto.

Dimensión significante

El concepto lacaniano de acto está influenciado por los enunciados realizativos planteados por el filósofo británico John Langshaw Austin[1], los cuales tienen la particularidad de que "emitir la expresión es realizar una acción y que ésta no se concibe normalmente como el mero decir algo", teniendo además la característica de que "ninguna de las expresiones mencionadas es verdadera o falsa"[2].

Algunos de los ejemplos que da Austin son: el juramento, el matrimonio y la apuesta. Al hacerlo, el sujeto desencadena consecuencias simbólicas –y que en varias ocasiones exceden lo simbólico–, como es el faltar al juramento, así como al casarse, su estado civil pasará de soltero a casado. Situación análoga ocurre al apostar, luego de lo cual se puede ganar o

1. Lombardi, G. (1993). "El acto analítico considerado a la luz de sus infortunios". En *Infortunios del acto analítico*. Buenos Aires, Argentina: Atuel.
2. Austin, J. (2008). *Cómo hacer cosas con palabras*. Buenos Aires, Argentina: Paidós, pp. 46-47.

perder. Sobre este punto, vale precisar que "Austin no distingue, como lo hará Lacan, entre hacer y actuar. Sin embargo, la categoría de los enunciados performativos[3] introducidas por él aísla bien algunos casos en que **al** decir se realiza un acto que parece distinto del acto **de** decir, y que en cualquier caso no es algo del orden del hacer"[4].

Sin embargo, señalemos que una diferencia fundamental entre Austin y Lacan será que para el psicoanalista francés el acto no se restringe a la locución, ya que la acción humana la ubica en el orden significante, posible de ser leída. En esta dirección es que advertirá que el acto "es lo que quiere decir"[5].

Encontramos muy temprano en la enseñanza de Lacan la referencia a Julio César y el momento en que atraviesa el Rubicón[6] como ejemplo del acto en su valor simbólico:

> Si Cesar, en el momento de pasar el Rubicón, no hace un acto ridículo, es porque detrás suyo está todo el pasado de César –el adulterio, la política del Mediterraneo, las campañas contra Pompeya–, si puede hacer algo que tenga un valor estrictamente simbólico es a causa de esto, porque el Rubicón no es más ancho de atravesar que lo que hay entre mis piernas. Este acto simbólico desencadena una serie de consecuencias simbólicas.[7]

Es por esto que enfatiza en el valor significante en relación al atravesamiento del Rubicón cuando se refiera al sueño que tuvo Julio César la noche anterior, en el cual se acostaba con su madre: en él, ese paso –Lacan insistirá en que el acto ha de ser pensado con estructura de salto al vacío– tenía una significación incestuosa, atravesar la ley implicaba atravesar la ley del incesto, pero interpretado por los adivinos de Julio César significando que conquistaría a la madre-tierra.

Igualmente, Lacan plantea que en el acto el significante parece estar muy próximo a significarse a sí mismo: "Se podría decir, pero eso sería equivocarse, que en su caso [el del acto] el significante se significa a sí

3. Si bien Lombardi toma esta traducción, preferimos *realizativos* por sus resonancias con lo real.
4. Lombardi, G. (1993). *Op. cit.*, p. 62. Las negritas son del original.
5. Lacan, J. (1969). "El acto psicoanalítico. Reseña del seminario de 1967-1968". En *Otros escritos*. Buenos Aires, Argentina: Paidós, 2012, p. 345.
6. La ley romana prohibía a los generales entrar a Italia con su ejército, se les obligaba a desbandarlo antes de pasar la frontera ubicada a lo largo del río Rubicón, so pena de muerte. César conocía la ley, pero no la acató, desencadenando una guerra civil.
7. Lacan, J. (1954-1955). *El seminario. Libro 2: El yo en la teoría de Freud y en la técnica psicoanalítica*. Buenos Aires, Argentina: Paidós, 2008, p. 434.

mismo, sabemos que es imposible, pero no es menos verdadero que está tan próximo como sea posible en esa operación. El sujeto en el acto es equivalente a su significante; no queda por eso menos dividido"[8].

De allí la relación que advierte entre el acto y lo imposible diciendo que, por un lado, en el acto, el significante "tiene la apariencia, la función en todo caso, de significarse a sí mismo, es decir, de funcionar fuera de sus posibilidades"[9]. Si está fuera de sus posibilidades es en tanto que no hay metalenguaje, consecuencia de que no hay Otro del Otro. Por otro lado, hemos de considerar que esta relación con lo imposible debemos leerla también en torno a lo real como imposible, es decir, por la dimensión real –y no sólo simbólica– del acto.

A propósito de esto, Lombardi señala que el acto que propone Austin se trata de un ejemplo de autorreferencia del significante pero, por la imposibilidad de significarse a sí mismo, es arrojado de lo simbólico y entra en lo real, siendo la opacidad del sentido, la angustia necesaria a ser franqueada e insensatez del mismo elementos que corroboran este cambio de registro.[10]

De lo dicho hasta ahora, podemos concluir además que el acto no se restringe a la motricidad, cuestión en la que Lacan insistirá en varias referencias, destacando que "sin duda, siempre puede quedar alguna participación de un efecto motor en este campo de lo real, pero se traduce allí de tal forma que se manifiesta en la incidencia de otro campo"[11].

Por último, señalemos que Lacan es preciso al advertir que si bien la lingüística le permite al psicoanálisis contar con la materialidad del significante, ésta da por descontado el objeto *a*, el que concierne al acto:

> La lingüística proporciona el material del análisis, quizás hasta el aparato con el que operamos en él. Pero un dominio solo se domina a través de su operación. El inconsciente puede ser como dije la condición de la lingüística. Esta no tiene sin embargo sobre él el mejor influjo. Porque ella deja en blanco lo que allí hace efecto: el objeto *a* con el cual, al mostrar que él es la apuesta del acto psicoanalítico, pensé haber esclarecido cualquier otro acto.[12]

---

8. Lacan, J. (1966-1967). *El seminario. Libro 14: La lógica del fantasma*. Buenos Aires, Argentina: Escuela Freudiana de Buenos Aires, Inédito. Clase del 15 de febrero de 1967.
9. *Ídem*.
10. Lombardi, G. (1993). *Op. cit*.
11. Lacan, J. (1962-1963). *El seminario. Libro 10: La angustia*. Buenos Aires, Argentina: Paidós, 2006, p. 342.
12. Lacan, J. (1970). "Radiofonía". En *Otros escritos*. Buenos Aires, Argentina: Paidós, 2012, p. 432.

Fundador de sujeto

En el seminario *El acto psicoanalítico* podemos leer que "es una dimensión común del acto el no incluir en su momento la presencia del sujeto. El sujeto reencontrará su presencia, en tanto que renovada, más allá del pasaje del acto, pero nada más que eso"[13].

Gracias a esta referencia, nos es posible considerar que el acto es fundador de sujeto en tanto que no es agente del acto –de allí que Lacan enfatice que el sujeto no es causa de sí– sino efecto del acto:

> ¿Hay un agente del acto, dicho de otro modo, que se pueda hacer coincidir con el sujeto que engendra ese acto? ¡No! Sólo una vaga intuición psicológica –que siempre vendrá en apoyo de la continuidad del yo y del sentido común– puede enmascarar la discontinuidad subjetiva inapelable en que consiste un acto. Lo curioso, lo paradójico para el psicólogo, es que el responsable del acto es el sujeto que es efecto del acto.[14]

Precisemos que al hablar de fundador de *sujeto* no nos referimos a persona o individuo –acepciones utilizadas indiscriminadamente en la cotidianidad– sino al serhablante afectado por el lenguaje, subordinado al significante, dividido entre pulsión y defensa.[15]

Igualmente, destaquemos que la definición canónica de Lacan concerniente al sujeto y al significante, "un significante es lo que representa un sujeto para otro significante"[16], da cuenta de la estrecha relación entre uno y otro, y cómo es que –gracias al significante y sus incidencias en lo real– el sujeto es fundado, lo que también es solidario de que el sujeto sea una suposición, tal como lo trabaja Lacan con el sujeto supuesto al saber, cuando afirma que tanto el saber como el sujeto son supuestos. Paradójicamente, es en tanto objeto *a* que el sujeto motoriza el acto, cuestión que desarrollaremos más ampliamente cuando trabajemos la operación de separación en "Posición del inconsciente".

La aclaración de Lacan de que el sujeto reencontrará su presencia "nada más que eso" podemos leerla en torno a la pérdida que también implica el

---

13. Lacan, J. (1967-1968). *El seminario. Libro 15: El acto psicoanalítico*. Buenos Aires, Argentina: Escuela Freudiana de Buenos Aires, Inédito. Clase del 29 de noviembre de 1967.
14. Lombardi, G. (1993). *Op. cit.*, pp. 66-67.
15. Frydman, A. (2012). *La subversión de Lacan: una introducción a la noción de sujeto*. Buenos Aires, Argentina: Continente.
16. Lacan, J. (1969). "El acto psicoanalítico. Reseña del seminario de 1967-1968". En *Otros escritos*. Buenos Aires, Argentina: Paidós, 2012, p. 397.

acto. Es así como en el seminario de *La angustia*, por ejemplo, en lo que conocemos como esquema de la división[17] (Figura 8), es correlativa tanto la división del sujeto como la del Otro, quedando el objeto *a* como resto de la operación. Este inasimilable es el precio por la entrada en el lenguaje, y marca del imposible reencuentro con el objeto perdido desde siempre.

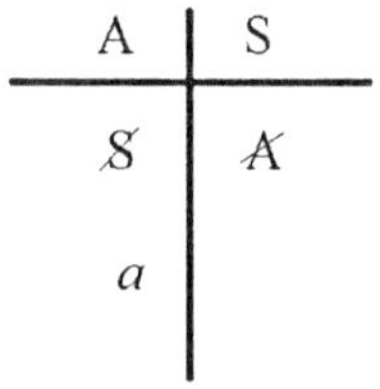

Figura 8. Esquema de la división. Seminario *La angustia*.
Clase del 21 de noviembre de 1962.

Sirviéndonos de este esquema, veamos que en el piso de arriba –donde están escritos A y S– se trata de un tiempo mítico, luego del cual se realiza un franqueamiento y es afectado tanto por el objeto como por el significante, en la doble causación del sujeto. El ingreso en el lenguaje funda al sujeto en tanto dividido –único signo del sujeto– así como al Otro en tanto Otro de la demanda y del deseo.

Sin duda una referencia freudiana al respecto la podemos encontrar cuando en "Introducción del narcisismo" se señala que el yo en tanto instancia psíquica es efecto de un nuevo acto psíquico, de modo tal que no hay un yo que pueda adjudicarse tal acto.

Retroactividad

Tal como lo señala Lacan en "Posición del inconsciente", así como en otros lugares de su enseñanza, toma y resalta del texto freudiano el término *nachträglich*.[18] En lo que concierne al acto, dirá que "hay repetición intrínseca en todo acto, que no está permitido más que por el efecto de retroacción que se ejerce del hecho de la incidencia significante puesta en su corazón"[19].

Si bien otra de las características que trabajaremos será la repetición,

17. Lacan, J. (1962-1963). *Op. cit.*
18. Lacan, J. (1966). "Posición del inconsciente". En *Escritos*, t. II. Buenos Aires, Argentina: Siglo veintiuno, 2010.
19. Lacan, J. (1966-1967). *El seminario. Libro 14: La lógica del fantasma*. Buenos Aires, Argentina: Escuela Freudiana de Buenos Aires, Inédito. Clase del 15 de febrero de 1967.

destaquemos aquí cómo Lacan ubica la retroacción como consecuencia propia del significante. Podemos ver allí lo que Freud destacó de los dos tiempos del trauma y el efecto retardado que conlleva.

En el seminario *El acto psicoanalítico* insistirá en este punto al preguntarse si es porque el acto está en la lectura del acto, "es decir que el que esta lectura sea simplemente sobreañadida"[20], que por ser *nachträglich* tiene su valor. Si nos remitimos al grafo del deseo[21] (Figura 9), vemos que el vector que parte del sujeto hasta el Ideal del Yo, es atravesado por los dos vectores correspondientes a los dos pisos del grafo, el de la demanda y el del inconsciente. Apreciamos que el vector está alcanzado con otros dos vectores en dos lugares, sea el significado del Otro y el Otro en el primer piso, sea en el significante de la falta en el Otro y la fórmula de la pulsión en el segundo.

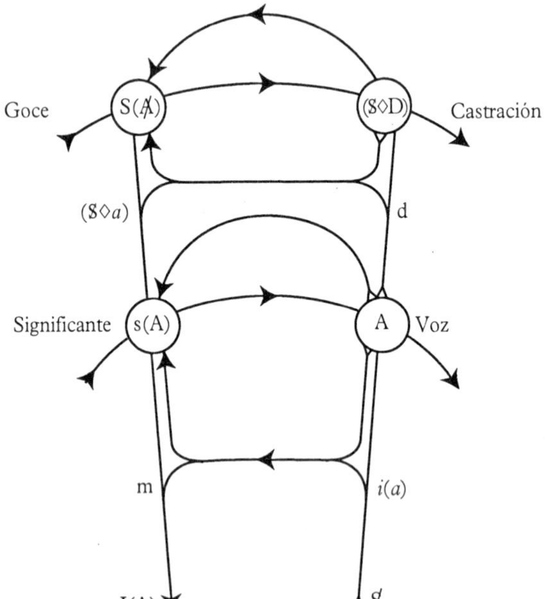

Figura 9. Grafo del deseo en "Subversión del sujeto y dialéctica del deseo".

Igualmente, en el grafo se señala tanto la anticipación como la retroacción de la temporalidad significante, de allí que veamos también vectores

20. Lacan, J. (1967-1968). *Op. cit.*, Clase del 22 de noviembre de 1967.
21. Lacan, J. (1960). "Subversión del sujeto y dialéctica del deseo en el inconsciente freudiano". En *Escritos*, t. II. Buenos Aires, Argentina: Siglo veintiuno, 2010.

que van del Otro al significado del Otro, y de la pulsión al significante de la falta en el Otro.

En la experiencia del análisis, nos anoticiamos del mecanismo por el modo de retorno, como es el caso del síntoma histérico. Y es así que la interpretación también responde a esta temporalidad, por lo que Lacan afirme que el deseo es la interpretación.

En consonancia con esto, podemos decir que en el acto "hay una desaparición del después, puesto que inmediatamente [el sujeto] renace [como] otro. Digamos que cuando desgraciadamente [¡sic!] hay un acto, lo cual es raro, el acto siempre es recuperado por la significación *après-coup*"[22].

Esta temporalidad retroactiva del acto es marcada por Lacan en textos tan tempranos como "El tiempo lógico y el acerto de certidumbre anticipada. Un nuevo sofisma"[23]. Allí, cuando se refiere al momento de concluir –en el cual, por el juicio que implica, le otorga valor de acto– la conclusión con la que el prisionero explica qué color es –lo que lo reduce a su valor meramente significante– está dada por las escansiones previas realizadas en el instante de ver y el tiempo de comprender.

Si tenemos presente este texto y la temporalidad que allí se plantea, podemos ubicar al *acting-out*, el pasaje al acto y el acto en ellos, estando el primero en el instante de (dar *a*) ver, el segundo en la precipitación del instante de ver al momento de concluir, forcluyendo el tiempo de comprender; y el acto dado por el momento de concluir, que lógicamente integra los otros dos tiempos.

Antes de seguir, nos parece pertinente dejar planteada la siguiente pregunta: ¿Quién está a cargo de la lectura del acto?

Novedad

En su seminario *El acto psicoanalítico*, Lacan evoca un fragmento del poema "A una razón" de Arthur Rimbaud para decir que tiene la estructura del acto.[24] Leamos el fragmento: "Un golpe de tu dedo sobre el tambor descarga todos los sentidos y comienza la nueva armonía / Un paso tuyo es el alzamiento de nuevos hombres y la hora en marcha / Tu cabeza se aparta, el nuevo amor / Tu cabeza se da vuelta, el nuevo amor"[25].

---

22. Miller, J-A. (1993). "Jacques Lacan: Observaciones sobre su concepto de pasaje al acto". En *Infortunios del acto analítico*. Buenos Aires, Argentina: Atuel, p. 51.
23. Lacan, J. (1945). "El tiempo lógico y el acerto de certidumbre anticipada. Un nuevo sofisma". En *Escritos*, t. I. Buenos Aires, Argentina: Siglo veintiuno, 2010.
24. Lacan, J. (1967-1968). *Op. cit.*, Clase del 10 de enero de 1968.
25. Rimbaud, A. (1972). *Poesía completa*. Madrid, España: Visor, 2009, p. 393.

Este poema nos muestra que la repetición engendra la novedad –cuestión a la que nos abocaremos en otro punto de este capítulo–. Detengámonos en el carácter novedoso del acto.

Podemos encontrar esta característica en seminarios tan tempranos como *Los escritos técnicos de Freud*, en donde Lacan señala que la palabra es un acto, en tanto cambia a los dos sujetos implicados.[26] Dirá, sin embargo, que no cualquier palabra, sino lo que llama "palabra plena".

Lacan mencionará varios ejemplos al respecto. Uno de los más conocidos es el referente a la ceremonia de matrimonio, el cual es uno de los evocados por Austin. Sin embargo, veremos que Lacan no sólo se interesará en el registro simbólico, sino también en la incidencia del acto en los otros dos registros.

El psicoanalista francés insistirá en el valor de engendramiento de lo nuevo del acto en estos términos:

> A partir de la palabra, algo surge en el mundo que es nuevo, y que introduce en él transformaciones poderosas.
> Eso lo sabemos. Solo que hace algún tiempo nos imaginamos que esta especie de agitación que introducimos en el mundo es la acción. Todo hombre moderno tiene el corazón atormentado por este problema: "En el comienzo era el Verbo", ¡pero no obstante, "En el comienzo era la acción"! Entre ambos su corazón oscila. No hay verdaderamente necesidad de atormentarse tanto, por la razón de que la acción humana por excelencia es precisamente la palabra.[27]

Las fechas de calendario, tal como el inicio y fin de año, dan cuenta de esto; es el efecto de lo simbólico sobre lo real. Cualquier día podría ser año nuevo, pero por efecto de lenguaje, no se celebra en cualquier día.

Es así que Lacan afirma que el acto "es instauración del sujeto como tal, es decir, que de un acto verdadero el sujeto surge diferente en razón del corte. Su estructura es modificada"[28]. Sobre este punto, Miller señala que todo acto implica un "suicidio del sujeto"[29], con la salvedad de que el sujeto renace de ese acto, pero transformado, no siendo el mismo antes y después del acto. Continúa diciendo que el sujeto es cambiado por una

---

26. Lacan, J. (1953-1954). *El seminario. Libro 1: Los escritos técnicos de Freud*. Buenos Aires, Argentina: Paidós, 2007. En este momento de su enseñanza, y por más que Lacan reniegue de ello años después, encontramos referencias a la intersubjetividad.
27. Lacan, J. (1954). "Del símbolo y de su función religiosa". En *El mito individual del neurótico*. Buenos Aires, Argentina: Paidós, 2009, p. 62.
28. Lacan, J. (1966-1967). *Op. cit.*, Clase del 22 de febrero de 1967.
29. Miller, J-A. (1993). *Op. cit.*, p. 44.

sanción significante, así como el acto es indiferente a su futuro, "–por ello el suicidio es su paradigma–, como tal está fuera de sentido, indiferente a lo que vendrá después [...] es **sin después**"[30].

Irreversibilidad

Si seguimos el ejemplo que tomamos previamente, a saber, la ceremonia del matrimonio, vemos que el significante que representa al sujeto luego del matrimonio en su estado civil como casado, también imposibilitará que, posteriormente, si decide divorciarse, pueda retornar a su estado civil previo de soltero.

Esta característica también la encontramos en el franqueamiento del Rubicón en la expresión de Julio César "*Alea jacta est*", la cual da cuenta de la irreversibilidad del acto. En razón de esto, Lacan enfatiza en las consecuencias del acto –siempre impredecibles por la novedad que implica–, más que en el acto mismo, ya que es su carácter irreversible lo que le otorgará dicho estatuto.

En la enseñanza lacaniana encontramos un equivalente topológico entre acto y corte, de allí que todo acto tenga "estructura de corte"[31]. Corte de la pura diferencia, podríamos decir, efecto de discontinuidad significante sobre lo real; luego del cual la estructura cambia de forma irreversible y siendo el sujeto efecto mismo de dicho corte. Veremos, cuando nos ocupemos de la repetición, cómo se traduce esto en algunas figuras topológicas, así como advertiremos por qué podemos hablar en el acto tanto de irreversibilidad como de repetición lo que, a primera vista, parece contradictorio.

Igualmente, tanto en el grafo del deseo como en el esquema de la división es fácilmente ubicable esta característica: tanto en uno como en otro, el sujeto por fuera del significante está ubicado en un tiempo mítico, paraíso únicamente leído como perdido por su ingreso en el circuito de la demanda gracias al significante. En este punto, el suicidio vuelve a ser paradigmático.

Desconocimiento

Tal como lo señala Sauval[32], el término *Verleugnung* es usado por Freud en textos tales como "Fetichismo" y "La escisión del yo en el proceso

30. *Ibíd.*, p. 51. Destacado en el original.
31. Lacan, J. (1966-1967). *Op. cit.*, Clase del 8 de marzo de 1967.
32. Sauval, M. (1996). El síntoma y la dirección de la cura. *Acheronta*, (3).

defensivo", que ubicará la *verleugnung* como respuesta a la castración materna. Como consecuencia de olvidar las articulaciones presentadas en "La organización genital infantil", se suele caer en el error de asociar la *verleugnung* únicamente a la perversión y no a la posición del sujeto en relación a la castración, sea neurótico, perverso o psicótico.

Como ya Lacan lo manifiesta explícitamente, en el texto freudiano "La escisión del yo en el proceso defensivo", lee lo que él llamará la división del sujeto. Es en esta dirección que el psicoanalista francés lo pone a cuenta del acto.

Si, como hemos dicho, el sujeto surge renovado luego del acto, es notable la solidaridad entre el efecto de división posterior al acto y la *verleugnung* como representante de la representación de dicha división. Estos puntos los señalará Lacan en la clase del 15 de febrero de 1967 refiriéndose al franqueamiento del Rubicón. Volviendo sobre la importancia del deseo incestuoso en juego expresado en el sueño que tuvo Julio César la noche anterior, Lacan indica que el sujeto no puede reconocerse en los efectos del acto porque ha sido transformado por éste.

En la próxima clase del seminario, insistirá en este punto al situar el desconocimiento del sujeto respecto al acto, de allí que la *verleugnung* sea su representante en tanto dividido:

> Es instauración del sujeto como tal, es decir, que de un acto verdadero el sujeto surge diferente en razón del corte. Su estructura es modificada, su correlato de desconocimiento, o exactamente el límite impuesto a su reconocimiento en el sujeto, donde si quieren su *Repräsentanz* en la *Vorstellung*, en este acto, es la *Verleugnung*, es a saber, que el sujeto no lo reconoce nunca en su verdadero alcance inaugural, aun cuando el sujeto es, si puedo decir, capaz de haber cometido este acto.[33]

La precisión de Lacan al final de esta cita –"aun cuando el sujeto es, si puedo decir, capaz de haber cometido este acto" – es porque, precisamente, no es el mismo sujeto, a pesar de que a los ojos del espectador pueda decirse que fue la misma persona quien lo realizó.

En esta misma dirección se encuentra la intervención que realizó Lacan en la conferencia impartida por Foucault titulada *¿Qué es un autor?*[34]. Allí, el psicoanalista francés hace referencia a las múltiples protestas estudiantiles realizadas en mayo de 1968 conocidas como el "mayo francés", las que tuvieron como consigna "Las estructuras no bajan a la calle" –consigna

---

33. Lacan, J. (1966-1967). *Op. cit.*, Clase del 22 de febrero de 1967.
34. Foucault, M. (1975). *¿Qué es un autor?* Buenos Aires, Argentina: El cuenco de plata, 2010.

escrita a modo de grafiti en una pizarra de la Universidad La Sorbona como crítica al estructuralismo[35]–. A cuenta de esto, Lacan destacará que dicha consigna evidencia el desconocimiento en juego del acto, ya que, justamente, que tenga valor de acontecimiento da cuenta de que las estructuras bajan a la calle, a saber, las incidencias de lo simbólico en lo real.

Separación

Para esta característica consideramos necesario tener presente las articulaciones de Lacan realizadas en su texto "Posición del inconsciente", así como en sus seminarios *La identificación*, *La angustia* y *Los cuatro conceptos fundamentales del psicoanálisis*. Si bien "Posición del inconsciente" es un texto que dista cronológicamente de los seminarios previamente mencionados, Lacan retoma las operaciones de alienación y separación planteadas allí y las lee con nuevos elementos con los que cuenta, como es el caso del objeto *a*. Igualmente, señalemos que es impensable plantear la operación de separación sin la operación de alienación, por lo que remitimos al lector a que tenga en cuenta los desarrollos de Lacan al respecto antes de continuar: "Ciertamente, estos procesos han de articularse circularmente entre el sujeto y el Otro: del sujeto llamado al Otro, al sujeto de lo que él mismo vio aparecer en el campo del Otro, del Otro que regresa allí. Este proceso es circular, pero, por naturaleza, sin reciprocidad. Pese a ser circular, es asimétrico [Figura 10]"[36].

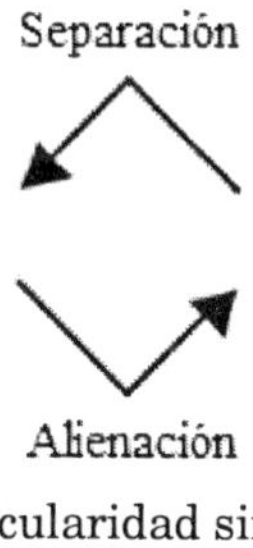

Figura 10. Circularidad sin reciprocidad
de las operaciones de alienación y separación.

Desde ya digamos que, contrario a lo planteado comúnmente, y acorde con la circularidad y asimetría entre estas operaciones, la operación de

35. Pastor, J. y Ovejero, B. (2008). *Michael Foucault, caja de herramientas contra la dominación*. Asturias, España: Universidad de Oviedo.
36. Lacan, J. (1964). *El seminario. Libro 11: Los cuatro conceptos fundamentales del psicoanálisis*. Buenos Aires, Argentina: Paidós, 2001, p. 215.

separación no es superadora de la operación de alienación en un sentido evolutivo. Nada que ver con los ideales de independencia con los que en algunas ocasiones se ha equiparado esta operación.

En esta segunda operación, teniendo en cuenta la teoría de los conjuntos que Lacan comienza a desarrollar en el seminario *La identificación* –sirviéndose de Euler, Boole y De Morgan– ubica que la forma lógica en juego es la intersección o producto resultante de una pertenencia *a*- y *a*-[37] (Figura 11). Hemos de leer esto como el producto resultante de la superposición de dos faltas, por lo que Lacan diga en "Posición del inconsciente" que: "Esta función aquí se modifica por una parte tomada de la carencia a la carencia, por la cual el sujeto viene a encontrar en el deseo del Otro su equivalencia a lo que él es como sujeto del inconsciente"[38].

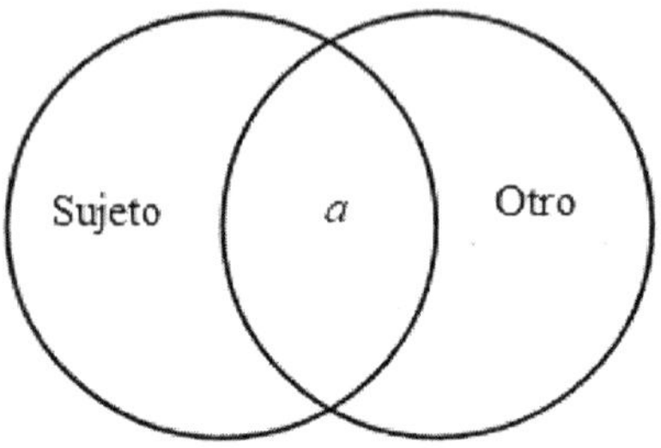

Figura 11. Intersección de conjuntos por *a*- y *a*-.

Si en la alienación se trató del sujeto en *fading*, dividido entre significantes, en la separación el sujeto ataca el intervalo en donde se vislumbra el deseo del Otro: "El sujeto encuentra una falta en el Otro, en la propia intimación que ejerce sobre él el Otro con su discurso. En los intervalos del discurso del Otro surge en la experiencia del niño algo que se puede detectar en ellos radicalmente *–me dice eso, pero ¿qué quiere?*"[39].

Es así que el sujeto propone su propia desaparición, como objeto *a* plausible de ser perdido, al enigmático deseo del Otro, solidario de la localización de la falta en el Otro. Gracias a esta separación en tanto objeto, podemos decir que se trata de un caso de destitución subjetiva:

> Por esta vía el sujeto se realiza en la pérdida en la que ha surgido como inconsciente, por la carencia que produce en el Otro, según el trazado

37. Lacan, J. (1961-1962). *El seminario. Libro 9: La identificación*. Buenos Aires, Argentina: Escuela Freudiana de Buenos Aires, Inédito. Clase del 11 de abril de 1962.
38. Lacan, J. (1966). *Op. cit.*, p. 801.
39. Lacan, J. (1964). *Op. cit.*, p. 222.

> que Freud descubre como la pulsión más radical y a la que denomina: pulsión de muerte.
> Un *ni a–* es llamado aquí a llenar otro *ni a–*. El acto de Empédocles, al responderle, manifiesta que se trata aquí de un querer. El *vel* vuelve a aparecer como *velle* [querer]. Tal es el fin de la operación.[40]

Aprovechemos para destacar un dato usualmente omitido de lo que Lacan consideró como su "único invento", a saber, el objeto *a*. Normalmente, y gracias a que el psicoanalista francés destaca la solidaridad de su invento con los desarrollos de Melanie Klein sobre el objeto malo y, especialmente, al objeto transicional de Donald Winnicott, no tenemos presente lo que manifiesta en *Conferencia en Lovaina* al respecto del texto "Duelo y melancolía". En dicha conferencia, Lacan señala que el objeto *a* pudo leerlo del texto freudiano en cuestión. Este dato es importante ya que, si leemos la cita a la que nos referimos en el capítulo sobre *La subversión freudiana del suicidio*[41], vemos que allí Freud menciona que el yo, en tanto objeto, puede darse muerte. Es notable que Lacan lee en otros términos este pasaje, pudiendo advertirse cómo los desarrollos tanto del objeto *a* como del acto están enmarcados en un pasaje que hace mención al suicidio.

Retomando "Posición del inconsciente", y como lo dijimos al inicio de este apartado, si bien en el momento de escribir dicho texto los *a*- no hacían referencia al objeto *a*, en el seminario *Los cuatro conceptos fundamentales del psicoanálisis*, Lacan lo lee sirviéndose de dicho objeto: "El sujeto, por la función del objeto *a*, se separa, deja de estar ligado a la vacilación del ser, al sentido que constituye lo esencial de la alienación"[42].

Esto nos aclara lo señalado en el apartado dedicado a la dimensión significante del acto cuando dijimos que en el acto el significante tiene función y apariencia de significarse a sí mismo, funcionando por fuera de sus posibilidades. Se sirve del significante para, mediante el intervalo, apuntar al deseo del Otro, por lo que, como lo advierte la cita anterior, se libera del sentido.

---

40. Lacan, J. (1966). *Op. cit.*, p. 802.
41. Nos referimos a la siguiente cita: "Desde hace mucho sabíamos que ningún neurótico registra propósitos de suicidio que no vuelva sobre sí mismo a partir del impulso de matar a otro [...] el yo sólo puede darse muerte si en virtud del retroceso de investidura de objeto puede tratarse a sí mismo como objeto, si le es permitido dirigir contra sí mismo esa hostilidad que recae sobre un objeto y subroga la reacción originaria del yo hacia objetos del mundo exterior. Así, en la regresión desde la elección narcisista de objeto, este último fue por cierto cancelado, pero probó ser más poderoso que el yo mismo".
42. Lacan, J. (1964). *Op. cit.*, p. 265.

A propósito del "un querer" que Lacan menciona en la cita que transcribimos previamente de "Posición del inconsciente", Rabinovich considera pertinente la siguiente puntualización en torno a la traducción:

> Cuando en castellano dice 'un querer', en francés dice *vouloir*, verbo que entraña la connotación de voluntad. Por lo pronto, *vouloir* en francés, término que sólo tenemos bajo la forma de 'voluntad' o 'voluntario' en castellano, es un equivalente del desear y del querer castellanos. Es también una orden, como también puede serlo el 'yo quiero' en castellano. En francés hay múltiples sentidos y matices diferentes de este *vouloir*.[43]

Para nosotros es necesario destacar que, en lo que respecta al acto, Lacan no menospreció el lugar de la decisión consciente que implica la voluntad, de allí la referencia al suicidio de Empédocles –que profundizaremos en el próximo capítulo–. Si *vouloir* está entre el deseo inconsciente y el querer de la voluntad, es posible de ser leído como un querer que no entra en conflicto con el deseo que lo anima, "quiere lo que desea"[44], al modo más clásico freudiano, contrario al de la inhibición, por ejemplo, o al modo de solución de compromiso del síntoma. No por casualidad, en el seminario *La angustia*, Lacan se refiere al acto en relación con la inhibición en estos términos:

> Un acto es una acción en la medida en que en él se manifiesta el deseo mismo que habría estado destinado a inhibirlo. Sólo si se funda la noción de acto en su relación con la inhibición puede estar justificado que se llame actos a cosas que, en principio, tienen tan poca apariencia de estar relacionadas con lo que se puede llamar un acto en el sentido pleno, ético, de la palabra –el acto sexual, por un lado, o, por otro, el acto testamentario.[45]

De igual manera, podemos leer el *vouloir* como un momento privilegiado en donde el deseo se impone como impostergable, como encuentro con lo real; no al modo de la relación del neurótico al deseo, para quien el deseo siempre es un viaje que nunca va a realizar o del que es obligado por el superyó.

---

43. Rabinovich, D. (1999). *El deseo del psicoanalista*. Buenos Aires, Argentina: Manantial, p. 127.
44. Lacan, J. (1961). "Observación sobre el informe de Daniel Lagache: 'Psicoanálisis y estructura de la personalidad'". En *Escritos*, t. II. Buenos Aires, Argentina: Siglo veintiuno, 2008, p. 649.
45. Lacan, J. (1962-1963). *Op. cit.*, p. 342.

Al respecto, Lombardi comenta: "Lacan, cartesianamente, define la voluntad como lo que se juega cuando se trata de decir sí o no a lo que se quiere {*dire oui ou non à ce qu'on veut*}. Se ve claramente que, a partir de estas coordenadas, el acto es la realización de la voluntad en el sentido de decir sí a lo que se quiere"[46].

Aclaremos, sin embargo, que este "querer lo que desea" no implica ninguna transparencia del sujeto a su deseo, al estilo hegeliano, sino de querer un deseo como pura potencia del acto, con la incertidumbre –de allí que Lacan se sirva de la apuesta de Pascal para dar cuenta de la puesta en juego allí del objeto *a* y de la falta de garantía que acarrea[47]– y desconocimiento concomitantes. Un deseo que luego, en el retorno a la alienación, se le podrá dar alguna significación, pero que ya implicará un desconocimiento del mismo por la transformación que el sujeto ha sufrido como consecuencia.

El juego de palabras que Lacan realiza tanto en "Posición del inconsciente" como en *Los cuatro conceptos fundamentales del psicoanálisis* en torno a separar, *separare* y *se parere* evidencia lo que manifestamos en el apartado dedicado al acto como nacimiento del sujeto renovado por el acto.

No terminemos este apartado sin hacer una precisión de la operación de separación y la idea errónea de libertad que podemos considerar que acarrea:

> Por metafísico que pueda parecer, ya que hay que admitir que nuestra técnica emplea con frecuencia la expresión liberar algo, como si la cosa se diera por sentada, no está de más notar de paso que allí está en juego ese término que bien merece la calificación de espectro –la libertad. Justamente, el sujeto tiene que liberarse del efecto afánico del significante binario y, todo bien mirado, ocurre que de eso se trata efectivamente en la función de la libertad.[48]

Es así como la libertad, mirada desde esta perspectiva, está dada por el fuera de sentido que implica la destitución subjetiva. Libertad paradójica y contraria a todo ideal que atañe autonomía y prescindir totalmente del Otro. Es así que debemos precisar, contrario a la idea de que el acto es sin Otro, que el acto no es sin el Otro. ¿Qué Otro concierne al acto? Como vemos, el acto no es sin el deseo del Otro, lo que implica, igualmente, a un Otro del que no cabe esperar garantía por estar marcado por la

---

46. Lombardi, G. (1993). *Op. cit.*, p. 73.
47. Lacan, J. (1968-1969). *El seminario. Libro 16: De un Otro al otro*. Buenos Aires, Argentina: Paidós, 2008.
48. Lacan, J. (1964). *Op. cit.*, p. 227.

castración.[49] Así mismo, en el acto se apunta al deseo del Otro, no al Otro como lugar de saber y solidario de los efectos de sentido.

Repetición

Antes de desentrañar la definición que Lacan hace del acto en su seminario *La lógica del fantasma* sirviéndose de la topología, tengamos presentes algunos desarrollos previos en torno a la repetición.

En el seminario *Los cuatro conceptos fundamentales del psicoanálisis*, se ocupa de distinguir entre *tyche* y *automaton*, siguiendo la lógica aristotélica, para diferenciar transferencia y repetición, ubicando a la primera del lado del encuentro con lo real –encuentro siempre fallido– y más allá del principio del placer; y al segundo en torno al retorno e insistencia de los signos, regido por el principio del placer.

Tal como lo señala Muraro, Aristóteles realiza un planteo lógico a propósito de lo contingente, distinguiendo las proposiciones afirmativas y negativas, las cuatro formas establecidas como necesario, contingente, posible e imposible. Si bien algunos autores homologaban lo posible a lo contingente, otros –como Lacan– advirtieron que lo contingente consiste en lo que puede ser y no ser simultáneamente. Una proposición de este orden debemos considerarla como "autorreferente, en el sentido de que su propio estatuto contingente adviene al ser considerada en su particular conjunción de poder ser / poder no ser"[50].

Por fuera de un razonamiento intuitivo, Lacan ubica a la repetición en tanto *tyche* en relación a su dimensión actual y no como mera repetición del pasado, distinción necesaria para no equiparar la transferencia a la repetición. Esta elaboración de la repetición como siempre novedosa –de la que Kierkegaard ya había dado cuenta– es solidaria al significante, ya que, por un lado, la repetición es de significantes, pero ya sabemos que el significante es siempre otro significante, no se significa a sí mismo: "La preterición que ella [la repetición] contiene es algo muy distinto de ese mandamiento del pasado con que se la vuelve fútil. Ella es ese acto por el que se realiza, anacrónica, la intromisión de la diferencia aportada en el significante. Lo que fue, repetido, difiere, volviéndose sujeto de reiteración"[51].

49. Vargas, D. (2016). "¿Qué Otro no existe?". En *Conversación Analítica XIII: Del Uno al no-todo*. Buenos Aires, Argentina: Grama.
50. Muraro, V. (2019). *Interpretación y vanguardia*. Buenos Aires, Argentina: Letra Viva, p. 39.
51. Lacan, J. (1968). "La lógica del fantasma. Reseña del seminario de 1966-1967". En *Otros escritos*. Buenos Aires, Argentina: Paidós, 2012, p. 345.

Lacan pondrá entonces al acto en relación a este encuentro fallido con lo real, de allí que diga: "mientras hablemos de las relaciones de la repetición con lo real, el acto estará siempre en nuestro horizonte"[52].

Ahora bien, teniendo en cuenta estos desarrollos en torno a la repetición, veamos cómo Lacan define al acto topológicamente:

> ¿Cómo definir qué es un acto? Es imposible definirlo de otra manera más que sobre el fundamento del doble bucle, es decir, de la repetición. Es precisamente en esto que el acto es fundador de sujeto. Es el equivalente de la repetición en su único rasgo, que he designado siempre por este corte que es posible hacer en el centro de la banda de Moebius, es en sí mismo el doble bucle significante.[53]

En su próxima clase, volverá sobre esto diciendo que "el acto es un significante que se repite, que pasa en un solo gesto por las razones topológicas que vuelven posible la existencia del doble bucle creado por un solo corte"[54].

Veamos a qué se refiere Lacan cuando evoca la banda de Moebius y el corte que da como resultado un doble bucle. Dicha banda (Figura 12) posee las siguientes invariantes topológicas: tiene un solo borde, no es orientable y tiene una sola cara.

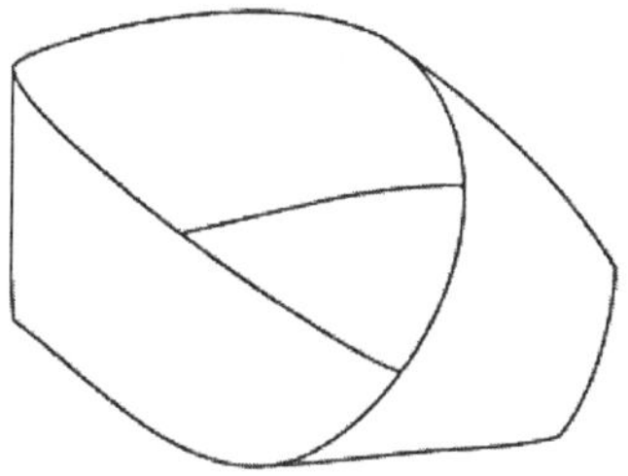

Figura 12. Banda de Moebius.

Si decidimos trazar una línea mediana en la banda y seguir dicha línea cortando con una tijera, contrario a lo que intuitivamente podríamos pensar, no conseguimos dos bandas de Moebius, sino una cinta de Jordan (Figura 13) la cual tiene características distintas al ser el doble de larga, contar con dos bordes, cuatro medias torsiones, ser bilátera y orientable. Hasta acá constatamos, nuevamente, la novedad que engendra el acto.

52. Lacan, J. (1964). *Op. cit.*, p. 58.
53. Lacan, J. (1966-1967). *Op. cit.*, Clase del 15 de febrero de 1967.
54. *Ibíd.*, Clase del 22 de febrero de 1967.

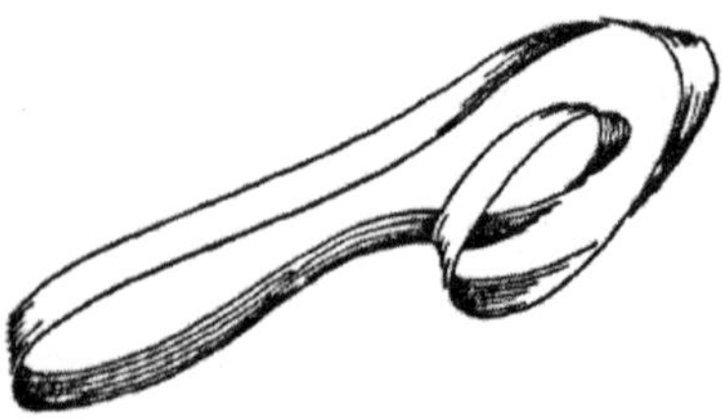

Figura 13. Cinta de Jordan.

Ahora bien, como lo señala Vegh[55], el borde de la cinta de Jordan es equivalente a la superficie topológica del ocho interior (Figura 14) la cual consta de un doble bucle. Esta superficie es usada por Lacan para dar cuenta de la relación del sujeto a la demanda y el deseo –demanda que siempre es demanda de Otra cosa que se relanza en la repetición por el objeto siempre perdido–, así como de la transferencia y la identificación, tal como lo trabaja en *Los cuatro conceptos fundamentales del psicoanálisis*.

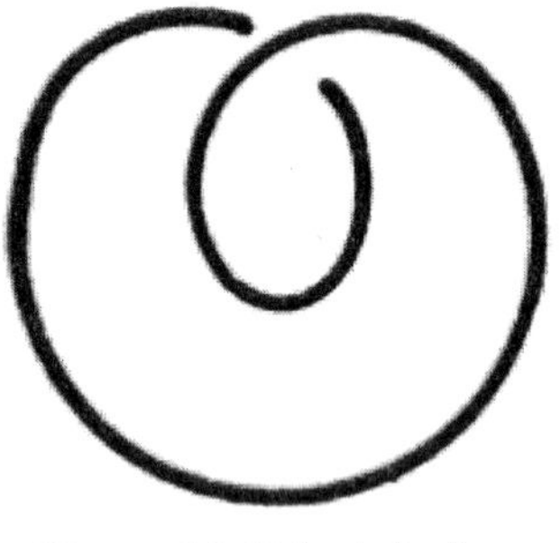

Figura 14. Ocho interior.

Entendemos entonces a qué se refiere Lacan con la banda de Moebius y el doble bucle engendrado por el corte: El acto es el corte de la línea media de la banda, de allí que señale que sea el "fundamento" del doble bucle. El corte posibilita el borde, en la banda de Jordan, del doble bucle, concerniente a la repetición. Intuitivamente, se puede pensar entonces que, primero es el acto y luego la repetición. Esta temporalidad será la que Lacan objetará, así como el principio de identidad planteado por la lógica, lo que nos permitirá entender a qué hace mención Lacan diciendo que "el acto es un significante que se repite" al referirse al doble bucle.

55. Vegh, I. (2008). Topología y clínica: un encuentro posible. *Imago agenda*, (120), pp. 3-4, 16.

Tal como lo destaca Korman[56], al no cumplirse para el significante el principio de identidad, tampoco podemos hablar de tautología. Si decimos, por ejemplo, "el mar es el mar", si bien hay una reiteración significante, tiene diverso significado: mientras que el primero evoca las cualidades propias del mar –conjunto de agua salada–, el segundo hace alusión a la diferencia con otros significantes –por ejemplo, elegirlo como destino de vacaciones en comparación a montañas o ríos–. Gracias al ocho interior, se puede dar cuenta de la diferencia entre uno y otro (Figura 15):

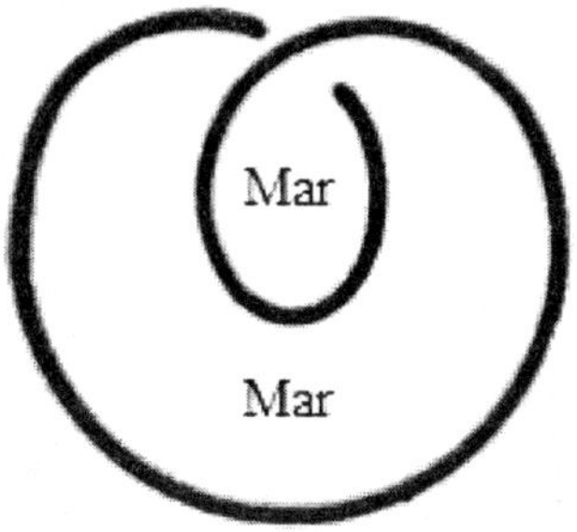

Figura 15. El significante siempre distinto de sí mismo y la repetición en el ocho interior.

A la repetición la podemos situar tanto diacrónica como sincrónicamente: diacrónica por la lectura retroactiva que marca como repetido un significante, y sincrónica por la repetición que el acto-corte produce, tal como lo pudimos ver previamente. A la versión diacrónica, la podemos plantear del siguiente modo[57]. Ubiquemos un significante A que se repite (Figura 16):

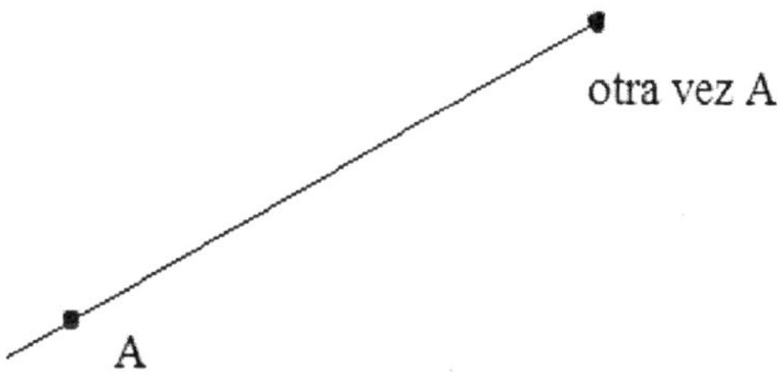

Figura 16. Repetición del significante A.

56. Korman, V. (2004). *El espacio psicoanalítico*. Barcelona, España: Síntesis, p. 267.
57. *Ibíd*., p. 269.

Si seguimos lo que desarrollamos en el apartado de la temporalidad lógica del acto, es por *après-coup* que al A lo podemos ubicar en el punto a la izquierda al cobrar existencia gracias al A del punto a la derecha, haciéndolo entonces miembro de la repetición (Figura 17). Explicitemos: no para que, repitiendo uno, existan dos, sino repite uno para hacer existir ese uno –S_1– retroactivamente. Vemos entonces que se impone lo que Lacan llama la temporalidad del futuro anterior: la repetición se produce en el presente y sólo así podemos hablar de un A que estaba previamente, si lo quisiéramos pensar cronológicamente, pero justamente lo marcado por Lacan es la temporalidad lógica en cuestión.

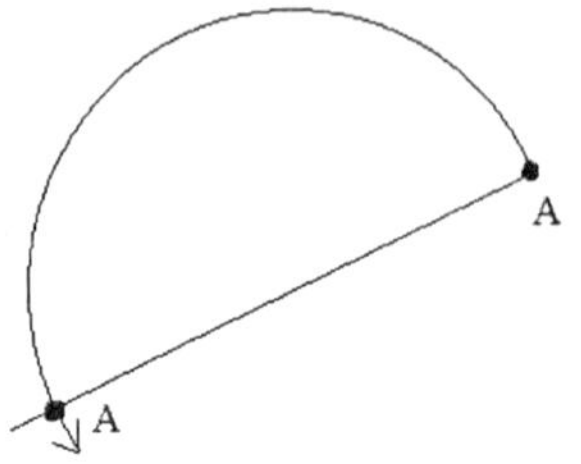

Figura 17. Existencia de A como repetición por *après-coup*.

Precisa Korman que hace falta el trazo de escritura para advertir la repetición gracias a la operación de contar, lo que acarrea un segundo bucle que engloba al primero. Lacan llamará, al bucle que cierra, Uno en más o vuelta en más; luego de lo cual se constituye un ocho interior (Figura 18):

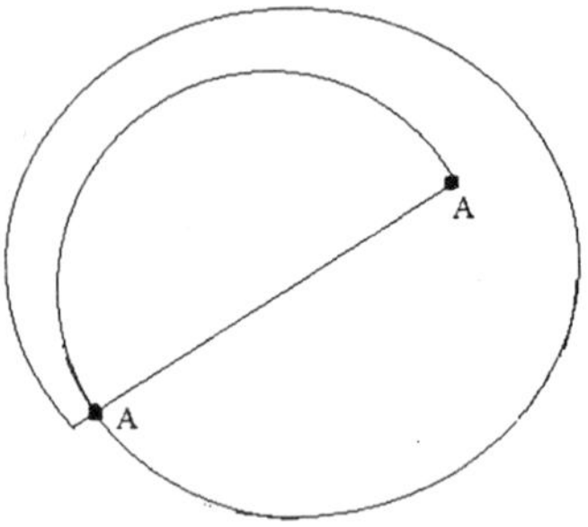

Figura 18. Trazo de escritura y operación de contar que produce un ocho interior.

La supuesta apariencia del significante significándose a sí mismo en el acto está dada por no contar –por olvido, fruto de la represión– la vuelta en más, de allí que Lacan advierta la preterición que la repetición implica.

Fracaso

Desde Freud encontramos el aparato psíquico constituido a partir de una pérdida que da lugar al deseo, el cual se relanza una y otra vez, encontrando sólo satisfacción de forma alucinatoria, garantizando el fracaso del reencuentro con dicho objeto desde siempre perdido. Así Freud lo plantea desde el conocido esquema del peine en "La interpretación de los sueños". Igualmente, se verá en la necesidad de ubicar el fracaso de la simbolización cuando en "Más allá del principio del placer" haga referencia a la repetición desde la perspectiva del goce. Lo simbólico aparece entonces en su imposibilidad de recubrir lo real, lo que, a su vez, constituye así lo real como imposible.

Como vimos en el apartado anterior, para Lacan es intrínseco a la repetición que la cita con lo real sea fallida, fracasada, precisamente porque es repetición de un fracaso. Podemos decir que el fracaso que el acto implica es una de las características en la que Lacan más insiste, haciendo, a su vez, referencia al acto fallido freudiano. Es así como en el seminario *De un Otro al otro*, Lacan dirá: "El psicoanálisis nos revela que la dimensión propia del acto –del acto sexual en todo caso, pero al mismo tiempo de todos los actos, lo que era desde hace mucho tiempo evidente– es el fracaso. Por eso en el centro de la relación sexual está en el psicoanálisis lo que se llama la castración"[58].

Como queda claro en esta referencia, Lacan ubica que, si hay acto sexual, es precisamente porque no hay relación sexual, de allí la referencia a la castración como marca de fracaso y posibilidad entre los seres sexuados. Precisamente, la castración es lo que da cuenta de la imposibilidad de escribir lógicamente la relación-proporción sexual por el lugar del falo como significante de la falta en el Otro, traducción lacaniana de la castración materna freudiana.

Igualmente, en el seminario del año siguiente, *El reverso del psicoanálisis*, señala: "En el acto, sea cual sea, lo importante es lo que se le escapa. Éste es también el paso que dio el análisis al introducir el acto fallido, que después de todo es el único que sabemos con seguridad que siempre es logrado"[59].

¿Qué quiere decir "lo que se le escapa"? Como vimos a propósito de la *verleugnung*, el sujeto no puede reconocerse en el acto, mucho menos en el deseo allí en juego, cuestión que –sólo con posterioridad– podría circunscri-

58. Lacan, J. (1968-1969). *Op. cit.*, p. 314.
59. Lacan, J. (1969-1970). *El seminario. Libro 17: El reverso del psicoanálisis*. Buenos Aires, Argentina: Paidós, p. 61.

birse en un análisis. La expresión "lo que se le escapa" nos puede remitir a la relación del sujeto al objeto en el deseo, como el coyote y el correcaminos: siempre se le escapa. Pero también acá vemos lo que decimos, por ejemplo, de los actos fallidos: se le escapan, y por ello son exitosos. Para responder a esta pregunta, retomaremos otros interrogantes pendientes, como es el de la diferencia entre el acto fallido freudiano y lo fallido del acto lacaniano.

Como vimos en el capítulo dedicado a *La subversión freudiana del suicidio*, cuando Freud se refiere a los actos fallidos, éstos son fallidos desde el punto de vista de la intención consciente, pero logrados desde el punto de vista del inconsciente. Es por esto que Lacan señala que sólo los actos fallidos son siempre logrados.

A propósito de lo fallido del acto debemos entender, como precisamos recién, que si bien en el acto el significante parece funcionar por fuera de sus posibilidades, a saber, pudiendo significarse a sí mismo, no lo logra. Al no haber metalenguaje –otro de los nombres que podemos encontrar en Lacan de la no relación sexual– esto se hace imposible, en tanto que el significante siempre remite a otro significante.

Igualmente, y acorde a lo que dijimos en el apartado dedicado a la operación de separación, el "querer lo que se desea" se juega en el acto, no así en la posición dividida con la que nos encontramos en el acto fallido o en la bella indiferencia del acto sintomático. Es por esto que los actos fallidos y los sintomáticos nos dan cuenta del acto, pero en tanto acto no-realizado, en suspenso.[60]

El acto dice *real*izativamente, mientras que el acto fallido, se hace sin decir o se dice sin hacer, como también aplica en el lapsus. Si seguimos los ejemplos freudianos dados en "Psicopatología de la vida cotidiana", como es el caso de cuando las personas de servicio destruyen objetos frágiles, dando cuenta de hostilidad de la cual no se habla, quedando desmentida por disculpas y excusas al respecto; así como cuando el presidente de la Cámara de Diputados austríaca abre la sesión diciendo "declaro cerrada la sesión", y seguidamente no la cierra, pero hace alusión a un deseo de cerrarla. Del acto, Lacan dirá que "es lo que quiere decir"[61], lo que nos señala que no dice, en tanto el significante pasa a lo real –por ello hemos planteado esa suerte de oxímoron al principio del párrafo al señalar que dice *real*izativamente–, desprendido así del Otro como horizonte de verdad en el que el significante pueda encontrar garantía alguna.

---

60. No olvidemos la referencia ética que Lacan hace del inconsciente, y que podemos extender a sus formaciones, al decir que no es óntico sino ético.
61. Lacan, J. (1966-1967). *Op. cit.*, p. 345.

Franqueamiento

En el seminario *El acto psicoanalítico*, Lacan –haciendo referencia a la inscripción significante que constituye todo acto– da el siguiente ejemplo: "Puedo acá caminar a lo largo y a lo ancho mientras les hablo; esto no constituye un acto, pero si un día, por franquear un cierto umbral yo me pongo fuera de la ley, ese día mi motricidad tendrá valor de acto"[62].

En este sentido, Miller señala que todo acto es delincuente por implicar una transgresión de un conjunto simbólico –código, ley– lo que permite, posteriormente, la reorganización de dicho código. Es así como, refiriéndose a algunos actos históricos, manifiesta que:

> No se trata de algo físico, no es porque el Rubicón sea difícil de atravesar, como los Alpes para Aníbal, que el acto de César marcó la novedad en el mundo, es pura y simplemente porque era el límite autorizado para el paso de los ejércitos exteriores a Italia –el límite a partir del cual estaban en infracción– y en este sentido, como decía, sólo hay acto, si hay atravesamiento de un umbral significante.[63]

Como ya habíamos destacado cuando trabajamos la dimensión significante del acto, el franqueamiento del Rubicón implicó transgredir, simbólicamente, la ley del incesto, lo que da cuenta la articulación entre la ley y el deseo.

Por su parte, Soler considera que en el acto se trata de "menos transgresión que conquista"[64], señalando que lo franqueado es una prohibición, ora dada por el Otro social, ora impuesta por el sujeto para sí mismo.

Ya sea como transgresión o conquista –y denotando que no necesariamente son excluyentes, ya que en el ejemplo del Rubicón encontramos una transgresión que deviene conquista– este franqueamiento también podemos ubicarlo como el paso del significante al *real*izarse, al pasar a lo real. En este sentido, en el esquema de la división (Figura 9), podemos ver el franqueamiento que tiene lugar desde el piso mítico, en el que ni el sujeto ni el Otro están afectados por el lenguaje; al piso en donde el lenguaje ha producido su efecto castrativo en ambos.

---

62. Lacan, J. (1967-1968). *Op. cit.*, Clase del 15 de noviembre de 1967.
63. Miller, J-A. (1993). *Op. cit.*, p. 50.
64. Soler, C. (2010). "El sujeto del acto". En *Acto, pasaje al acto y acting out en psicoanálisis*. Santa fe de Bogotá, Colombia: Gloria Gómez, p. 39.

Certeza y angustia

La angustia del acto no es la espera angustiosa freudiana a la que el neurótico suele entregarse por leerla como amenaza de castración, sino que es una angustia que motoriza el acto. Ya Lacan hace esta distinción en el seminario *La ética del psicoanálisis* cuando, justamente, hablando del desamparo –que debemos traducir como desamparo concomitante al significante de la falta en el Otro–, la angustia no es *Abwarten* sino *Erwartung*[65].

Solidaria de la destitución subjetiva en juego, la certeza da cuenta de la posición de objeto causa de deseo en el acto, en donde no aparece el sujeto dividido entre significantes, sino con la entereza que le presta la posición de objeto *a*, certeza que arranca de la angustia y transfiere al acto. Es por esto que Lacan articula también la certeza del acto al campo ético al plantarlo en términos de deber: "El objeto *a* es lo que ha caído del sujeto en la angustia, es el mismo objeto que designaba como *la causa del deseo*. La angustia que no engaña es reemplazada para el sujeto por lo que debe operarse por medio de ese objeto *a*. A esto se subordina la función del acto".[66]

En esta misma dirección, dirá en otro lugar: "Articular el acto en el campo de la realización subjetiva, eludiendo en él la prioridad del *a*, es el mito personalista. El *a* inaugura el campo de la realización del sujeto y, en adelante, conserva allí su privilegio, de modo que el sujeto en cuanto tal sólo se realiza en objetos que son de la misma serie de *a*, ocupan el mismo lugar en esta matriz.[67]

Si nos remitimos al cuadro que usamos para ubicar al suicidio como *acting-out* y pasaje al acto, y tenemos en cuenta que "cuando se trata de definir lo que es el acto, único correlato polar en el lugar de la angustia, lo único que podemos hacer es situarlo allí donde se encuentra en esta matriz, en el lugar de la inhibición"[68]; estamos de acuerdo con Muñoz[69] (Figura 19) en que podemos escribir al acto por fuera del cuadro, más allá de la angustia y siguiendo el vector desde la inhibición hasta la angustia que antecede al acto:

65. Lacan, J. (1959-1960). *El seminario. Libro 7: La ética del psicoanálisis*. Buenos Aires, Argentina: Paidós, 2009, p. 362.
66. Lacan, J. (1963). "Introducción a los nombres del padre". En *De los nombres del padre*. Buenos Aires, Argentina: Paidós, 2007, p. 71.
67. Lacan, J. (1962-1963). *Op. cit.*, p. 342.
68. *Ídem.*
69. Muñoz, P. (2009). *La invención lacaniana del pasaje al acto*. Buenos Aires, Argentina: Manantial, p. 201.

Dificultad →

Inhibición	Impedimento	Embarazo
Emoción	Síntoma	Pasaje al acto
Turbación	*Acting-out*	Angustia

↓ Movimiento — Deseo/Acto

Figura 19. El acto por fuera del cuadro de la angustia según Muñoz.

Igualmente, lo podemos ubicar *entre* el *acting-out* y el pasaje al acto, en tanto comparte del primero su dirección al Otro, pero como Otro barrado y no de la garantía; y del segundo, la destitución subjetiva, pero como objeto causa y no desecho.

Por su parte, Lombardi destaca que es de la autorreferencia del significante en el acto –en tanto significante arrojado a lo real, como lo vimos previamente– de donde toma su certidumbre[70], por lo que es infructífero atacarlo por el lado de la verdad, destacando así lo dicho por Austin cuando señala que los actos realizativos no pueden ser considerados como verdaderos o falsos.

Una definición de acto

Luego de realizar este recorrido por las características que pudimos aislar del acto en la enseñanza de Lacan, consideramos pertinente hacer un esfuerzo de definir a qué nos referimos con acto en psicoanálisis lacaniano. Este esfuerzo encuentra su fundamento en la introducción inédita del acto que Lacan efectúa con su enseñanza, tal como lo destaca en su seminario *Los cuatro conceptos fundamentales del psicoanálisis*.

Como pudimos ver, en Lacan hallamos diversos intentos de definir el acto, como cuando dice que el acto es un significante que se repite o cuando lo equipara al corte topológico. Es así que proponemos la siguiente definición: *es el paso certero e impredecible de un significante desde el registro simbólico al real que se separa del Otro, indicando el lugar del deseo en el intervalo de la cadena significante, y del cual, motorizado por la angustia y en tanto objeto, el sujeto renace diferente como efecto del corte en la estructura vía la repetición.*

70. Lombardi, G. (1993). *Op. cit.*

Ya teniendo trabajadas las coordenadas con las que Lacan propone el acto en psicoanálisis, nos adentramos, ahora sí, a las diversas referencias en donde articula suicidio y acto.

Capítulo VI

El suicidio como acto

Primera parte

"Muchos hombres se deshacen, pero pocos hombres mueren".
Marguerite Yourcenar.

"Es maravilloso el *no* porque es un centro vacío, pero siempre fructífero. A un espíritu que dice *no* con truenos y relámpagos, el mismo diablo no puede forzarle a que diga que *sí*".
Herman Melville.

Remitámonos ahora a las referencias concernientes al suicidio como acto. Veremos que en varias de ellas, en donde podemos ubicar desarrollos a propósito del acto, Lacan hará referencia explícita al suicidio, teniendo valor paradigmático. Para desentrañar tales referencias, nos remitiremos a las alusiones implícitas y explícitas que hará el psicoanalista francés tanto a autores como a corrientes de pensamiento, así como a prácticas y datos históricos, realizando un trabajo dialéctico entre las referencias y una construcción del hecho aludido.

Dedicaremos esta primera parte a los textos "Función y campo de la palabra y del lenguaje en psicoanálisis", "Posición del inconsciente" y al seminario *Los cuatro conceptos fundamentales del psicoanálisis*, ya que los leeremos a la luz de las operaciones de alienación y separación.

El suicidio como afirmación desesperada de la vida

En "Función y campo de la palabra y del lenguaje en psicoanálisis", Lacan menciona el suicidio de Empédocles y se refiere a él en términos de acto.[1] Si bien faltarán varios años para que Lacan delimite el concepto

1. Lacan, J. (1953). "Función y campo de la palabra y del lenguaje en psicoanálisis". En *Escritos*, t. I. Buenos Aires, Argentina: Siglo veintiuno, 2010.

de acto propiamente dicho, podemos encontrar acá un antecedente al respecto.

En el pasaje que consideramos útil a nuestra investigación, podemos leer que el más temprano símbolo en el que podemos reconocer a la humanidad es la sepultura, dando cuenta de la vida humana como efecto de la relación del sujeto a su historia, lo que, a su vez, lo distingue de otros sujetos; en oposición al desvanecimiento de su singularidad, tal como se evidencia en la reproducción de la especie a la que pertenece.

Vemos a Lacan, en congruencia con lo que dijimos en el capítulo que dedicamos a la pulsión de muerte, mostrar la diferencia entre el sujeto –como efecto significante– y los animales, al hacer referencia a la sepultura y a la vida como historizada, gracias a la cual se evidencia la prexistencia y subsistencia del significante al sujeto.

Prosigue diciendo:

> En efecto, dejando aparte esas mutaciones hipotéticas del *phlylum*[2] que debe integrar una subjetividad a la que el hombre no se acerca todavía más que desde fuera, nada, sino las experiencias a las que el hombre los asocia, distingue a la rata de la rata, a un caballo del caballo; nada sino ese paso[3] inconsistente de la vida a la muerte; mientras que Empédocles precipitándose al Etna deja para siempre presente en la memoria de los hombres ese acto simbólico de su ser-para-la-muerte.[4]

Tal como la cita lo sugiere, veamos un poco sobre la vida y, especialmente, la muerte de Empédocles.

Empédocles de Acragas (495 a. C – 444 a. C) fue considerado adivino, hechicero, médico, orador y político. Interpretaba en términos religiosos y metafísicos los fenómenos naturales. Esto ya nos advierte que aparece como un personaje con ciertas cualidades excepcionales. Consideraba que el universo estaba regido por los cuatro elementos –aire, tierra, fuego y agua– y que la Concordia los unía y la Discordia los separaba.

En torno a su muerte, existen varias versiones, todas ellas narradas por Diógenes Laercio. La versión más conocida es la que Lacan toma en el texto, a saber, que se arrojó al volcán Etna (Figura 20). Según se cuenta, luego de que Empédocles curara a una mujer desahuciada "se encaminó al Etna, y que habiendo llegado, se arrojó al volcán y desapareció, querien-

---

2. Lacan hace referencia a la escritura latina de filo, que corresponde a una categoría taxonómica utilizada en los reinos animales.
3. En el texto en francés, Lacan escribe *passage* que podemos traducir como paso o pasaje.
4. Lacan, J. (1953). *Op. cit.*, pp. 306-307.

do dejar fama de sí de haber sido hecho dios; pero después fue descubierto, arrojando fuera la fuerza de las llamas una de sus sandalias, que eran de bronce, cuyo metal solía llevar el calzado"[5].

Figura 20. "Empédocles". Autor desconocido.

Desde el texto en cuestión, podemos localizar cierta dimensión de lo fallido en el acto gracias a lo ocurrido con la sandalia de Empédocles, sandalia que da cuenta de su paso sin vacilación, pero, a su vez, de su naturaleza humana imposible de borrar. Al mismo tiempo, es lo que permite saber que se lanzó al Etna, dejando así huella en la memoria de los hombres.

Igualmente, vemos clara referencia a Heidegger con el ser-para-la-muerte. Sin el ánimo de adentrarnos en profundidad en los desarrollos del filósofo alemán, ya que acarrearían un nivel de conocimiento de su obra que nos excede, denotemos a qué se refiere con ser-para-la-muerte.

En su texto *Ser y tiempo*, Heidegger plantea que el ser está prometido a la muerte, y es gracias a la tensión entre la vida como posibilidad y la muerte como imposibilidad que el ser supone encontrar su totalidad sólo hasta la muerte. Sin embargo, ya que el ser-ahí al morir ya no es, resulta imposible tal totalización. El ser se afianza en su negatividad, en su no-siendo de lo cual la muerte es el paradigma. Igualmente, el ser, en tanto ser-ahí, es incompleto e inacabado. El problema para Heidegger se centra en lo más propio del ser, en su autenticidad, ya que, mientras es ser-ahí, siempre es posibilidad, lo que podemos leer, basándonos en la

5. Laercio, D. (III d. C.). *Vidas*. Madrid, España: Gredos, 2017, p. 443.

definición canónica del sujeto y del significante, como siendo siempre otra cosa, pudiendo ser representado por otro significante. De allí que Lacan se refiera, años más tarde, al ser-para-la-muerte como "la tarjeta de visita con la que un significante representa a un sujeto para otro significante"[6].

Para Heidegger, la muerte no es ajena al ser-ahí, ya que ser-ahí implica ser un ser prometido a la muerte en tanto ser finito. Sin embargo, para el ser-ahí, la muerte se plantea como impropia, en tanto mantiene en suspenso la propia muerte al plantearla como lo que ha de ocurrirle a todo ser. Desde esta perspectiva, y con clara similitud con la propuesta freudiana, la muerte aparece como algo que le ocurre a los otros, pero no al ser-ahí en cuestión, como algo que ha de ocurrir para todos en algún momento, desplazando así la propia muerte y no integrándola al ser-ahí, de modo tal que aparece como un hecho accidental.

Plantear la muerte como algo que sucede a los otros es concebir a la muerte a partir de la imposible experiencia de la propia muerte desde los otros. De modo tal que "el morir es algo que cada 'ser ahí' tiene que tomar en su caso sobre sí mismo. La muerte es, en la medida en que 'es', esencialmente en cada caso la mía"[7]. De modo tal que se trata de cómo un ser-ahí puede asumir la muerte como modo irreductible de existencia, forma, entonces, más singular de cada ser, en tanto no puede ser interpretada desde los otros.

Este ser-para-la-muerte no es, de ninguna manera, un anhelo de muerte, sino que le es propio al ser-ahí, es lo que le permite afirmarse como ser que es en tanto que existe. De esta forma, este ser-para-la-muerte es afirmación de una vida en tanto humana. Es igualmente importante destacar que para Heidegger, la angustia es ontológica, propia del ser-ahí, pero que puede usar esa angustia de diversas formas, ya sea para huir de la finitud o para asumirla y así apropiarse del sentido finito de existencia, y en este mismo movimiento, advertir el campo de posibilidad que la muerte procura a la existencia.

Si Lacan habla de Empédocles en tanto asume su ser-para-la-muerte, es porque no hace de la muerte un accidente, sino posibilidad y condición del ser-ahí. Vemos corroborado esto cuando Lacan, en otro momento de su enseñanza, distingue entre "la muerte real arriesgada a la muerte preferida, asumida, al ser–para-la–muerte"[8].

Teniendo estos elementos en cuenta, y según la mención hecha por

6. Lacan, J. (1969-1970). *El seminario. Libro 17: El reverso del psicoanálisis*. Buenos Aires, Argentina: Paidós, 2009, p. 195.
7. Heidegger, M. (1927). *El ser y el tiempo*. Buenos Aires: Fondo de cultura económica, 2010, p. 262.
8. Lacan, J. (1959-1960). *El seminario. Libro 7: La ética del psicoanálisis*. Buenos Aires, Argentina: Paidós, 2009, p. 368.

Lacan, vemos que Empédocles aparece encarnando una identidad tal que podríamos ubicar como diferencia absoluta respecto a los otros hombres, por eso Lacan dice "mientras que Empédocles" a modo de comparación con el "paso inconsistente" que podríamos adjudicar a la mayoría de los mortales en relación a la muerte. La precipitación al Etna de Empédocles aparece como un paso firme, sin vacilación, que señala una asunción de la muerte, no como accidente del destino, forma en la que, comúnmente, suele vivenciarse la muerte. Empédocles se distingue así del hombre-tipo.

Igualmente, advirtamos que Lacan habla de "precipitación", lo que nos remite al capítulo en el que trabajamos el suicidio como *acting-out* y pasaje al acto. Posteriormente en su enseñanza, Lacan restringirá la precipitación al pasaje al acto.

Retomando "Función y campo...", luego de esta referencia a Empédocles, y con la pregnancia de la lectura que Kojève realizó de Hegel, Lacan señala tres figuras de la muerte en la que se inscribe la libertad humana: a) la renuncia que obliga al deseo del otro por la amenaza de la muerte para el goce, consecuencia de su posición de esclavo; b) el sacrificio consentido de la vida por las razones que hacen que una vida pueda ser considerada humana; c) la renuncia suicida del vencido que frustra de su victoria al amo abandonándolo a su inhumana soledad.

Debemos nuevamente hacer un rodeo para remitirnos a algunas teorizaciones realizadas por Kojève en *La dialéctica del amo y del esclavo en Hegel*. El filósofo ruso afirma que el deseo, contrario al conocimiento que deja al hombre en una quietud pasiva, lo empuja a la acción, gracias a la cual el deseo podría satisfacerse por medio de una destrucción que es también transformación del objeto –siendo un ejemplo, comer: la ingesta de la comida la destruye y transforma[9]–, ya que la destrucción de una realidad objetiva crea, en la misma acción, una realidad subjetiva.

Igualmente, para que el hombre devenga humano y se diferencie así del animal, es necesario que su deseo humano predomine sobre el deseo animal, lo cual logra poniendo en riesgo su vida, ya que el fin último del deseo animal es la conservación de ésta:

> Pero todo Deseo es deseo de un valor. El valor supremo para un animal es su vida animal. Todos los Deseos del animal son en última instancia una función del deseo que tiene de conservar su vida. El Deseo humano debe superar ese deseo de conservación. Dicho de otro modo,

9. Cuestión que podemos ubicar en Freud (1915) con la ambivalencia en cada una de las etapas del desarrollo psicosexual, especialmente en la etapa sádico-oral: introyectar el objeto implica su destrucción, pero, a su vez, su constitución como objeto psíquico.

el hombre no se "considera" humano si no arriesga su vida (animal) en función de su Deseo humano.[10]

Es por este riesgo que la realidad humana se crea y reconoce como tal, distinguiéndose así de la realidad natural: "El hombre se 'reconoce' humano al arriesgar su vida para satisfacer su Deseo humano, es decir, su Deseo que se dirige sobre otro Deseo[11]. Pero desear un Deseo es querer superponerse a sí mismo al valor deseado en ese Deseo. Porque sin esta sustitución se desearía el valor, el objeto deseado y no el Deseo mismo"[12].

Este deseo propiamente humano es generador de autoconsciencia, la cual se ejerce en función del deseo de reconocimiento, por lo que es necesario hablar de una lucha a muerte por reconocimiento. El riesgo mencionado anteriormente está dado entonces por dicho reconocimiento de deseo que nada tiene de necesidad vital. Que el esclavo apunte a ser reconocido como humano por parte del amo es, precisamente, imponer su realidad de deseo allí donde se lo considera un objeto. Tengamos igualmente presente que el amo necesita al esclavo con vida para que lo reconozca como amo.

De modo tal que quien no ha arriesgado su vida, afirma Kojève, puede ser reconocido como persona humana, pero no ha alcanzado el reconocimiento como autoconciencia autónoma. Es así que en la dialéctica del amo y del esclavo, lo que hace esclavo al esclavo es que no ha arriesgado su vida, pero también, señala Kojève, sólo el esclavo puede alcanzar la libertad porque la reconoce en el amo, mientras que el amo está en un callejón sin salida, porque espera el reconocimiento de otro que no reconoce como humano sino como objeto, por lo tanto, imposible de reconocerlo. Sólo superando la angustia ante la muerte que encarna el amo para el esclavo, podrá el esclavo ser libre y reconocer su deseo como humano y resultante de autoconsciencia.

Lacan da varios indicios de que ubica al sujeto del lado del esclavo y al inconsciente del lado del amo: sujeto *del* inconsciente –genitivo objetivo y subjetivo que nos permite ubicar la división del sujeto, al advertir tanto la posición pasiva de estar sujeto *por* lo inconsciente, pero también la posición activa al sujetarse *a* lo inconsciente–; el discurso del amo como discurso del inconsciente; *cadena* significante. Lacan hará claras referencias al respecto en la clínica de la neurosis, cuando señale que la histérica denuncia que el amo está castrado, así como el neurótico obsesivo sueña con la muerte del amo, lo que supuestamente le traería la libertad.

---

10. Kojève, A. (1982). *La dialéctica del amo y del esclavo en Hegel*. Buenos Aires, Argentina: La pléyade, p. 3.
11. Es bastante claro que estas elaboraciones le permiten afirmar a Lacan la canónica definición del deseo: "El deseo del hombre es el deseo del Otro".
12. *Ídem*.

Sin embargo, si bien Lacan plantea que tiene en común con la teoría del deseo en Hegel considerar al objeto como deseante[13], uno de los puntos cruciales en los que el psicoanalista francés se distingue del filósofo alemán es que mientras el segundo considera al amo como figura del Otro posible de reconocer al sujeto-esclavo, el primero ubica al Otro como inconsciente, imposibilitando cualquier transparencia de autoconciencia afirmada por Hegel, cuestión que llevará a Lacan a subvertir el *cogito* cartesiano al plantearlo como "soy donde no pienso, pienso donde no soy"[14]. De hecho, Lacan destaca que el sujeto sólo puede ser reconocido como objeto del deseo del Otro, no como sujeto, lo que, a su vez, le resulta insoportable y de lo cual el fantasma fundamental, en su función de desconocimiento, da cuenta.

Retomando las tres figuras de la muerte que habíamos mencionado –a) la renuncia que obliga al deseo del otro por la amenaza de la muerte para el goce consecuencia de su posición de esclavo; b) el sacrificio consentido de la vida por las razones que hacen que una vida pueda ser considerada humana; c) la renuncia suicida del vencido que frustra de su victoria al amo abandonándolo a su inhumana soledad– vemos que están enmarcadas por las elaboraciones de Kojève previamente desarrolladas: a) la posición de esclavo por la renuncia al deseo, resultante de la angustia de muerte que encarna el amo, y –agrega Lacan– el goce que implica esa posición de esclavo; b) Poner en riesgo la vida es propio del deseo humano, ya que éste, distinto al deseo animal, no apunta al objeto sino que es deseo de deseo; c) la necesidad que tiene el amo del esclavo en tanto que es gracias a él que es reconocido como amo, de allí que, con la muerte del esclavo, su soledad lo prive de su humanidad al no ser reconocido su deseo como tal.

Específicamente, de la tercera figura de la muerte, Lacan dice que es

> ...el supremo rodeo por donde la particularidad inmediata del deseo, reconquistando su forma inefable, vuelve a encontrar en la denegación un triunfo último. Y tenemos que reconocer su sentido, porque tenemos que vérnoslas con ella. No es en efecto una perversión del instinto, sino esa afirmación desesperada de la vida que es la forma más pura en que reconocemos el instinto de muerte.[15]

---

13. Vargas, D. (2017). El analista: un objeto deseante. *Aun. Revista internacional de psicoanálisis*, (*10*).
14. Lacan, J. (1966-1967). *El seminario. Libro 14: La lógica del fantasma.* Buenos Aires, Argentina: Escuela Freudiana de Buenos Aires. Inédito.
15. Lacan, J. (1953). *Op. cit.*, p. 307.

El rodeo del que habla Lacan es la particularidad del deseo humano en tanto deseo del Otro, deseo de deseo, como vimos en Kojève. "Reconquistar su forma inefable" señala cómo el deseo está articulado pero no es articulable, es imposible de ser enunciado, por más que demarca la enunciación del sujeto. La denegación, como vimos en el capítulo anterior a propósito de las características del acto, viene entonces al lugar de ese borramiento que hace de él sujeto. Esa imperiosa necesidad de otorgarle un sentido que señala Lacan es puramente freudiana: las acciones humanas tienen un sentido, no son casuales, sino que responden a la sobredeterminación inconsciente; es así que el acto no es equiparado al arco reflejo ni a una conducta animal. Y, finalmente, Lacan advierte que el sentido de esa denegación no tiene nada que ver con una perversión del instinto, al que podríamos pensar como apuntando a la supervivencia de la especie, sino que, por estar afectado el sujeto por el deseo –acorde con lo que vimos en Kojève– y el significante, puede advenir todo lo contrario, afirmación del deseo al negarse como viviente, de allí que hable de denegación.

Igualmente, podemos advertir el modo en que Lacan propone la asunción del ser-para-la-muerte heideggeriano, al deseo de reconocimiento hegeliano. Vemos así que la demanda de reconocimiento encuentra su límite en el deseo de muerte ya que, como lo señala Kojève, es necesario que el esclavo permanezca vivo para que así reconozca al amo. Punto de diferencia de Lacan con otras perspectivas, tal como la de Jean Hippolyte, quien ubicaba al deseo de vivir como el deseo último.

Seguidamente, y en consonancia con lo recién planteado, nos parece palpable ubicar que Lacan está trazando una primera versión de lo que desarrollará en "Posición del inconsciente" concerniente a las operaciones de alienación y separación, enfatizando en la negación como forma en la que podemos ubicar al sujeto del inconsciente, así como constituido como deseante del deseo del Otro: "El sujeto dice '¡No!' a ese juego de la sortija de la intersubjetividad donde el deseo sólo se hace reconocer un momento para perderse en un querer que es querer del otro. Pacientemente, sustrae su vida precaria a las aborregantes agregaciones del Eros del símbolo para afirmarlo finalmente en una maldición sin palabras"[16].

Esta temporalidad del reconocimiento, como momento seguido de una pérdida, consideramos que debemos pensarla en congruencia con el sujeto respondiendo a la temporalidad del instante y perdiéndose en tanto objeto, como vimos en las operaciones de alienación y separación en el capítulo anterior. "Un querer que es querer del otro" hace eco en lo que vinimos insistiendo del deseo como deseo del Otro. Sin embargo,

---

16. *Ídem.*

tengamos presente que este *querer*, según lo vimos en "Posición del inconsciente", no es un hecho de estructura, como lo es el deseo en tanto deseo del Otro, sino que implica una elección.

Acorde a lo que señalamos anteriormente sobre la sandalia de Empédocles como rastro-huella que no pudo borrar, recordemos la importancia que Lacan le da al *ne* expletivo[17], que es doble negación en francés, pero que además, quiere decir "paso", paso que da Empédocles y que también, como vimos, dio César. En el sentido de la negación como afirmación, Sauval señala que "en determinadas estructuras sintácticas el adverbio de negación *no* puede tener un valor opuesto al de su semántica prototípica. Es decir, en ciertas construcciones, el *no* se emplea con valor afirmativo"[18].

Vemos a Lacan decir "maldición sin palabras". Lejos de una connotación peyorativa, la maldición implica, necesariamente, la no proporción sexual[19], ya que, por la primacía del falo, todo lo que se pueda decir sobre el significante de la falta en el Otro es mal-dición, mal dicho.

La expresión de índole despectivo "aborregantes agregaciones del Eros" advierte lo ya señalado por Freud, en tanto el Eros como pulsión de vida, agrega, liga; pero el aborregante da cuenta de una psicología de masa freudiana, que hace Uno, y por eso dice previamente "distingue a la rata de la rata, a un caballo del caballo", es decir, el paso de lo general a lo singular.

Seguidamente al párrafo del que acabamos de ocuparnos, Lacan hace mención a que es en tanto deseo de muerte que el sujeto se afirma para los otros:

> Por eso cuando queremos alcanzar en el sujeto lo que había antes de los juegos seriales de la palabra, y lo que es primordial para el nacimiento de los símbolos, lo encontramos en la muerte, de donde su existencia toma todo el sentido que tiene. Es como deseo de muerte, en efecto,

---

17. "Pensamos por ejemplo haber reconocido al sujeto de la enunciación en el significante que es el *ne* francés que los gramáticos llaman *ne* expletivo". Lacan, J. (1960). "Subversión del sujeto y dialéctica del deseo en el inconsciente freudiano". En *Escritos*, t. II. Buenos Aires, Argentina: Siglo veintiuno, 2010, p. 761. Otros momentos de su enseñanza en donde se ocupó de ello son las clases del 10 de diciembre de 1958 y la del 17 de enero de 1962 de su seminario.
18. Sauval, M. (s.f). La angustia. J. Lacan. Lectura del seminario (notas y comentarios). "Negación expletiva". Recuperado de http://www.sauval.com/angustia/expletiva.htm).
19. Es por ello que, casi quince años después, en "Alocución sobre las psicosis del niño", Lacan hablará del "ser-para-el-sexo" (p. 385), cuestión que marca la ausencia de inscripción en el inconsciente de la muerte y del sexo señalada por Freud.

> como se afirma para los otros; si se identifica con el otro, es coagulándolo en la metamorfosis de su imagen esencial, y ningún ser es evocado nunca por él sino entre las sombras de la muerte.[20]

Lo que Lacan ubica como previo al juego de los significantes y que, al mismo tiempo, posibilita lo que llamará acá "el nacimiento de los símbolos", que después podremos leer como significantes, es el deseo del Otro. La presencia-ausencia del Otro primordial da lugar a la oposición significante y, al mismo tiempo, a la pregunta por el deseo del Otro. Sólo la muerte le da sentido a la existencia del sujeto, ya que ha sido el sentido el resultado de esos juegos de significante. De allí que sustraerse al juego de sortija de la intersubjetividad sea, precisamente, en tanto deseo de muerte, sustracción de la cadena, de los juegos del sentido.

Igualmente, encontramos clara referencia a lo que Lacan llamó en este momento de su enseñanza la dimensión suicida del narcisismo, en donde el mito de Narciso encuentra su mayor exponente. Por ende, gracias a que sea como imagen del otro i(*a*) que el yo (*moi*) se constituye, podemos hablar, en este plano imaginario, de lucha a muerte por puro prestigio, en consonancia con Hegel y sus desarrollos sobre el amo y el esclavo.

Operación y deseo de separación

Como ya lo anticipamos, en "Posición del inconsciente" Lacan reformula algunos de los planteamientos de "Función y campo...". En el capítulo anterior, nos dedicamos a la operación de separación, dejando en suspenso su referencia al suicidio de Empédocles como ejemplo al respecto.

Evoquemos nuevamente la mención al suicidio de Empédocles en "Posición del inconsciente", aprovechando para agregar nuevas puntualizaciones:

> Por esta vía el sujeto se realiza en la pérdida en la que ha surgido como inconsciente, por la carencia que produce en el Otro, según el trazado que Freud descubre como la pulsión más radical y a la que denomina: pulsión de muerte. Un *ni a–* es llamado aquí a llenar otro *ni a–*. El acto de Empédocles, al responderle, manifiesta que se trata aquí de un querer. El vel vuelve a aparecer como *velle* [querer]. Tal es el fin de la operación.[21]

---

20. Lacan, J. (1953). *Op. cit.*, p. 307.
21. Lacan, J. (1966). "Posición del inconsciente". En *Escritos*, t. II. Buenos Aires, Argentina: Siglo veintiuno, pp. 801-802.

El estatuto de respuesta que se destaca en el texto da cuenta de la dimensión ética y no mecánico que implica, de allí que Lacan haga referencia a un *querer*. En este sentido, señala Soler que

> Identificarse en la falta, en el deseo del Otro, nos extrae de la cadena del Otro. Es una elección, dice Lacan, no un efecto automático de la estructura. Es darse un estado civil, es un querer, una opción y no un destino debido a la estructura que vale para todos como la alienación. Ese "querer", en cierto sentido realiza, torna efectiva nuestra relación de identificación con el deseo del Otro.[22]

Igualmente, destaquemos que –como lo advierte Rabinovich– la operación de separación da cuenta de un punto distintivo entre Freud y Lacan por lo que llama "el entusiasmo de la pérdida", consistiendo en "ese momento en que el sujeto busca perderse para devenir causa. La posición de Lacan respecto de la pérdida no es una posición pesimista"[23].

Como se ve, esta perspectiva es sumamente disímil a las lacrimosas interpretaciones en donde el suicidio sólo puede ser *consecuencia* o *reacción* de depresión, desesperación, locura o trastornos mentales. Perspectivas en donde la discontinuidad, responsabilidad y elección que el acto implica no está contemplada, obturándolo con disminución o aumento de neurotransmisores, conductas desadaptativas o esquemas cognitivos errados.

A diferencia de "Función y campo…", acá desaparece la precipitación, viniendo al lugar "un querer", ya que la precipitación implica impulsividad, un "actuar sin pensar" que excluiría el tiempo de comprender –lo que estaría más cerca del pasaje al acto–, de allí que Lacan use como paradigma de éste la precipitación-suicidio del melancólico.

Igualmente, vemos que Lacan evoca la pulsión de muerte freudiana, "la pulsión más radical". Esto debemos leerlo a la luz del capítulo que consagramos a la pulsión de muerte, para advertir que "el trazado" que se menciona en la cita da cuenta de la falta del significante en el Otro, allí donde el Otro aparece como no garante del acto, denotando así la reformulación que realiza Lacan de dicha pulsión. Lo que la pulsión de muerte señala en este caso, y que podemos sin embargo rastrear en Freud, es la no representación inconsciente de la muerte, así como la dimensión de corte y separación; del fuera-de-sentido que todo acto implica.

Es así que hemos de ubicar en todo acto un deseo de separación.

22. Soler, C. (2013). *El fin y las finalidades del análisis*. Buenos Aires, Argentina: Letra Viva, p. 46.
23. Rabinovich, D. (1999). *El deseo del psicoanalista*. Buenos Aires, Argentina: Manantial, p. 145.

Cuestión que precisa y rectifica cierta elucubración oscurantista que podría hacernos sospechar un deseo de muerte en el suicidio como acto. Un deseo de separación, entonces, puede expresarse de diversas formas, siendo el caso de algunos suicidios. Así como un deseo de muerte puede expresarse de muchas maneras que nada tienen que ver con morir[24], pero que en algunos casos sí, tal como vimos en "el enigmático deseo de muerte" de Sócrates en el capítulo sobre el suicidio como *acting-out*, pero que es un deseo que no apunta a la separación.

Igualmente, en aras de precisión, y teniendo como objetivo distinguir el suicidio como acto del pasaje al acto, nos parece importante la diferencia que realiza Soler entre el suicidio de Empédocles y el suicidio melancólico, señalando que el segundo apunta, en su delirio y pasaje al acto, a una extracción de la vida en el sentido más llano, vía la muerte efectiva, la culpabilidad o la catástrofe, más que a una separación del Otro:

> Me parece que todo pasa como si el melancólico cayera bajo una separación impuesta con su ser viviente, contrariamente, al acto de Empédocles, que es un sujeto ubicado totalmente en el discurso y que se extrae del discurso afirmándose así en su diferencia absoluta [...] El melancólico, al contrario, creo que es empujado a separarse de su ser viviente al estado puro a causa, por supuesto, de la forclusión.[25]

Recordemos que Freud sitúa que Eros liga y la pulsión de muerte desliga, cuestión que pudimos ver en el apartado anterior con las "aborregantes agregaciones del Eros" y el "¡No!" que se afirma en la maldición sin palabra. Precisamente, es a la ligazón efectuada en la operación de alienación –ligazón que podemos entender como encadenamiento significante mínimo que Lacan escribió como S_1-S_2– a la que ataca y desliga el sujeto en la operación de separación vía la pulsión de muerte, apuntando al deseo del Otro en el intervalo.

Sin embargo, el mago griego no será la única referencia de Lacan para hacer mención a la operación de separación. Gribouille, protagonista del cuento infantil de George Sand –seudónimo de Amantine Aurore Lucile Dupin, baronesa de Dudevant– *L'histoire du véritable Griboui-*

---

24. Mientras la pulsión de muerte siga pensándose como equiparable a una tendencia hacia la muerte, estas confusiones continuarán. De allí que dedicáramos todo un capítulo a plantear las diferencias entre Freud, posfreudianos y Lacan respecto a dicha pulsión.
25. Soler, C. (2011). Los trastornos del ánimo, ¿tienen un sentido? *Aun. Revista de psicoanálisis*, (*5*), p. 26.

lle[26]; también lo será en el seminario *Los cuatro conceptos fundamentales del psicoanálisis*:

> Ahora bien, para responder a esta captura [la resultante de la operación de alienación], el sujeto, como Gribouille, responde con la falta antecedente, con su propia desaparición, que aquí sitúa en el punto de la falta percibida en el Otro. El primer objeto que propone a ese deseo parental cuyo objeto no conoce, es su propia pérdida – *¿Puede perderme?* El fantasma de su muerte, de su desaparición, es el primer objeto que el sujeto tiene para poner en juego en esta dialéctica y, en efecto, lo hace –como sabemos por muchísimos hechos, la anorexia mental, por ejemplo. Sabemos también que el niño evoca comúnmente el fantasma de su propia muerte en sus relaciones de amor con sus padres.[27]

Para poder entender por qué Lacan se remite a este cuento fantástico infantil, debemos hacer un breve resumen de dicha historia, la cual está dividida en dos partes: "De cómo Gribouille se arroja al río por temor a mojarse" y "De cómo Gribouille se arroja a las llamas por temor a quemarse".

Se trata de un niño, Gribouille –personaje que da cuenta de una inusual inocencia y bondad, extrañado de la violencia y maldad presente en el mundo– quien pasa por una cantidad de peripecias con el propósito de ser amado por sus padres, de quienes sólo recibe castigos e insultos. Finalmente, parece hacerse del interés de ellos al querer ser adoptado por el Sr. Bourdon, quien es el rey de los abejorros –el cual tiene la facultad de transformarse en persona–, aunque no sea más que por el beneficio económico que pueda traer a su familia. Según los planes del Sr. Bourdon, Gribouille será su heredero. Sin embargo, aun teniendo las riquezas de las que antes carecía, seguía sin tener el amor de sus padres ni de sus actuales sustitutos.

Al cumplir quince años, Gribouille intenta escapar del Sr. Bourdon cuando éste le hace saber que debe convertirse en un mago que renuncie a la piedad. Frente a la fuga, el Sr. Bourdon se transforma en abejorro y amenaza con picar a Gribouille con su aguijón, quien se arroja a un río en el intento de huir. Al estar cerca de ahogarse, Gribouille pide ayuda a los magos de la naturaleza, viniendo un hada en su ayuda y siendo el Sr. Bourdon arrojado al agua por las grandes gotas de lluvia que comenzaron a caer. Mientras Gribouille va siendo arrastrado por el río, pasa frente

---

26. Ya Lacan había hecho referencia a este cuento en los seminarios *El yo en la teoría de Freud y en la técnica psicoanalítica* y en *El deseo y su interpretación*.
27. Lacan, J. (1964). *El seminario. Libro 11: Los cuatro conceptos fundamentales del psicoanálisis*. Buenos Aires, Argentina: Paidós, 2001, p. 222.

a la casa de sus padres, y sus hermanos comienzan a burlarse diciendo: "Termine como Gribouille, que se arroja al agua por temor a la lluvia".

En la segunda parte del cuento, el protagonista va a la deriva del mar convertido en una rama de roble, hasta ser llevado por un águila a una isla que es una suerte de paraíso en donde varios seres lo esperaban. Allí, se encuentra con la reina de la pradera y Gribouille recobra su forma humana, así como las flores, hierbas y arbustos vuelven a su forma original de seres mágicos. Todos se consideran hermanos e hijos de la misma reina. En esta madre y hermanos, Gribouille encuentra el amor que anteriormente no tuvo. Durante su estadía allí, en cien años él debía aprender a ser un buen mago.

Pasado este tiempo, la reina de la pradera le dice que debe hablar con él. Temiendo lo peor, Gribouille le pregunta si acaso tendrá que dejar el paraíso, ya que no quiere que ella lo abandone. La reina le responde negativamente y le dice que se podrá quedar en la isla si así lo desea, pero que hay algo que debe saber. Le informa que el Sr. Bourdon es el nuevo rey del país donde nació. Igualmente, le cuenta que, en el pasado, ella estuvo en su país cuando él recién era un bebé, y advirtió que sus padres y hermanos no se comportaron de buena manera con él, contándole incluso que su padre lamentó que su mujer le hubiese dado un hijo tan débil, y que de no ser porque tendría que lidiar con los reclamos de su esposa, lo habría ahogado como un gato en el agua. Le comunica que ella sintió una fuerte necesidad de adoptarlo, y que es así que le otorgó la amabilidad y gentileza con la que cuenta.

Le comenta entonces las desgracias que ha causado en la gente el reinado del Sr. Bourdon, tal como egoísmo, maldad y codicia. También le señala que, de quienes conocía, ya todos han muerto. Gribouille se lamenta que en los cien años en que ha estado en la isla no se haya dedicado a aprender magia, y sólo haya disfrutado del cariño de sus hermanos. La reina lo corrige, preguntándole qué es lo que sabe ahora, y él responde que sabe qué es ser amado, y es allí donde se percata que será precisamente eso lo que salvará a los habitantes de su país. La reina le dice que no tiene por qué importarle lo que ocurra en su país, que puede seguir bailando y disfrutando eternamente. Gribouille interpreta que la reina del prado le dice eso para ponerlo a prueba, de tal modo que si acepta, ella ya no lo amará más. Le dice entonces que irá a su antiguo país, y que, al ser un mortal, conoce el secreto más valioso. Ella le manifiesta sentirse orgullosa de que haya entendido su deber, pero que no podrá darle ninguna ayuda mágica, "porque está escrito en el libro del destino que todo mortal que se consagra, debe arriesgarlo todo, incluso la vida". Ella no le oculta que la lucha será peligrosa y que no conoce el resultado.

Gribouille viaja a su antiguo país con un ramo de flores que, al menor contacto con alguien, le instila bondad. Varias personas comenzaron a simpatizar con él, así como otros lo vieron como una amenaza, entre ellos, el rey, quien le tiende una trampa al invitarlo a su reino. Allí, Gribouille, es capturado. Se produce entonces una guerra entre el gobierno y los que estaban a favor de Gribouille. Espectador de las matanzas, él se consuela teniendo la esperanza de que la reina del prado vendrá a traer la paz. Un día, ésta se presenta anunciándole que la reina de las hadas le dio permiso para luchar contra el rey. Le advierte, igualmente, que participar de esa lucha puede costarle la vida, a lo que responde "Si he de morir, que la voluntad de los poderes celestiales esté hecha". Sin embargo, expresa que le gustaría que lo recuerden con afecto y que en la isla de las flores se cante algo en su memoria. Le señala la reina de los prados que estará solo, sin amigos y que ni siquiera presenciará la victoria. Él dice que, igualmente, se siente con coraje para hacerlo.

Finalmente, llegó el día en que se desató la batalla entre el rey de los abejorros y la reina de los prados. El rey saca a Gribouille de la prisión para amenazar a la reina de los prados, diciéndole que se retire o lo prenderá fuego. Ella, desgarrada en su corazón por la posibilidad de que esto ocurra, estaba a punto de dar la señal de retirada cuando Gribouille arranca la antorcha de las manos del verdugo, la arrojó en la pira y se lanza, donde es consumido por el fuego (Figura 21).

Figura 21. "Gribouille arrojándose al fuego". Maurice Sand.

En ese momento, los partidarios del rey comenzaron a burlarse, así como sus hermanos ya lo habían hecho: "Este Gribouille es tan bueno como el viejo, que se arrojó al agua por temor a la lluvia, ya que se arroja al fuego por temor a quemarse. Ves que este maestro de suprema felicidad es un tonto y un loco". Sin embargo, el ejército de la reina de los prados gana la batalla. Donde se consumió Gribouille, nace una flor que llaman "nomeolvides". Se levanta un templo en su nombre y cada año se celebra el aniversario de su muerte.

¿Por qué Lacan considera que el suicidio de Gribouille es equivalente al de Empédocles? Pues bien, así como el mago griego, en su respuesta, ataca la cadena significante apuntando al deseo del Otro en su intervalo. Gribouille se lanza al fuego no bajo demanda, sino como respuesta al deseo del Otro, al no quedar fascinado por el amor que le profesaba la reina de las praderas al dar muestras de que se rendiría en batalla para que no lo mataran. Como lo vimos cuando nos dedicamos a la operación de separación, es evidente el punto señalado por Lacan en el que surge el interrogante: "me dice eso, pero, ¿qué quiere?". Es ahí que el sujeto propone su propia separación como objeto al enigmático deseo del Otro, lo que ya se encuentra anticipado cuando Gribouille interpreta en la reina del prado –en la charla luego de pasados los cien años– que lo que le dice es para ponerlo a prueba. Aquí vemos, como lo habíamos advertido, que el acto es sin el Otro del sentido, de la garantía –en la historia se insiste en que nadie sabe cuál será el resultado de la batalla y que allí Gribouille estará solo, sin el auxilio de la magia– pero no sin el deseo del Otro.

Gribouille renuncia a la inmortalidad, pero, precisamente, se eterniza en el recuerdo que encarna en la flor nomeolvides, además del monumento en su nombre. Al igual que Empédocles, deja su huella en el recuerdo. La muerte como decisiva y decidida aparece desde el momento en que Gribouille puede captar el deseo del Otro, y hace, a su vez, su interpretación del mismo, más allá y más acá de la cadena significante.

En él encontramos constantemente la pregunta sobre la posibilidad o no de ser perdido por el Otro, intentos constantes de Gribouille de metaforizar de alguna manera el enigmático deseo del Otro y de la falta de amor por parte de sus padres. De hecho, en la historia aparece, explícitamente, la pregunta por parte de Gribouille sobre qué quiere de él el Sr. Bourdon, quien, como dijimos, decide adoptarlo sin dar mayores razones, y sus padres accedieron sin justificaciones. Pero es de nuestro interés que la pregunta sobre si el Otro puede perderlo encuentra un cese en el momento en el que Gribouille renuncia a la eternidad del paraíso de la isla de las flores, por la eternidad del recuerdo cuando se pone en primer plano el riesgo que su vida puede correr al participar en la guerra, modo en que se introduce la función de la prisa y, correlativamente, el ser-para-la-muerte. Así como una suerte de *Alea jacta est*, al modo del César pronto a cruzar el Rubicón, el protagonista de este cuento manifiesta su certeza y entereza de su acto diciendo "Si he de morir, que la voluntad de los poderes celestiales esté hecha".

En esta misma dirección, no dejemos de señalar que, en el final de la primera parte de la historia, Gribouille se lanza al agua para salvar su vida del ataque del rey abejorro. Por el contrario, en el final de la historia, la vida es precisamente lo que se arriesga y pierde al arrojarse al fuego, sin obligación ni garantía alguna.

Consideramos también fundamental resaltar la importancia de la interpretación del Otro, tal como aparece claramente en la historia de Gribouille. No dato menor para nuestra investigación, en tanto que el acto es la lectura del acto. Mientras que, tal como los títulos de las dos partes del cuento lo señalan, el Otro interpreta lo realizado por Gribouille como acorde a su tontería –modo cotidiano de rechazar la dimensión inconsciente en juego, como Freud ya lo marcó en "Psicopatología de la vida cotidiana"–; el relato, como lo marcamos previamente, nos permite una lectura distinta. Basta con sustituir "tonto" por significantes como "deprimido", "psicótico", "loco", "desesperado", etc., para advertir la forma en la que, de estos significantes, se pretende, en algunos casos, hacer signos y diagnósticos-etiqueta que vienen a obturar la pluralidad de los estatutos del suicidio.

Finalmente, la mención a la anorexia mental[28] nos parece fundamental. El "comer nada", como dirá Lacan, para distinguirlo de "no comer"[29] con el que normalmente se lo plantea, da cuenta del objeto *a* en tanto vacío, no como objeto fenoménico. Se trata de preservar un deseo allí donde el Otro, con su papilla asfixiante, achata el deseo a la necesidad. Demarca así la distinción entre deseo, necesidad y demanda: el deseo como resto inasimilable a la demanda. Poniendo en riesgo su vida, afirma la insistencia y resistencia del deseo como imposible de colmar. Lacan no hace de la anorexia mental un acto ni un ejemplo de separación, sino que lo advierte como una de las respuestas sintomáticas posibles a una separación truncada.

---

28. Para ampliar a propósito de la anorexia mental, véase Abínzano, R. (2018). *Lecturas freudianas de la anorexia mental*. Buenos Aires, Argentina: Escabel.
29. Lacan, J. (1956-1957). *El seminario. Libro 4: La relación de objeto*. Buenos Aires, Argentina: Paidós, 2004, p. 187.

Capítulo VII

El suicidio como acto

Segunda parte

"Dying
Is and art, like everything else.
I do it exceptionally well".

Sylvia Plath.

Continuando con las referencias de Lacan sobre el suicidio como acto, iniciaremos haciendo un viaje a Oriente, en tanto consideramos que la posición de Lacan respecto al suicidio en sus diversos estatutos y, especialmente, en tanto acto, responde a la influencia de Oriente en su enseñanza.[1] Esta necesidad de hacer uso de Oriente por parte de Lacan podemos verla justificada por la siguiente sentencia: "no hay expresión cultural en Occidente que no guarde una sombra de conjuro contra la muerte"[2].

Es así que iniciaremos con el ritual *harakiri*, pasaremos a los monjes budistas y sus bidones de nafta, nos detendremos en la famosa referencia al suicidio en "Televisión", reencontraremos a los estoicos y advertiremos la tonta audacia del obsesivo para considerar a la muerte como un acto fallido.

Harakiri, o por qué el acto no es un comportamiento

Encontrando su origen en la casta samurái, el *harakiri* es un ritual bien conocido tanto en Oriente como en Occidente. La vida y la muerte del samurái estaban regladas, de modo tal que encontramos textos que

1. Basta con dar una ojeada a algunos seminarios para quedar convencido de ello: *Los escritos técnicos de Freud* y el maestro budista interrumpiendo el silencio con cualquier cosa; *La angustia* y los párpados de buda; *Los cuatro conceptos fundamentales del psicoanálisis* y el menú chino del analista con tetas; *De un discurso que no fuera del semblante* y la escritura china; por citar algunos ejemplos.
2. Andrés, R. (2015). *Semper dolens: Historia del suicidio en Occidente*. Barcelona, España: Acantilado, p. 335.

se dedican a delimitarla, tal como el *bushino* –el código del samurái–, o el *hagakure* –el camino del samurái–.

El *harakiri* está enmarcado en el ceremonial llamado *sepukku*, que traduce "inmolación de sí mismo abriéndose las entrañas". La elección de esta zona del cuerpo no es arbitraria, ya que se considera el abdomen como el asidero de los afectos y el alma.

El samurái debía efectuar el *sepukku* en situaciones precisas, en las cuales el honor estaba por encima de la vida: expiación por una acción cometida que pudiese ensuciar su nombre, muerte de su amo, a modo de protesta, para manifestar su oposición a alguien, o en caso de haber sido juzgado injustamente. Igualmente, era usado como castigo legal.

Tal como lo afirma Pinguet, en razón de los costumbres de autopunición que tuvieron lugar gracias al código penal de Tokugawa, encontramos los siguientes castigos a la clase guerrera: *hissoku* (arresto simple), *heimon* (arresto con rigor), *chikkyo* (reclusión), *kaieki* (exclusión de la lista samurái) y *seppuku* (pena capital). Sin embargo, "por estar establecida en el código penal, el *sepukku* no dejaba de ser muerte voluntaria, noble y honrada"[3].

Esta evisceración forzada con estructura ceremonial, de nombre *tsumebara*, era realizada con mucho cuidado y siguiendo estrictos pasos. El condenado se preparaba para la ejecución lavando y atando su cabello, vistiendo un kimono sin blasón, de color blanco teñido levemente de azul claro. Le estaba permitido expresar su última voluntad, así como escribir una carta en casos excepcionales. Posteriormente, se encaminaba al lugar donde se realizaría la ceremonia, siendo los lugares más comunes el salón de un templo budista o el pabellón de una residencia aristocrática. Se solía buscar un jardín en donde se disponían pantallas y cortinas de color blanco en razón de duelo. En dirección al norte, se colocaban esteras recubiertas de tela blanca y fieltro rojo, sobre la cual se sentaba el samurái.[4]

A dicha ceremonia asistían testigos excepcionales, tales como oficiales representantes del comandante del ejército (*shogun*) o del soberano feudal (*daimyo*), así como el *kaishaku* –amigo cercano elegido previamente por el samurái– quien tenía la tarea de decapitar al ejecutante cuando éste le diera una señal pactada. El condenado escuchaba sentado en posición *seiza* (sobre las rodillas) la lectura del fallo de la justicia, ofreciéndosele en algunas ocasiones una copa de sake. Posteriormente, dispuesta sobre una bandeja, con la hoja envuelta en papel blanco y apuntando el filo en

3. Pinguet, M. (2016). *La muerte voluntaria en Japón*. Buenos Aires, Argentina: Adriana Hidalgo, 2016, p. 199.
4. *Ibíd.*

dirección a él, se le entregaba una daga de treinta centímetros de nombre *tantō*. Dependiendo del caso, se usaban hojas desafiladas para aumentar la severidad del castigo.

El condenado desnudaba la parte superior del tronco haciendo descender su cinturón hasta debajo del vientre. Tomaba entonces la daga y la hundía en el lado izquierdo del abdomen iniciando una abertura hasta el lado derecho. Entre más lejos llevara a cabo la evisceración, era de mayor honor. En el momento en el que el ejecutado diera la señal acordada, el *kaishaku* –quien se ubicaba en silencio detrás del condenado–, sirviéndose de una *katana* (sable japonés), lo decapitaba de un único tajo (Figura 22).

Figura 22. "Recreación del ceremonial *sepukku*". Sean Sexton.

Ahora bien, lo señalado previamente halla su justificación en la referencia que encontramos en el seminario *Los cuatro conceptos fundamentales del psicoanálisis*. Allí, Lacan al hablar sobre la repetición, precisa que no se trata de una reproducción –coherente con lo que trabajamos en torno a distinguir repetición e igualdad–, lo cual sería el anhelo que se pretendía alcanzar con la catarsis.[5] En este momento, en donde ubica al acto en el horizonte de la repetición, manifiesta que ha de llamarnos la atención que ni Freud ni ninguno de sus colegas se haya dado a la tarea de delimitar lo que entendemos por acto, precisando que sólo podemos hablar de acto en la dimensión humana. Es así que, en un esfuerzo de delimitación, introduce el *harakiri* en estos términos:

5. Recordemos que el objetivo de la catarsis era que se efectuara una descarga de afecto gracias a la reproducción de la escena traumática.

> Se trataría de comprender por qué un acto no es una conducta, no es un comportamiento. Y al fijar la mirada, por ejemplo, en ese acto sin ambigüedades que es el acto de abrirse el vientre en ciertas condiciones y que se lo denomina *harakiri*.[6]
> Ellos hacen eso porque creen que fastidia a los demás, que en la estructura es un acto en honor de algo.
> Esperen. No nos apresuremos antes de saber, y reparemos en que un acto, un acto verdadero, tiene siempre una parte de estructura, porque concierne a un real que no se da allí por descontado.[7]

Advertimos aquí lo tocante a cómo el acto no se restringe al plano motor, mucho menos a un reflejo, tal como lo trabajamos previamente. Dos motivos justifican que Lacan hable de "acto sin ambigüedades": por un lado, la ambigüedad está dada por la equivocidad significante, en los juegos del sentido, mientras que el acto apunta al intervalo en el que anida el deseo, de allí que precisáramos que el acto prescinde del Otro del sentido. Y, por otro lado, y en consonancia con lo dicho, tengamos presente que ya Lacan hizo la misma alusión al referirse a Empédocles, a propósito de la certeza con la que éste lleva adelante su acto.

Vemos también que, para diferenciarlo de una conducta, Lacan señala que se realiza "en ciertas ocasiones". Dejemos en claro que es errado considerar que basta con que alguien se suicide por *harakiri* para considerarlo un acto, en tanto no se trata de qué medios se usen para tal propósito; esto iría en total contradicción con lo contingente del acto en un intento de estandarización. De hecho, en cierto momento en Japón se prohibió el *harakiri* por hacerse por fuera de las costumbres del samurái o por acciones consideradas nimias.[8] Esta discriminación la veremos en una próxima referencia cuando Lacan señale que el suicidio como acto implica no suicidarse por una "bobería". Es decir, no se trata de la acción en tanto tal, no toda evisceración tiene el mismo estatuto, sino del valor simbólico que puede tener.

Seguidamente, y contrario a lo que para algunos es privilegio del *acting-out*, Lacan denota cómo el *harakiri* está en dirección al Otro. Esto

6. En el establecimiento realizado por Jacques-Alain Miller de este seminario, leemos una supuesta aclaración que realiza Lacan entre *harakiri* y *sepukku*, pero inexistente en las estenotipias del seminario: "¿Por qué un acto no es un comportamiento? Fijemos la mirada, por ejemplo, en ese acto sin ambigüedades, el acto de abrirse el vientre en ciertas condiciones –no digan *harakiri*, se llama *sepukku*". Lacan, J. (1964). *Op. cit.*, p. 58.
7. Lacan, J. (1964). *Les fondements de la psychanalyse*. Clase del 5 de febrero de 1964. Traducción directa de las estenotipias. Disponibles en http://ecole-lacanienne.net/es/bibliolacan/seminaires-version-j-l-et-non-j-l-2/
8. Pinguet, M. (2016). *Op. cit.*

nos obliga nuevamente a precisar a qué Otro se dirige el acto. Mientras que el *acting-out* se dirige a un Otro esperando de éste una respuesta más justa, lo que concierne a lo simbólico del Otro; el acto se dirige a lo real del Otro en tanto imposible de responder, al significante de la falta.

Cuando Lacan habla de estructura, sin importar el momento de su enseñanza, se refiere a lo irreductible, a los elementos mínimos que la constituyen. Por ejemplo, en la formalización de los discursos, establece cuatro lugares, ocupados –dependiendo del discurso– por otros cuatro elementos, adviniendo estos a dichos lugares por un cuarto de vuelta. En cada uno de estos discursos, ubicará la barrera de lo imposible, forma de ubicar lo real –recordemos que una de las definiciones que Lacan dio de lo real fue lo imposible–. Igualmente, cuando, sirviéndose de la lógica nodal con el nudo borromeo, señala que tanto los redondeles de lo real, lo simbólico y lo real son la estructura, no una figuración de esta; además de ubicar al objeto *a* en su centro. Es así que en el acto, y como vimos cuando nos ocupamos de las características del acto, no se limita al semblante como pantalla simbólico-imaginaria a lo real, sino que pone en juego lo real, la libra de carne, la apuesta y pérdida que todo acto implica.

Igualmente, queda evidenciado su lugar en el discurso, gracias a la introducción que realizamos en torno a las coordenadas del *harakiri* en la casta samurái en Oriente; así como al decir que se realiza "en honor de algo" muestra nuevamente la distancia entre necesidad y deseo.

Podemos considerar que, a modo realizativo, Lacan dice "Esperen. No nos apresuremos antes de saber". Vemos acá lo que señalamos previamente de la temporalidad lógica del acto, extraída del texto "El acerto de certidumbre anticipada...", en donde acarrea tanto el instante de ver, el tiempo de comprender y el momento de concluir, así como también demarca un llamado a suspender las ideas preconcebidas.

Por otro lado, nos es posible ubicar cierta resonancia con lo trabajado previamente en torno al amo y el esclavo. El samurái, como forma de sustraerse a ser esclavo de un enemigo al ser capturado, ejecutaba el acto. Frustrando así al amo, como señala Kojève con Hegel. Igualmente, y como lo advierte el *Bushido*, el samurái debía vivir cada día como si fuese a morir en ese mismo día, lo que lo pondría en el orden del ser-para-la-muerte heideggeriano.

Un lector atento tendría que preguntarse: ¿Cómo hablar de acto allí donde todo parece planeado hasta el último detalle? ¿Qué libertad donde un castigo funciona como razón del *harakiri*? Pues bien, Pinguet parece tener presente este punto cuando precisa: "El espíritu de la muerte voluntaria quedaba intacto: es al ejecutante, con libertad de movimiento, a quien correspondía la decisión vertiginosa del último momento. A él solo correspondía la decisión de extender la mano un segundo más temprano o más tarde, y en ese lapso de tiempo se concentraba el abismo de la libertad"[9].

Igualmente, no olvidemos que el samurái podía no asumir el castigo y huir, por ejemplo, así como podía dejarse capturar por el enemigo en vez de realizar el *harakiri*, quizás en aras de tener la esperanza de poder huir más adelante, o que pudiese liberarse luego de confesar, o sencillamente vivir como esclavo. Estas posibilidades, como vemos, estarían anteponiendo la vida al honor, las cuales irían en contra de los principios del samurái. Finalmente, no olvidemos que la mayor de las obligaciones no excluye un margen de libertad, por más que comúnmente se piense lo contrario; así como la rebeldía expresa –en varias ocasiones– una posición subordinada al Otro.

Los budistas y el fracaso del goce

En una charla brindada a los residentes en psiquiatría del hospital Sainte-Anne, Lacan inicia evocando la pulsión de muerte freudiana y criticando a los posfreudianos –como vimos en nuestro capítulo sobre la pulsión de muerte– diciendo:

> Pero en lugar de contar tonterías sobre el instinto de muerte primitivo, venido del exterior o venido del interior, o retornando del exterior hacia el interior, y más tarde volcándose en la agresividad y en la pelea, tal vez se habría podido leer en el instinto de muerte de Freud aquello que conduce a decir que, en suma, el único acto –si hubiera uno que fuera un acto logrado– sería, si pudiera serlo, el suicidio.[10]

Lacan evoca algunos de los destinos de la pulsión, tal como lo podemos leer en Freud en textos tales como "Pulsión y destinos de pulsión" y "El problema económico del masoquismo". A propósito de la pulsión de muerte, al dirigirse hacia el exterior se torna en sadismo, pudiendo volver sobre sí mismo al no lograr, por frustraciones externas o internas, alcanzar su meta. Recordemos, igualmente, que una de las premisas freudianas por excelencia es la de considerar que "los impulsos suicidas de nuestros neuróticos resultan ser, por regla general, unos autocastigos por deseos de muerte dirigidos a otros"[11].

---

9. *Ibíd.*, p. 199.
10. Lacan, J. (1971). "Saber, ignorancia, verdad y goce". En *Hablo a las paredes*. Buenos Aires, Argentina: Paidós, 2012, p. 37.
11. Freud, S. (1912-1913). "Tótem y tabú". En *Obras completas*, t. XIII. Buenos Aires, Argentina: Amorrortu, 2003, p. 155.

El psicoanalista francés pone en evidencia que su acento de lectura es otro al decir que de la pulsión de muerte, "tal vez se habría podido leer" otra cosa a propósito del suicidio, como es el de considerar que puede tener estatuto de acto. Tengamos presente que Lacan es preciso al manifestar que el suicidio en tanto acto no está desprovisto de fracaso, no es un acto logrado, dado que, como lo hemos venido remarcando, la dimensión de fracaso es intrínseca al acto; de allí que utilice expresiones como "si hubiera uno", "si pudiera serlo".

Prosigue diciendo:

> Entiéndase bien que hablo de un acto que fuera logrado como el año pasado hablaba de un discurso que no fuera del semblante. Tanto en un caso como en el otro, no hay ni un tal discurso ni un tal acto.
> Esto es lo que Freud nos dice. No nos lo dice así, en crudo, en claro, tal como podemos decirlo ahora, una vez que la doctrina despejó un poquito el camino, y sabemos que no hay más acto que el fracasado e incluso que esta es la única condición para un semblante de logro.[12]

Evoca el seminario *De un discurso que no fuera del semblante*, el cual retoma ciertos desarrollos realizados en el seminario precedente, *El reverso del psicoanálisis*, en donde propone cuatro lugares del discurso (Figura 23) –agente, otro, producción, verdad–, los cuales serán ocupados por el significante amo, saber, sujeto y plus-de-goce dependiendo del discurso –Amo, histérico, universitario, analista–.

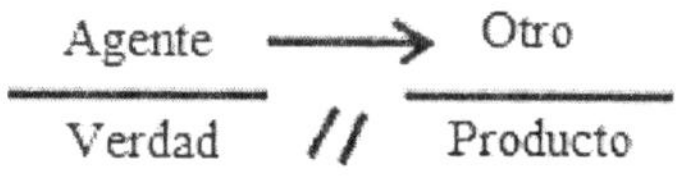

Figura 23. Los lugares en el discurso.

El lugar del agente Lacan lo sustituye por el del semblante. La razón de esta sustitución responde a que el lugar del agente es imposible de identificarse al lugar que tiene en el discurso, en tanto es otra la verdad que sostiene ese lugar, verdad que, además, desconoce. El semblante, como entramado simbólico-imaginario tiene como función velar lo real en juego.

El título del seminario al que Lacan se refiere parece señalar que tal discurso pudiese existir, pero, precisamente –y como lo destaca a lo largo del mismo y en la referencia que estamos trabajando– tal discurso no existe. De modo tal que el suicidio como acto tenga semblante de logro,

12. Lacan, J. (1971). *Op. cit.*, p. 37.

en tanto vela la verdad del fracaso que le es propio. Igualmente, volvemos a encontrar que Lacan advierte la relación entre acto y discurso: ni uno ni otro existe con esas coordenadas, así como no podemos hablar de acto por fuera de un discurso.

Finalmente:

> Por esto mismo el suicidio merece una objeción. No es necesario que quede como tentativa para que de todos modos sea fracasado, completamente fracasado desde el punto de vista del goce. Quizás no sea así para los budistas con sus bidones de nafta, porque están a la orden del día. No sabemos nada al respecto porque no vuelven para dar testimonio.[13]

Dejando para nuestro capítulo sobre las consecuencias éticas lo concerniente a esta objeción al suicidio, vemos que Lacan hace referencia a la tentativa –o intento– de suicidio, es decir, que se ha fallado en su objetivo. Lacan juega con esto para decir que, aún logrado –en el sentido más llano, es decir, que se consuma el suicidio– no por ello está excepto de fracaso. Sin embargo, no perdamos de vista que son fracasos de diverso nivel: fracaso a nivel de la intención en la tentativa de suicidio y fracaso a nivel del goce en el suicidio como acto.

Lacan aclara entonces: por un lado, lo que conocemos como los intentos o tentativas de suicidio, las cuales –como comúnmente se dice– fracasaron en su propósito; pero destaca que aún los "logrados" también fracasan, y esto a nivel del goce. ¿Por qué? Pues bien, precisamente porque queda excluida la persistencia de la repetición, ya que, como vimos, la repetición es intrínseca al acto, pero en el caso del suicidio como acto, con dicha repetición se da fin a la misma, así como al cuerpo como sustancia gozante: "Lo que precisa de la repetición es el goce, término que le corresponde en propiedad"[14].

Es así que este fracaso del goce debemos entenderlo desde dos perspectivas: fracaso del goce, en tanto que el cuerpo es sustancia gozante, de allí que, al perecer, se anula el goce; así como imposibilidad de nuevas repeticiones.

Finalmente, la mención irónica a los monjes budistas y los bidones de nafta remite a hechos precisos. Sirvámonos de lo planteado por Biggs[15] al respecto. El 11 de junio de 1963, Thich Quang Duc, monje budista que

13. *Ibíd.*, pp. 37-38.
14. Lacan, J. (1969-1970). *El seminario. Libro 17: El reverso del psicoanálisis*. Buenos Aires, Argentina: Paidós, 2009, p. 48.
15. Biggs, M. (2009). "Morir sin matar: las autoinmolaciones, 1963-2002". En *El sentido de las misiones suicidas*. México D.F, México: Fondo de Cultura Económica.

hacía parte de una procesión llevada adelante en un importante cruce de calles de Saigón, tomó la posición de loto y se prendió fuego luego que sus compañeros lo rociaran con petróleo (Figura 24). Esta inmolación trajo consigo mayor tensión con la dictadura del presidente Ngo Dinh Diem quien, teniendo favoritismo por la minoría católica, un mes antes había permitido que la policía asesinara a manifestantes budistas. Es por ello que Thich Quang Duc dejó por escrito: "Antes de cerrar mis ojos para ir hacia Buda, tengo el honor de presentar mis palabras al presidente Diem, pidiéndole que tenga amabilidad y tolerancia para con su pueblo y aplique una política de igualdad religiosa"[16].

Figura 24. "Monje budista, Thich Quang Duc, ardiendo entre las llamas". Malcom Browne.

La muerte de Quang Duc inspiró a otros, de modo tal que, en unos años, la autoinmolación se volvió una forma de protesta a nivel mundial. Sin embargo, en un primer momento, cuando ofreció su muerte a la causa, no fue aceptada, ya que estaba cerca –como en el caso del cristianismo– del precepto budista de no matar. Sin embargo, el quemar el cuerpo respondía al budismo, ya que la ceremonia para la iniciación de monjes requería quemar parte de la frente. Luego de días de ayuno, Quand Duc recibió la aprobación de sus dirigentes.

El día de la autoinmolación, y para evitar que los bomberos apagaran las llamas, otros montes se arrojaron a las ruedas del camión de bomberos para impedir que llegaran a la escena. Avisaron de antemano a los periodistas, ya que la idea era alcanzar la mayor publicidad. La escena fue

16. *Ibíd.*, p. 240.

filmada y se anunció por altavoz que lo sucedido era en razón de cinco peticiones realizadas al Estado. Igualmente, la declaración dejada por Quang Duc fue distribuida también en inglés para que pudieran entenderla periodistas estadounidenses.

La ironía a los monjes budistas sirve a Lacan para señalar la imposibilidad de que se pueda dar testimonio de dicho acto, lo que excluye la posibilidad de saber. Esta será una de las razones que retomaremos posteriormente para conjeturar por qué Lacan plantea que el suicidio merece una objeción.

Igualmente, debemos preguntarnos sobre la pertinencia de este ejemplo dado por Lacan para el estatuto en cuestión, ya que parece responder a las coordenadas del *acting-out*, en tanto que no sólo se dirige al Otro, sino que espera una rectificación de éste, tal como lo atestigua la carta dejada por Quang Duc. A nuestro entender, y si lo comparamos con el análisis que realizamos del suicidio de Sócrates, la diferencia radica en que Sócrates se atuvo a las leyes hasta el último momento, encarnando así el ideal del ciudadano ateniense. Contrario a ello, Quang Duc, apuntaba, precisamente, a la insensatez de dichas leyes, como objeto que se sustrae a las mismas, sin encarnar ningún ideal ni adviniendo al lugar del semblante.

¿El único acto sin fracaso?

La referencia que encontramos en "Televisión" sobre el suicido como acto es una de las más conocidas. Sin embargo, por algunas modificaciones en la traducción y edición, veremos algunas complicaciones.

En dicha entrevista realizada para la televisión francesa –y funcionando Jacques-Alain Miller como interlocutor a modo de voz en off–, frente a la pregunta kantiana "¿qué me está permitido esperar?", Lacan señala que dicha pregunta suele ser hecha por quien su deseo se extingue, además de precisar que la esperanza no es sin objeto y que de ella se puede esperar lo que se plazca.

Llegando a esta parte de la entrevista, el texto en francés establecido por Miller, reza de la siguiente forma:

> Sachez seulement que j'ai vu plusieurs fois l'espérance, ce qu'on appelle: les lendemains qui chantent, mener les gens que j'estimais autant que je vous estime, au suicide tout simplement.
> Pourquoi pas? Les suicide est le seul acte qui puisse réussir sans ratage. Si personne n'en sait rien, c'est qu'il procède du parti pris de

> ne rien savoir. Encore Montherlant, á qui sans Claude je ne penserais même pas.[17]

Ahora bien, una de las primeras y más conocidas traducciones en Argentina hecha de "Televisión" fue la realizada por Oscar Masotta y Gimeno-Grendi en 1977, quienes traducen estos párrafos de la siguiente manera:

> Sepa solamente que vi muchas veces la esperanza, lo que llaman las mañanas que cantan, conducir a gente que yo estimaba tanto como lo estimo a usted, únicamente al suicidio.
> ¿Por qué no? El suicidio es el único acto que tiene éxito sin fracaso. Si nadie sabe nada de él, es porque procede del prejuicio de no saber nada. Todavía Montherlant, en quien sin Claude ni siquiera pensaría.[18]

Concentrémonos en el segundo de estos párrafos, ya que será donde encontraremos diferencias y consecuencias significativas. Casi cuarenta años después, en el año 2012, con el establecimiento y traducción de los *Otros escritos*, Graciela Esperanza y otros lo traducen así: "¿Por qué no? El suicidio es el único acto que puede tener éxito sin fracaso. Si nadie sabe nada de ello, es porque procede del prejuicio de no saber nada. Una vez más Montherlant, en quien, sin Claude, yo ni siquiera pensaría"[19].

Sin embargo, si transcribimos y traducimos directamente de la grabación televisiva, el resultado es el siguiente: "¿Y por qué no? El suicidio es el único acto que puede tener éxito sin fracaso. Si nadie sabe nada de él –esto es lo que avanzo de mi experiencia– es que él procede, este acto, del prejuicio de no saber nada. Aquí aún, Montherlant, aquí sí, aquí, cuando se piensa, al que sin Claude Levi-Strauss yo no habría pensado probablemente"[20].

Si nos interesa enfatizar en estas alteraciones y omisiones en la traducción de "Televisión" es justamente porque consideramos que, gracias a la difundida traducción realizada por Oscar Masotta –de quien sobra decir el lugar tan importante que tuvo en la difusión del psicoanálisis lacaniano en la Argentina– y Gimeno-Grendi, es también tan divulgada

17. Lacan, J. (1974). "Télévision". En *Autres écrits*. París, Francia: Seuil, 2001, p. 542.
18. Lacan, J. (1974). "Televisión". En *Psicoanálisis. Radiofonía y Televisión*. Barcelona, España: Anagrama, 1977, p. 126.
19. Lacan, J. (1974). "Televisión". En *Otros escritos*. Buenos Aires, Argentina: Paidós, 2012, p. 568.
20. La traducción más fiel que pudimos hacer es acorde, en su mayoría, a la que encontramos en el siguiente link: https://www.youtube.com/watch?v=m6csLeB0Tuk.

la idea de pensar el suicido por fuera de la dimensión de acto ya que, al excluir al suicidio de la posibilidad de fracaso al traducir "el único acto que tiene éxito sin fracaso" en vez de "el único acto que *puede* tener éxito sin fracaso", es excluirlo de la posibilidad de ser un acto. De hecho, consideramos que la forma de traducción más cercana a la lógica que viene planteando Lacan al respecto es: "El suicidio es el único acto que *podría* tener existo sin fracaso". Proponemos esta traducción a la luz de la referencia que analizamos en el apartado anterior, en donde Lacan dice "si hubiera uno que fuera un acto logrado– sería, *si pudiera serlo*, el suicidio"[21]; además de ser taxativo al decir que no existe tal acto.

Igualmente, en la traducción de Miller, se omite la referencia de Lacan a su experiencia, lo que también da lugar a pensar que sería una discusión meramente teórica. Tampoco nos queda clara la necesidad de omitir el apellido de Claude Levi-Strauss.

Ahora bien, si ponemos en contexto la cita, Lacan hace alusión tanto a Claude-Levi Strauss como a Henry de Montherlant. La razón de esto es la siguiente: El 21 de septiembre de 1971, y estando casi ciego a causa de un accidente, Montherlant se suicida tomando una pastilla de cianuro y disparándose en la boca por temor a que la pastilla falle. Director de la Academia Francesa, será Levi-Strauss quien ocupe su lugar, dando una conferencia en su homenaje el 27 de junio de 1974[22]. Desconocemos si Lacan concurrió a tal homenaje o si estuvo al tanto de lo que allí se dijo[23], pero queda claro que es gracias a Levi-Strauss que tiene presente a Montherlant para la articulación que encontramos en la cita. Detengámonos, entonces, en algunos pasajes de dicho homenaje.

Levi-Strauss se refiere a Montherlant como un hombre de moral inigualable y poseedor de un pesimismo tal que, advertido de sí, se vio en la necesidad de encontrarle un sentido a la vida y de hacerse una conducta. Considera, además, que su muerte marca el fin de una época, al no haber hombres con tan armoniosa contradicción y de tan flexibles cualidades literarias. Igualmente, destaca que "la fraternidad [...] reclama por su ejercicio una cierta mediocridad demográfica", de la cual Montherlant sabía alejarse "cuando se degradan en multitudes".

---

21. Lacan, J. (1971). *Op. cit.*, p. 37. El subrayado es nuestro.
22. Dado que esta conferencia no ha sido traducida al castellano, el lector interesado puede encontrarla en francés: *Réception de M. Claude Lévi-Strauss. Discours prononcé dans la séance publique le jeudi 27 de juin de 1974 en Paris, Palais de l'Institut*. Recuperado de http://referentiel.nouvelobs.com/file/757/605757.pdf
23. Valga decir que no se hace mención al respecto en Roudinesco, E. (2000). *Lacan. Esbozo de una vida, historia de un sistema de pensamiento*. Santa Fe de Bogotá, Colombia: Fondo de Cultura Económica.

Detengámonos acá y preguntémonos: ¿No encontramos un eco de lo señalado por Lacan a propósito de Empédocles y las "aborregantes agregaciones del Eros"? La diferencia de Montherlant aparece como marcando una diferencia absoluta –cuestión que Levi-Strauss también señala– al igual que Empédocles. En esta misma dirección, dejemos indicado, ya que nos ocuparemos de esto en el capítulo sobre las consecuencias éticas, que Lacan habla de cómo el deseo del análisis apunta a la diferencia absoluta, entre el *a* y el Ideal. El Ideal responde a lo posible de hacer conjunto, mientras que el *a* es el resto inasimilable a las "aborregantes agregaciones del Eros", es lo que objeta a la masificación que procura el Ideal.

Esta referencia a "hacerse una conducta", mencionada por Levi-Strauss en el homenaje, ha de llamar nuestra atención, ya que la encontramos en "El atolondradicho" a propósito del fin del análisis. Allí, cuando Lacan se refiere a las "tres dichomansiones de lo imposible: tal como se despliegan en el sexo, en el sentido y en la significación", sentencia que "con todo esto sabrá hacerse una conducta. Más de una, las hay a montones"[24]. Si bien Lacan habla acá del fin de análisis, no es sorpresa que podamos encontrar este "hacerse una conducta" en alguien que no se analizó, lo que no es decir nada nuevo, ya que el psicoanalista francés toma, por ejemplo, al personaje de la novela de Jean Paulhan, *El guerrero aplicado*[25], como paradigma de "la destitución subjetiva"[26]–, lo que considera uno de los efectos didácticos del análisis; al igual que consideró a James Joyce como un ejemplo de saber-hacer con el *sinthome*.

Debemos igualmente resaltar que Lacan responde a una pregunta kantiana. Este punto requiere detenimiento y precisión. Lastimosamente, ciertas lecturas de "Kant con Sade" llevaron a que la moral fuese, directamente, ligada al imperativo kantiano, también por el señalamiento de Freud en torno a la moral kantiana y el superyó. Sin embargo, recordemos que el imperativo categórico implica un actuar acorde a un "para todos". No es el caso de Montherlant, quien, como dice Levi-Strauss, su moral era en soledad, de allí el hacerse una conducta y su separación de la fraternidad.

Sin duda podríamos precipitarnos a realizar una lectura en donde la pérdida de la visión es otra de las formas de presentarse la castración[27] y que dicho acto daría cuenta de una suerte de dificultad respecto a ella,

24. Lacan, J. (1973). "El atolondradicho". En *Otros escritos*. Buenos Aires, Argentina: Paidós, 2012, p. 512.
25. Paulhan, J. (1930). *El guerrero aplicado*. Madrid, España: Arena, 2009.
26. Lacan, J. (1970). "Discurso a la Escuela Freudiana de París". En *Otros escritos*. Buenos Aires, Argentina: Paidós, 2012, p. 291.
27. Freud, S. (1919). "Lo ominoso". En *Obras completas*, t. XVII. Buenos Aires, Argentina: Amorrortu, 2003.

una forma de "no asumir la castración" –frase bastardeada en la jerga analítica si la hay–. Sin embargo, esta lectura nos acerca bastante a lo que podríamos entender como una oda a vivir a toda costa, más solidario del discurso del Amo que del analítico. El asunto vuelve a plantearse, como lo señala Lacan, en torno a la relación entre discurso y ética: ¿Desde qué discurso realizamos la lectura que hacemos? ¿Acaso entender el deseo como deseo de otra cosa ha de llevar al analista al lugar de predicar que "soportar la vida sigue siendo el primer deber de todo ser vivo"[28]? Como es notable, las preguntas y consecuencias éticas se hacen insoslayables.

Cuando Lacan se refiere a "las mañanas que cantan" hace alusión a un canto de Paul Valient que evoca al comunismo y a un sueño de libertad. Suele ser entendido como una promesa de mejores días, de allí que Lacan hable de la esperanza. Podemos suponer que el psicoanalista francés objeta la idea ampliamente conocida de que "la esperanza es lo último que se pierde", o más que objetarla, delata cómo esta puede llevar, precisamente, al suicidio, y no, como se suele entender, que la esperanza funcionaría para evitar el suicidio. La esperanza, que podríamos oponer justamente al acto, ya que deja al sujeto a la espera de la respuesta del Otro sobre su ser.

Finalmente, y no menos importante, Lacan ubica el prejuicio de no saber nada. Es interesante porque Lacan no dice "no *querer* saber nada", la cual es la posición "natural" del sujeto al saber inconsciente. Dice, por el contrario, "si nadie sabe nada de él", lo que podemos leer como: ni los espectadores, en tanto que los suicidas "no regresan a dar testimonio"; ni el suicida mismo, en tanto que está excluido de poder realizar una producción de saber sobre lo sucedido. Esto nos relanza a lo señalado previamente en torno a la ética y el discurso, así como a una objeción al suicidio. Es un acto luego del cual, como ya lo destaca Miller[29], no se vuelve a saber nada.

Los estoicos y el respeto al suicidio

En la disertación que lleva por título "La tercera", Lacan hace mención a la escuela estoica para realizar una suerte de agradecimiento[30], diciendo

---

28. Freud, S. (1915). "De guerra y muerte. Temas de actualidad". En *Obras completas*, t. XIV. Buenos Aires, Argentina: Amorrortu, 2003, p. 301.
29. Miller, J-A. (1993). "Jacques Lacan: Observaciones sobre su concepto de pasaje al acto". En *Infortunios del acto analítico*. Buenos Aires, Argentina: Atuel.
30. Lacan en varias ocasiones de su enseñanza se muestra en expresa deuda con la escuela estoica. Otros de los lugares en donde podemos encontrar esto es en los seminarios *La ética del psicoanálisis* y *De un Otro al otro*, por nombrar algunos.

que es por ellos que tiene respeto al suicidio. Pero no a cualquier suicidio, sino cuando se trata de un acto, lo que implica que no sea malogrado:

> Y los estoicos hasta tuvieron un presentimiento del lacanismo. La distinción entre *signans* y *signatum* la inventaron ellos. Yo, en cambio, les debo el respeto que le tengo al suicidio. Desde luego, no a suicidios basados en una bobería, sino esa forma de suicidio que es el acto propiamente dicho. No hay que malograrlo, por supuesto. Si se malogra no es un acto.[31]

Como vimos en el capítulo dedicado a la *Historia del suicidio*, la escuela estoica fue una de las pioneras en considerar el suicido como valedero y acorde a fin, teniendo a Séneca como su mayor representante. Para esta escuela, no se trataba de vivir a toda costa sino de vivir bien, dignamente. Los valores morales estaban en la cúspide y no el "amor a la vida" ni el de "permanecer con vida": "Morir más pronto o más tarde no es la cuestión; morir bien o mal, esa es la cuestión"[32]. El suicidio era considerado como una forma más de morir. Una síntesis de esta escuela concerniente al asunto la encontramos escrita por su mayor representante en *Epístolas morales a Lucilo*. En la epístola setenta que lleva por título "Causas que pueden justificar el suicidio", y considerando que el sabio debe suicidarse en caso de que la fortuna le traiga una constante violencia externa y dolor irremediable, encontramos la siguiente afirmación: "Ninguna solución mejor ha encontrado la ley eterna que la de habernos otorgado una sola entrada en la vida y muchas salidas"[33].

Al ser una doctrina de la libertad, fueron los únicos filósofos que consideraron al suicidio como el mayor acto filosófico al permitirle al hombre la libertad de decidir sobre su vida, razón por la cual se refieran a la muerte libre o a la libertad de morir. Igualmente, es importante destacar que se consideraba valedero cuando es resultado de una decisión que responde a razones conscientes y no a turbaciones pasionales, premeditadamente programado, por lo que frente al propósito de suicidio "los estoicos hablan de la necesidad de cierta prudencia, de una sabiduría previa al suicidio, ya que el hombre no debe huir de la vida, sino salir de ella ('non fugere debet e vita, sed exire')"[34].

---

31. Lacan, J. (1974). "La tercera". En *Intervenciones y textos*, t. II. Buenos Aires, Argentina: Paidós, p. 86.
32. Séneca, L. (4 a. C.). *Epístolas morales a Lucilo*. Madrid, España: Gredos, 1986, p. 397.
33. *Ibíd.*, p. 400.
34. Bauzá, H. (2018). *Miradas sobre el suicidio*. Buenos Aires, Argentina: Fondo de Cultura Económica, pp. 124-125.

En congruencia con esto, tal como el nombre del capítulo de las epístolas antes citadas lo denota, no se trata de cualquier suicidio ni por cualquier causa. Es por ello que vemos a Lacan hablar tanto de los suicidios concernientes a una "bobería", así como a los acordes al acto. Esta distinción nos recuerda las apreciaciones que realizó Freud en torno a la carta de suicidio de Dora y el intento de suicidio de la joven homosexual, desestimando la primera y considerando al segundo como un "intento serio". Esta cuestión remarca cierta diferencia lógica y no fenoménica, como ocurre en otros discursos.[35] Igualmente, y como hemos venido recalcando, lo ubica en un momento histórico, con ciertas coordenadas discursivas.

Respecto al acto, aclara que "no hay que malograrlo", en coherencia con lo que venimos distinguiendo sobre lo fallido en el acto fallido y lo fallido del acto. Igualmente, el discernimiento entre *signans* y *signatum* no es casual, ya que corresponde al significante y al significado respectivamente, denotando, una vez más, el valor simbólico del acto.

El obsesivo y la muerte como acto fallido

En el seminario *R.S.I*, Lacan vuelve a hacer referencia a la clínica del obsesivo señalando que éste tiene un síntoma muy particular. Dice que nadie tiene aprehensión alguna de la muerte, lo que otorga tranquilidad. Señala entonces que para el obsesivo la muerte es un acto fallido, advirtiendo que esto no es tan tonto:

> Pues la muerte no es abordable más que por un acto; todavía, para que sea logrado, es preciso que alguien se suicide *sabiendo que eso es un acto*, lo que sólo sucede *muy raramente*, aunque eso haya estado muy difundido en cierta época, en la época en que la filosofía tenía cierto alcance, un alcance distinto que el de sostener el edificio social. Hubo algunas personas que llegaron a agruparse en escuelas de una manera que tenía consecuencias. Pero es muy singular, y también de una naturaleza como para hacernos sospechar de la autenticidad del compromiso en dichas escuelas, que de ningún modo haya necesidad de haber alcanzado una sabiduría cualquiera, que es suficiente con ser un buen obsesivo para saber de buena fuente que la muerte es un acto fallido.[36]

---

35. Vargas, D. (2010). El suicidio, sus estatutos y ética del psicoanálisis. *Affectio societatis*, 7 (12).

36. Lacan, J. (1974-1975). *El seminario. Libro 22: R.S.I.* Buenos Aires, Argentina: Escuela Freudiana de Buenos Aires, Clase del 18 de febrero de 1975. Inédito. El subrayado es mío.

Lacan parece tener en el horizonte los desarrollos realizados por Freud en su texto "Tótem y tabú", en donde señala que para el hombre primitivo la muerte era sólo consecuencia de un accidente, siempre con un carácter sorpresivo. Tengamos presente que ya Lacan había esbozado este punto en su seminario *De un Otro al otro*, dejándolo por demostrar.[37]

Sin embargo, no hace falta –como lo señala Lacan– remitirnos al hombre primitivo para ello, ya que normalmente la muerte siempre parece llegar a destiempo, fruto de la mala fortuna y, especialmente, pensada como restringida a la vejez. Precisamente la referencia al suicidio va en vía contraría, al advertir cómo la muerte puede no tener nada de accidental. En esta misma dirección es que debemos entender que Lacan se refiere al acto fallido en su versión freudiana. Como lo vimos en el capítulo dedicado a *La subversión freudiana del suicidio*, el acto fallido consiste en una operación por medio de la cual se falla el objetivo consciente, pero se logra el inconsciente.

Aprovechemos para señalar que, si bien Freud consideraba que el neurótico obsesivo contaba con una suerte de "seguro contra suicidio" en razón de la hostilidad que suele teñir su relación con los objetos y que, de esta forma, encuentra un destino ajeno al yo; con Lacan podemos decir que por su relación al deseo del Otro, su eterna espera encarnada en la duda y su concomitante procrastinación, no pone en riesgo su vida –lo que podemos leer como no poner en juego el deseo, es decir, pagar con la pérdida que todo acto implica, tal como Lacan lo señaló al plantear la apuesta de Pascal en su seminario *De un Otro al otro*– encarnando al esclavo hegeliano, como lo desarrollamos desde "Función y campo...". Lacan lo dirá claramente:

> Rindiendo un homenaje propiamente inconsciente a la historia escrita por Hegel, [el obsesivo] encuentra a menudo su coartada en la muerte del Amo. ¿Pero qué hay de esa muerte? Él simplemente la espera. De hecho, es desde el lugar del Otro donde se instala, de donde sigue el juego, haciendo inoperante todo riesgo, especialmente el de cualquier justa, en una "consciencia-de-sí" para la cual sólo está muerto de mentiritas.[38]

Destaquemos que la espera del obsesivo aparece en la misma línea que la *esperan*za mencionada por Lacan en "Televisión", y contraria a la

37. Lacan, J. (1968-1969). *El seminario. Libro 16: De un Otro al otro*. Buenos Aires, Argentina: Paidós, 2008, pp. 32-33.
38. Lacan, J. (1960). "Subversión del sujeto y dialéctica del deseo en el inconsciente freudiano". En *Escritos*, t. II. Buenos Aires, Argentina: Siglo veintiuno, 2010, p. 771.

función de la prisa resaltada en el texto "El acerto de certidumbre anticipada..." que encontramos en coherencia con las referencias trabajadas en cada uno de los apartados, como el ser-para-la-muerte y la ética estoica.

Ahora bien, vemos que Lacan remite a ciertas escuelas en las cuales el suicidio podía tener consecuencias. Podemos conjeturar –teniendo en cuenta lo que vimos en torno al suicidio en la historia y en el apartado anterior– que hace referencia a la escuela estoica. Es importante destacar que se trata de actos que tuvieron lugar en un discurso que respondía a cierto marco social, como vimos en la referencia a Empédocles en su diferencia con el pasaje al acto melancólico.

Al respecto del contrapunto con la neurosis obsesiva, Godoy nos dice: "Es la 'sabiduría' del obsesivo: captar que hay algo 'fallido' cuando alguien se da muerte, que pocas veces eso constituye en un verdadero acto. El problema es que deduce de esto que la muerte podría ser un fallido totalmente evitable"[39].

Toda vida parece inacabada, trunca, interceptada casi sorpresivamente por la muerte y no sólo en caso de "accidentes", sea un minuto antes o un minuto después de lo esperado. El suicida, por el contrario, aparece precisamente como el emblema de la no espera de la muerte, contraria a la del obsesivo. Por supuesto que hay fantasías que dan la ilusión de evitar este fallido, recaudos para recubrir lo real de la muerte, todos marcando, igualmente, a la muerte como uno de los nombres del significante de la falta del Otro, de su ausencia de garantías para evitar lo inevitable.

Finalmente, en esta referencia encontramos un señalamiento que resulta contradictorio con lo planteado por Lacan previamente. Consiste en decir que "es necesario saber que es un acto", lo que resulta problemático, ya que sólo podemos hablar de acto *a posteriori*. Renglón seguido señala el agrupamiento en escuelas que tenía consecuencias. Podemos suponer que lo que sitúa Lacan es que no se realizaban por motivos de tristeza ni de locura, sino que era sabido el alcance del suicidio en el cuerpo social y en el discurso, tal como lo vimos en nuestro apartado anterior con los monjes budistas.

---

39. Godoy, C. (2010). "Muerte y acto en la neurosis obsesiva". En *Memorias II Congreso Internacional de Investigación y Práctica Profesional en Psicología XVII Jornadas de Investigación Sexto Encuentro de Investigadores en Psicología del MERCOSUR*. Buenos Aires, Argentina: Universidad de Buenos Aires, p. 225.

Capítulo VIII

Paradojas del suicidio como acto

> "Al irnos no sabemos jamás que nos marchamos
> Y bromeamos al cerrar la puerta.
> El destino, siguiéndonos, detrás, echa el cerrojo
> Y ya no hablamos más".
>
> Emily Dickinson.

Plantear paradojas en psicoanálisis ha de llamarnos la atención desde que Freud advirtió que en lo inconsciente no existe la contradicción. Igualmente, cuando con Lacan lo real no concierne al campo del sentido, sino al de lo imposible.

Es así que en este capítulo denotaremos algunas preguntas paradojales resultado de las características que delimitamos del acto y de las referencias al suicidio como acto. En nuestro intento por responderlas, demostrarán si en realidad son paradojas.

Una difundida equivalencia

¿Cómo hablar de dimensión significante si no es la palabra –al modo del juramento– condición *sine qua non* del acto en cuestión? Podemos advertir, gracias a los desarrollos realizados, que esta pregunta trae consigo la errada equivalencia entre significante y palabra.

El ejemplo más conocido que nos permite realizar una distinción al respecto lo podemos encontrar en la obra de Freud –además de ser retomado por Lacan–. Nos referimos al ya mencionado *niederkommen* en el caso de la joven homosexual. Este significante es leído por Freud en el intento de suicidio, pero jamás enunciado por la paciente. Igualmente, toda la "Psicopatología de la vida cotidiana" da cuenta de esta distinción, notablemente enfatizada en los actos fallidos y sintomáticos.

Lacan es preciso al decir –cuando se refiere al *harakiri*– que esta evisceración, en tanto acto, no es un comportamiento, ni una conducta, denotando su valor simbólico al hacerse en honor de algo. La dimensión significante no es debida a la presencia o ausencia de palabras, ya sean escritas –vimos que, en algunas ocasiones, se le permitía a quien realizara *harakiri*, en el marco de la ceremonia del *seppuku*, escribir una carta– o enunciadas, sino por la incidencia de lo simbólico en lo real, como queda enfatizado en que en el acto "hay un real que no se da allí por descontado",

Igualmente, esta dimensión significante la encontramos en el "acto simbólico de su ser-para-la-muerte" de Empédocles –en tanto que es por virtud del significante que el sujeto se sabe mortal–, así como la referencia a los estoicos y la diferencia entre *signas* y *signatum*.

En esta misma dirección, y como es evidente, el suicidio requiere servirse de la motricidad, pero no como reacción o reflejo, sino advirtiendo la presencia de un sujeto deseante. Nos parece esclarecedor lo señalado cómicamente por David Lodge en su novela *La vida en sordina* a propósito de distinguir la dimensión significante en juego en el suicidio como acto de otros actos: "No es necesario decir o escribir las palabras 'tengo intención de matarme' para causar el efecto de haberte matado. No *realizas* suicidio en palabras como, digamos, realizas el matrimonio"[1].

Sujeto y persona

¿De qué forma entender que el suicidio como acto pueda ser fundador de sujeto si, luego de efectuarlo, el sujeto desaparece? La hipótesis subyacente a esta pregunta radica en la equivalencia entre sujeto y persona.

Tengamos presente que dentro de las acepciones que encontramos en la RAE de la palabra "fundar" están: "edificar materialmente una ciudad, un colegio, un hospital", "estribar, apoyar, armar alguna cosa material sobre otra" y "establecer, crear". Nos parece importante señalar estos diversos significados porque posibilitan situar, tanto al cuerpo viviente como soporte del sujeto[2]; así como la suposición de sujeto que implica la lápida, cuando el cuerpo ha devenido cadáver, como lo vimos en la referencia de "Función y campo...".

Advertimos que Lacan señala que el sujeto sólo reencontrará su presencia luego del acto, ya que el acto es en tanto objeto. En cuanto al suicidio como acto, se ve imposibilitado dicho reencuentro renovado: si bien está radicalmente renovado, el sujeto no puede leer retroactivamente tal

1. Lodge, D. (2010). *La vida en sordina*. Barcelona, España: Anagrama, p. 124.
2. Lacan, J. (1965). *El seminario. Libro 11: Los cuatro conceptos fundamentales del psicoanálisis*. Buenos Aires, Argentina: Paidós, 2001.

mutación. Esto no impide, sin embargo, que pueda ser leído, supuesto por el valor significante ya destacado. Igualmente, tengamos presente que Lacan consideró que, con la muerte, el sujeto da cuenta de la cadena significante, "y los suicidas más que el resto"[3]; cuestión que evidencia al significante como preexistente y subsistente al cuerpo viviente.

En solidaridad con lo planteado, recordemos el capítulo dedicado a las diferentes perspectivas que se han tenido del suicidio en la historia, en donde señalamos que uno de los castigos que se le infligía al suicida era sustraerle su estatuto de sujeto, al privarlo de sepultura y lápida. La tragedia *Antígona* apunta en la misma dirección, al distinguir entre cadáver –cuerpo que, si bien ya no es en tanto sustancia gozante, está inscripto en una cadena generacional que lo humaniza– y carroña –a la intemperie de lo simbólico–.

Es así que el suicidio adviene como un acto inequívocamente humano y consecuente con su estatuto de sujeto efecto de lenguaje. Que se realice "en honor de algo", como queda claro en el *harakiri* y los monjes budistas, pone en primer plano que nada tiene que ver con una predisposición biológica ni del orden de la necesidad, cuestión que se hace evidente en todas las referencias que trabajamos.

Que se lea

Otra de las aparentes paradojas es: ¿de qué retroactividad se trata allí donde el sujeto ya no puede leer el acto, si Lacan sentencia que el acto es la lectura del acto?

Como lo insinuamos previamente, y dejamos establecido a modo de pregunta, si leemos con detalle, Lacan no ubica ningún *quién* como lector del acto. Se da por entendido que dicha lectura tendría que estar a cargo del sujeto efecto del acto. Como dijimos antes, si el acto es la lectura del acto –énfasis que realiza Lacan gracias al *nachträglich* freudiano– también el sujeto es un efecto de lectura, de allí que se trate de suponer un sujeto ético en el que el suicidio como acto dé cuenta que "quiere decir". Todas las referencias que desarrollamos en la obra de Lacan concernientes a este estatuto lo demuestran, así como las lecturas posibles que destacamos con Gribouille.

Ya que de lectura se trata, nos parece esclarecedor David Lodge en su novela al plantear una situación hipotética concerniente a una carta de

3. Lacan, J. (1957-1958). *El seminario. Libro 5: Las formaciones del inconsciente.* Buenos Aires, Argentina: Paidós, 2007, p. 254.

suicidio, en donde se pregunta por la lectura posible que puede hacerse tanto a nivel de locución, ilocución y perlocución; pregunta que podemos ubicar en la diferencia entre enunciado y enunciación, así como las consecuencias del acto:

> ¿Y una nota de suicida compuesta exclusivamente de las palabras "Tengo intención de matarme de un tiro"? *Locución*: declara su intención de matarse, "intención" significando intención, "matar" matar y "me" a mí. *Ilocución*: aquí hay varias posibilidades. Podría estar explicando, a los que le encontrasen muerto, que se había disparado de un modo deliberado, no accidental, o que no le había disparado otra persona. Podría estar expresando la desesperación que le había empujado a dar ese paso extremo. Podría estar insuflando remordimiento a su familia y amigos por no haberse dado cuenta de que él podría suicidarse y no haberlo evitado. Sin más contexto no hay manera de saberlo. En cuanto al efecto perlocutorio, supongo que dependería de si se había suicidado o no [...] El nivel perlocutivo de una nota de suicida es inseparable del nivel ilocutivo: el efecto que se pretende en quienes la lean. Pero seguramente influirá el hecho de que hayas o no consumado el suicidio.[4]

La idea común del suicidio es que es una acción intempestiva en la que se actúa sin pensar o fruto de la desesperación –queda evidenciado, una vez más, en la cita que acabamos de transcribir– y dolor que se intenta extinguir, considerando que vivir no tiene sentido. Como vimos en el capítulo dedicado a las características del acto, éste responde a la temporalidad lógica que Lacan presenta en "El acerto de certidumbre anticipada...", en donde se conjuga el instante de ver, el tiempo de comprender y el momento de concluir. Si tenemos las referencias que trabajamos previamente en torno al suicidio como acto, vemos que en ellas se cumple este punto, como es el caso del *harakiri*, los monjes budistas, Empédocles, Gribouille y los estoicos. No se trata de un acto precipitado al modo del pasaje al acto en donde –como señalamos– se forcluye el tiempo de comprender, pasando del instante de ver al momento de concluir; así como tampoco del instante de (dar *a*) ver del *acting-out*.

En este punto, aclaremos que resulta insuficiente pensar el acto a la luz de la premeditación en contraposición a la impulsividad. Por ejemplo, un suicidio puede ser pensado con premeditación respondiendo a un intento de sustracción de un Otro gozador –caso frecuente en las psicosis, especialmente en la paranoia–; o para realizar su ser de objeto-desecho,

4. Lodge, D. (2010). *Op. cit.*, p. 124.

cuestión ya descrita por la psiquiatría clásica al dar cuenta de la constante ideación suicida del melancólico.

De hecho, y como vimos en el capítulo dedicado a *La subversión freudiana del suicidio*, ubicamos que algunos suicidios tienen un carácter resolutivo, no sintomático; diferencia que podemos pensar a la luz de ubicar, en el primer caso, al suicidio como pasaje al acto y como acto, ya que allí el sujeto está en tanto objeto, aunque –como lo marcamos– en posiciones distintas respecto al Otro, al goce y al deseo; y en el segundo caso, al suicidio como *acting-out*, a modo de transferencia salvaje.

Un poco de ironía

¿Cómo hablar de novedad allí donde no hay sujeto luego del suicidio? Esta pregunta es solidaria de aquella hipótesis que hemos ubicado en el apartado sobre el acto como fundador de sujeto, a saber, la equivalencia entre sujeto y persona.

Vimos la manera en la que Lacan destaca el valor de antes y después del acto, de corte, diciendo, por ejemplo, que entre las máximas de San Juan y Goethe – "en el principio era el Verbo" y "en el principio era la Acción", respectivamente– hay equivalencia, en razón de que la entrada del significante en el mundo –véase, por ejemplo, la oposición que realizamos entre "mundo" y "escena"– es un acto. Sobre este punto, resulta precisa la forma en la que Miller considera al acto un "suicidio del sujeto", indiferente a su futuro, siendo el suicidio el paradigma del acto.

En este punto, una respuesta no parece poder escapar al tinte irónico: el sujeto queda, radicalmente, distinto. Igualmente, podemos decir que el Otro también: lo vimos, por ejemplo, cuando Lacan menciona a los monjes budistas, a Empédocles y los estoicos: están en relación a un discurso al que, por su acto, interpelan y alteran.

El sujeto, siendo soportado por un cuerpo gozante, pasa entonces –luego del suicidio– a quedar reducido al estatuto de signo en la lápida mortuoria. Desde cierta perspectiva, y guardando las distancias, se produce un retorno a lo que ocurre con el *infans*, a quien Lacan ubica como aquel de quien se habla, pero aún no habla. En el caso del suicida, como de los muertos en general, se habla de ellos. Es así que, por un lado, se trata de una novedad radical y, al mismo tiempo, es el cese de toda novedad.

Lo que la muerte no permite

La irreversibilidad no presenta mayores complicaciones en torno a las características del acto y de las menciones hechas por Lacan a propósito del suicidio como acto. Evidenciamos el punto irreversible en el estado civil de quien contrae matrimonio, luego del cual, si decide divorciarse, su estado civil no volverá a ser soltero sino divorciado. El suicidio como acto resulta, una vez más, paradigmático al dar cuenta de lo irreversible en sus consecuencias. Como lo señala Lacan con los monjes budistas, nadie regresa para dar testimonio por la absoluta irreversibilidad de la muerte.

Igualmente, en consonancia con la equivalencia entre acto y corte a nivel topológico, vimos cómo la estructura queda modificada por el acto, pudiendo ubicarlo tanto en el grafo del deseo como en el esquema de la división. En el caso del suicidio como acto, y como advertimos en el capítulo anterior a propósito de la referencia de Lacan a los estoicos, fracasarlo a nivel de la intención implica excluirlo como acto, pero no del fracaso a nivel del goce. Sin duda no hay posibilidad de revertirlo –como lo dijimos recién– de allí que Lacan enfatice en que sólo cuando es un acto no es malogrado –entendiendo "malogrado" como otra forma de traducir "fracasado" –.

Un imposible después

¿Podemos ubicar el desconocimiento allí donde no hay posibilidad de división del sujeto posterior al acto? En efecto, es una de las características que el suicidio como acto no cumple.

Vimos la relectura que realiza Lacan de la *verleugnung* freudiana poniéndola a cuanta del acto. Por la transformación radical acontecida en el suicidio, es imposible que el sujeto pueda reconocer la mutación que allí ha sufrido, así como tampoco las consecuencias que Lacan adjetiva como insoportables. El desconocimiento, como representante de la representación de la división, es consecuencia del retorno a la alienación, a la división entre S_1 y S_2. El suicidio, sin importar su estatuto, queda excluido al respecto.

Recordemos en este punto lo complejo de la afirmación hecha por Lacan al decir que "la muerte no es abordable más que por un acto; todavía, para que sea logrado, es preciso que alguien se suicide *sabiendo que eso es un acto*, lo que sólo sucede *muy raramente*"[5]. Conjeturamos que dicha

---

5. Lacan, J. (1974-1975). *El seminario. Libro 22: R.S.I.* Buenos Aires, Argentina: Escuela Freudiana de Buenos Aires. Clase del 18 de febrero de 1975. Inédito. El subrayado es mío.

afirmación que entra en contradicción con otras elaboraciones en torno al acto –en tanto que, como hemos dicho, el acto es la lectura del acto, de modo tal que es imposible saber que será un acto *a priori*– debemos entenderla por los efectos que tenían en el discurso. La pertinencia de este punto respecto al desconocimiento es que las consecuencias del suicidio como acto recaen sobre el Otro.

El modo irónico con el que Lacan se refiere a los monjes budistas y los bidones es claro sobre esta característica: no regresan para dar testimonio. Como lo dirá esa voz en off de la novela *Suicidio*: "Aunque tu suicidio fue el discurso más importante de tu vida, no recogerás sus frutos"[6].

El alienado y la separación

Como consecuencia de ser comúnmente pensado el suicido sólo en su estatuto de pasaje al acto –no por nada al llamado "loco" se lo considera como *alienado*, fuera de sí, actuando sin querer, sin implicación subjetiva en su acción, de allí que sea inimputable– normalmente nos encontramos con la siguiente pregunta: ¿cómo pensar el suicidio como separación si Lacan lo ubica como alienación?

Si bien es cierto que el psicoanalista francés ubica al pasaje al acto en dirección a la alienación[7], toda nuestra investigación se ha dedicado a plantear los diversos estatutos que puede tener el suicidio. Como vimos con Empédocles y Gribouille, Lacan se sirve de sus suicidios para dar cuenta de la operación de separación.

Con el "¡No!" en términos de enunciación de "Función y campo…" en torno a las "aborregantes agregaciones del Eros", Empédocles encarna la afirmación de una diferencia absoluta, cuestión que destacamos también con Montherlant en su alejamiento de las multitudes y su necesidad de hacerse una conducta.

Igualmente, ubicamos en la separación "un querer lo que se desea" –lo que se destaca en todos los ejemplos usados por Lacan en los desarrollos del suicidio como acto al no presentarse a modo sintomático y en división– de allí la entereza del acto solidario de la destitución subjetiva, así como dijimos que no implica ninguna transparencia hegeliana del deseo, sino como pura potencia. En esta dirección, diferenciamos la separación impuesta como efecto de la forclusión en la melancolía, del

6. Levé, É. (2010). *Suicidio*. Madrid, España: 451, p. 12.
7. Lacan, J. (1966-1967). *El seminario. Libro 14: La lógica del fantasma*. Buenos Aires, Argentina: Escuela Freudiana de Buenos Aires. Inédito.

suicidio como querer lo que se desea en el acto, en donde se trata de un deseo de separación.

Aclaramos que esta operación no tiene nada que ver con un ideal de independencia, sino que la libertad en juego corresponde a librarse del efecto afánico de la alienación, de allí que el acto sea sin Otro del sentido, pero no sin el deseo del Otro.

Tanto en Gribouille como en los monjes budistas, situamos el paso de la pérdida devenida en causa. El primero, al arrojarse al fuego, impide que las tropas de la reina de la pradera se rindan, las cuales terminan ganando la batalla, además de la celebración realizada anualmente en su memoria; y los segundos, en las consecuencias sociales que tuvo la muerte de Quang Duc.

Dejemos en claro un error común. Normalmente, se habla de operación de separación en singular. Sin embargo, y de acuerdo con Soler[8], podemos hablar de la separación alienante de "Posición del inconsciente" y de una separación por lo real, propia del fin de análisis. Mientras que la primera, como dice Lacan en el texto mencionado, instituye un estado civil; la segunda destituye ese estado civil, desanudando al sujeto al producir la caída de los significantes amo, los cuales lo inscribían en el deseo del Otro. Esto ha de advertirnos de dos cuestiones: ni el acto se circunscribe al análisis ni se trata de hacer del fin del análisis un suicidio, no más que el que todo acto implica. También nos permite distanciar al suicidio y al fin de análisis de la proeza, más cercana al *acting-out*.

La separación radical que implica el suicidio como acto también la podemos ubicar en solidaridad con lo dicho por Miller cuando afirma que el suicidio es no volver a saber nunca más de nada, en tanto que es no volver a la oscilación significante, ni a la articulación entre S_1-S_2 –que Lacan define como *saber*–.

Otra vez por última vez

¿Qué posibilidad de repetición en un acto que es imposible llevarlo nuevamente a cabo?

Esta pregunta está sostenida por la idea de la repetición como reiteración. Por el contrario, vimos que el acto *es* repetición, por lo que no se trata de *repetir* suicidio. De hecho, Lacan destaca que el fracaso del cual el suicidio como acto no está excluido está determinado por la ausencia

8. Soler, C. (2013). *El fin y las finalidades del análisis*. Buenos Aires, Argentina: Letra viva.

de fracaso a nivel de la intención, de allí que su realización excluya un nuevo intento, por eso hace la diferencia entre tentativa de suicidio –que puede dar lugar a la repetición en términos sincrónicos– y suicidio –que, de ser un acto, implica la repetición en términos diacrónicos–.

En esta dirección es que Lacan distingue *tyche* y *automatom* para pensar la repetición, ubicando a la primera como encuentro fallido con lo real y la segunda como insistencia de los signos. Vimos que la repetición es en términos significante, pero que también es propio del significante ser siempre distinto, de modo tal que no se trata de una repetición en términos de identidad –contrario a toda posibilidad del significante– sino a la repetición como encuentro fallido con lo real.

Igualmente, esclarecimos la referencia topológica hecha por Lacan en donde define al acto sirviéndose de la repetición y el doble bucle. Denotamos cómo, gracias a *un* corte medio en la banda de Moebius, se transforma la estructura, dando lugar –en el borde de la cinta de Jordan– al ocho interior en el que se localiza el *doble* bucle. Y es aquí donde tiene lugar la pretérición que Lacan destaca, ya que la vuelta en más necesaria para la lectura diacrónica, se olvida, por eso la apariencia de que sólo basta una vuelta para hacer existir la repetición.

Sin embargo, insistamos en que Lacan –en la referencia a los monjes budistas– señala, a propósito de esta característica, que el suicidio merece objeción, en tanto que, si bien responde a la repetición en términos de *tyche*, excluye la posibilidad de nuevas repeticiones al quedar abolidas por la irreversibilidad de la muerte.

Fracasos y fracasos

De la pregunta en torno a la repetición, necesariamente se desprende la pregunta a propósito del fracaso, así como, igualmente, su dilucidación se insinúa. Si Lacan considera al fracaso como condición *sine qua non* del acto, ¿cómo considerar al suicidio como acto si "es el único acto que tiene éxito sin fracaso"?

Si nos detuvimos en las diversas traducciones de "Televisión", pasando de "el suicidio es el único acto que tiene éxito sin fracaso" a "el suicidio es el único acto que *podría* tener éxito sin fracaso", fue precisamente por la importancia de destacar que el suicidio no queda excluido de la posibilidad de fracaso.

Destacamos cómo el fracaso es una de las características con las que Lacan más insiste respecto al acto, el cual implica un fracaso del goce. No es casualidad que precise diciendo "absolutamente fracasado a nivel del goce", ya que, como lo vimos recién, no es sólo el fracaso que toda repetición implica, sino que es el fracaso de la posibilidad de la repetición.

Igualmente, hicimos la distinción entre acto fallido y lo fallido del acto. Señalamos que Lacan insiste, por ejemplo, en la referencia a los estoicos, que no debe fracasarse ya que, de ocurrir, no sería un acto; así como marcamos un anticipo del fracaso con la sandalia de Empédocles encontrada como huella de haberse arrojado al Etna; aparece con claridad en el suicidio de Montherlant en su temor a fracasar, de allí que no sólo tome pastillas sino que se dispare; así como los recaudos de los monjes budistas para que el ejército de China no pudiera impedir que Thich Quang Duc se prendiese fuego.

Sin embargo, advirtamos que no basta con que no se fracase a nivel de la intención para que se trate de un acto, lo que nos llevaría a pensar que todo suicidio sería un acto. En razón de esto, nos ocupamos tanto del suicidio como *acting-out* y como pasaje al acto haciendo uso de ejemplos en los que no se trató de tentativas de suicidio sino de suicidios efectivamente acontecidos.

De lo simbólico a lo real

En el capítulo dedicado a las características del acto, trabajamos la referencia de Lacan a la altura de su seminario *El acto psicoanalítico*, en donde señala que en el acto se franquea un umbral quedando por fuera de la ley. Teniendo en cuenta esto, ¿de qué forma entenderlo en el suicidio como acto cuando Lacan remite, en algunas ocasiones, a la cultura japonesa con el *harakiri* o a la filosofía estoica, en las que el suicidio no sólo estaba permitido sino que, además, se consideraba adecuado llevarlo a cabo en algunas circunstancias?

Para esclarecer este punto, consideramos importante tener en cuenta que, en las referencias que trabajamos en torno al suicidio como acto, encontramos diversos niveles y matices a propósito del franqueamiento. Con el *harakiri* vimos a la rebeldía y la obligación en su relación a la libertad, destacando que, en algunas ocasiones, se podía ejecutar como castigo por haber cometido alguna falta, así como para sustraerse a ser capturado por algún enemigo. Vimos a los monjes budistas en su respuesta a la ley insensata de la que estaban siendo presa.

A propósito de los estoicos, nos parece ejemplar traer a colación que Séneca haya sido acusado falsamente por Nerón y condenado a muerte, a lo cual, advertido de que su muerte a manos de Nerón sería cruel y dolorosa, se cortó las venas mientras tomaba un baño caliente, modo en que, si bien acataba la ley de Nerón, se sustraía de que se efectuara en sus términos.

En esta misma dirección, aclaremos que no por ser delictivo queda privado de valor de acto –así como tampoco por ser delictivo se lo otorga, como lo podemos deducir de lo señalado por Freud concerniente a los que delinquen por conciencia de culpa–; no tiene que ser benéfico o maléfico a nivel del Discurso del Amo, de allí que el suicidio y el asesinato puedan serlo. Que ubiquemos al acto en el franqueamiento de lo simbólico a lo real lo ubica también en un registro en el que no hay lugar a los adjetivos, patrimonio de lo imaginario.

Consideramos que, en última instancia, el franqueamiento que acarrea el acto debemos leerlo a la luz del cambio de registro de lo simbólico al real: en lo que respecta a las leyes del significante, en el acto, el significante, con la apariencia de significarse a sí mismo –por fuera de sus posibilidades, por fuera de sus leyes– se *real*iza al quedar por fuera de los juegos del sentido.

Lo que no es privilegio del psicótico

Desde otros marcos teóricos, la angustia es señal de desesperación, así como, para algunos, la certeza es patrimonio de las psicosis. No es casualidad que suela pensarse también una relación más frecuente entre psicosis y suicidio. Sin embargo, y tal como lo vimos en el capítulo dedicado al suicidio como *acting-out* y pasaje al acto, Lacan se encarga de distinguir la angustia del impedimento y la turbación, que conciernen al *acting-out*; así como del embarazo y emoción propio del pasaje al acto.

Cuestión central que hace del psicoanálisis una práctica que lee en las insondables decisiones a un ser deseante, más que una patología o trastorno por el cual el "enfermo" actúa. En consonancia con ello es que Lacan articula la angustia y la certeza del acto al campo ético.

En todas las referencias hechas por Lacan, encontramos especialmente la presencia de la certeza arrancada a la angustia funcionando como motor del acto: el paso consistente de Empédocles, el acto "sin ambigüedades" en el *harariki*, Gribouille al arrebatar la antorcha y lanzarse al fuego, los monjes budistas y la posición inquebrantable de Thich Quang Duc; la toma de pastillas y disparo de Montherlant y los estoicos empeñados en no fracasar en su propósito.

Un punto a resaltar es la referencia a la angustia en tanto ontológica que pudimos ubicar en Heidegger en el ser-para-la-muerte destacado por Lacan en "Función y campo..." con Empédocles, y en el uso distinto que se puede hacer de esta, ya sea para huir o asumir la finitud. En el acto, podemos decir que, frente a la falta de garantía del Otro, surge la certeza, contraria a la creencia, lo que podemos también leer como la diferencia entre la angustia señal –la cual implica esperar una señal del Otro para actuar– de la angustia en términos de desamparo, que no es otro que desamparo a nivel significante, en tanto no hay garantía que pueda dar el Otro.

Una solución topológica

Arribando a este punto, podemos denotar, por un lado, la insistencia de Lacan por ubicar al suicidio como acto, teniendo incluso valor paradigmático; y por otro lado, la manera en la que no cumple con algunas características del acto. Es así que nos podemos preguntar, en una primera aproximación, si es o no es un acto.

Sin embargo, también podemos considerar que, más que plantear el interrogante en una lógica excluyente entre sí o no, interior o exterior; es posible pensarlo a la luz de la figura topológica del ocho interior. De hacerlo de esta forma, pasamos de una argumentación en torno a conjuntos cerrados a una relación de continuidad, como Lacan lo planteó para la paradoja de Russell.

Recordemos la forma en la que Lacan plantea esta paradoja en varios momentos de su enseñanza[9]: Si queremos realizar un catálogo de todos los catálogos que no se contienen a sí mismos, nos encontramos en una paradoja en tanto que, si realizamos un catálogo de los catálogos que no se cuentan a sí mismos, estamos frente a una contradicción, en tanto que lo estamos agregando al catálogo. Igualmente, si no lo contamos, es también contradictorio, ya que así queda dentro del conjunto de los que no se cuentan a sí mismos.

Ahora bien, sirviéndonos de esta paradoja, pensémoslo a la luz del suicidio como acto: ¿podemos considerar al suicidio como acto dentro del conjunto "actos" si no cumple con las características del acto? Si lo hacemos, resulta una contradicción, ya que no cumple con las características del acto. Si no lo hacemos, acarrea otra contradicción, en tanto el suicidio como acto es el paradigma del acto. Ya que tanto en la paradoja de Russell como en nuestra investigación nos encontramos con situaciones similares, podemos resolverlo de la misma manera.

9. Dejemos en claro que no es la única forma de plantear esta paradoja, siendo esbozada también como "la paradoja del barbero".

Como lo mencionamos recién, plantear la pregunta de si el suicidio *es* o no un acto nos tendría que remitir a la lógica binaria de los círculos de Euler. De ser así, el suicidio –para ser un conjunto dentro del conjunto *actos*– tendría que contar con todas las características del acto (Figura 25). Desde esta perspectiva, como lo podemos advertir, quedaría excluido de ser un acto:

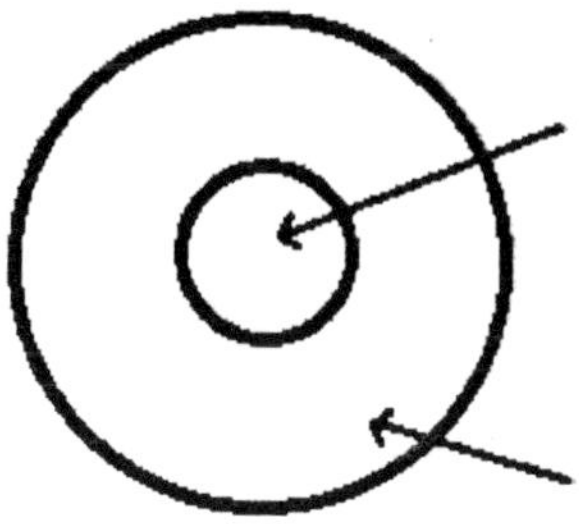

Figura 25. Acto y suicidio según los círculos de Euler.

Por el contrario, si nos servimos de la lógica de continuidad que posibilita el ocho interior, podemos ubicar al suicidio como acto compartiendo y no compartiendo características del acto, teniendo presente que –de acuerdo a lo trabajado en el apartado sobre la repetición– lo contingente es aquello que *puede* ser y no ser simultáneamente. Esto justifica, igualmente, que hablemos de diversos estatutos del suicidio, más que de una ontología del suicidio al plantearlo como lo que es o no es.

Tal como lo señala Korman[10], el ocho interior nos permite ubicar la diferencia en el centro de la semejanza, contrario a los círculos de Euler que distingue claramente un exterior y un interior de dos espacios. En base a esto, podemos decir entonces que el suicidio como acto tiene un lugar *éxtimo* respecto a las formulaciones sobre el acto planteadas por Lacan (Figura 26):

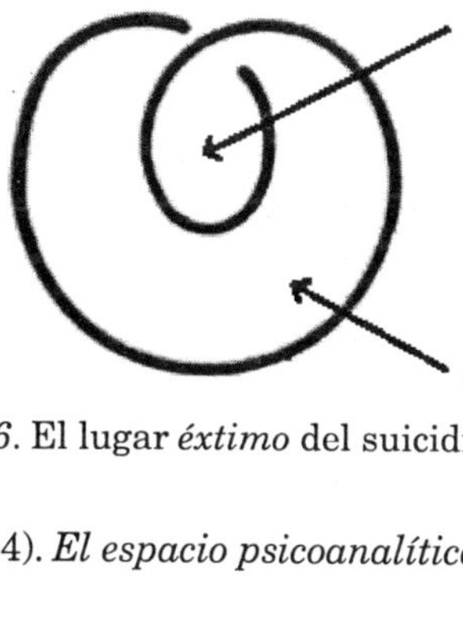

Figura 26. El lugar *éxtimo* del suicidio como acto entre los actos.

10. Korman, V. (2004). *El espacio psicoanalítico*. Barcelona, España: Síntesis.

Al igual que en la paradoja de Russell, el elemento en cuestión es ubicable en un exterior en el interior del conjunto ya que, topológicamente, hay continuidad entre el exterior y el interior de éste. Esto justifica los desarrollos tanto convergentes como en paralelo que Lacan realizó del acto y del suicidio como acto. Marca –como lo vinimos señalando en nuestros desarrollos, así como lo dirá explícitamente Lacan en el seminario *De un Otro al otro* respecto a la paradoja de Russell– la incompletud del Otro en tanto conjunto, forma también de marcar el significante de la falta en el Otro. En tanto que no hay metalenguaje, no podemos, en la paradoja de Russell, hablar del catálogo de los catálogos que no se cuentan a sí mismos –de allí que no haya Otro del Otro–, así como del suicidio como acto debamos decir que es un acto *entre* los actos, con la equivocidad resultante: haciendo parte del conjunto y, al mismo, demarcando un lugar excepcional en éste.

Capítulo IX

Consecuencias éticas

"¿Por qué vosotros, hombres, cuando habláis de algo, en seguida decís: esto es bueno, esto es malo? Con eso, ¿habéis explorado las conexiones íntimas de la acción? ¿Sabéis con seguridad exponer las causas de por qué sucedió, de por qué tuvo que suceder? Si supierais esto, no emitiríais vuestro juicio con tanta ligereza".

Johann Wolfgang von Goethe.

"¿Tú crees que la mayor parte de los que mueren han vivido?".

José Asunción Silva, *De sobremesa*.

Como lo señalamos en la introducción de este libro, el suicidio ha estado desde los inicios del psicoanálisis y ha sido razón de formulaciones tanto de Freud como de Lacan, cuando no, directamente, les ha concernido en su práctica y en su vida personal. Y, por supuesto, más de un centenario después de la invención del psicoanálisis, los suicidios siguen y seguirán teniendo lugar en nuestra práctica. ¿Qué lecturas posibles, entonces?

Es así que esta pregunta que ha causado latentemente esta investigación se expresa ahora en denotar algunas consecuencias éticas que podemos extraer de considerar al suicidio como acto. Para ello, inicialmente, haremos explícita una divergencia entre Freud y Lacan respecto al suicidio, para luego marcar la diferencia entre el discurso analítico y otros discursos, advirtiendo allí la ética concerniente a cada uno. Ubicaremos al deber de clinicar como consecuencia de la articulación necesaria entre teoría y práctica. Denotaremos por qué Antígona le sirvió a Lacan como ejemplo de la ética del psicoanálisis; explicaremos en qué consiste la objeción que propone para el suicidio; para –finalmente– dejar algunos interrogantes en torno a la posibilidad del suicidio como acto en nuestra época.

Dos vidas, dos enseñanzas

Una cuestión que consideramos nuclear para extraer consecuencias éticas es explicitar la diferencia de Freud y Lacan en torno al suicidio.

En el capítulo que nos avocamos a *La subversión freudiana del suicidio*, hicimos un repaso de las elaboraciones teóricas de Freud al respecto. Sin embargo, pensamos que si queremos captar la posición del creador del psicoanálisis sobre el tema, debemos remitirnos a una referencia que no está abocada a pensar el suicidio, pero que revela su posición enunciativa al respecto.

En la conferencia titulada "el estado neurótico común", haciendo mención a la ganancia de la enfermedad, Freud señala que le recuerda a los ejemplos de "inteligencia de los animales" que el caricaturista alemán Adolf Oberländer ha ilustrado en la *Fliegende Blätter* –semanario alemán y revista satírica de humor–. A continuación, comenta una de dichas caricaturas:

> Un árabe cabalga sobre su camello por una estrecha senda abierta en la escarpada pared de la montaña. En una vuelta del camino se ve de pronto frente a un león que se prepara para saltarle encima. No ve ninguna salida; a un lado, tiene la pared vertical, al otro el abismo; imposible volver riendas o escapar, se da por perdido. No así el animal. Da con su jinete un salto hacia el abismo... y el león no puede hacer otra cosa que seguirlos con la vista.[1]

Comenta entonces que las soluciones de la neurosis, usualmente, no dan mejores resultados que el arrojarse al abismo del camello, en tanto que la tramitación de un conflicto psíquico vía la formación de síntoma responde a mecanismos automáticos los cuales no se encuentran en condiciones de responder adecuadamente a las exigencias de la vida, habiendo desistido así a las más elevadas y mejores fuerzas con las que cuenta el ser humano. Señala finalmente que "de existir una opción, debería preferir sucumbir en honrosa lucha con el destino"[2] .

Como podemos ver, Freud considera que la respuesta del camello no era la más adecuada, sino que el jinete hubiese optado por morir en batalla contra el león. Perspectiva que ubica al suicidio como una respuesta automática y animal, peldaños por debajo de la supuesta honrosa muerte que

1. Freud, S. (1917). "Conferencias de introducción al psicoanálisis. El estado neurótico común". En *Obras completas*, t. XVI. Buenos Aires, Argentina: Amorrortu, 2003, p. 350.
2. *Ídem*.

debería tener el ser humano frente a su destino mortal. En Lacan, como pudimos advertir a lo largo de nuestra investigación, la dimensión de acto no sólo responde a coordenadas del sujeto como efecto del significante, de modo tal que hablar de acto humano termina siendo redundante; sino que, además, nada tiene de automático, evidenciando lo contingente y lo posible de ser elegido allí donde no parece haber elección.

Es notable que nadie es profeta en su propia vida. Freud luchará contra el cáncer de mandíbula, pero también, en previo acuerdo con su médico, Max Schur, preferirá el suicidio asistido, máxima formación de compromiso entre su teoría concerniente al suicidio como asesinato, y dejándole a otro agenciar el acto, faltando así a lo que consideró –en diálogo con otro judío, Albert Einstein[3]– como el primer deber del ser humano, a saber, soportar la vida.

Según Soler, la perspectiva de Freud sobre el suicidio tiene que ver con su condición de judío, argumentando que un pueblo que tuvo que resistir al exterminio nazi no contempla al suicidio como una opción[4]. Si bien estamos de acuerdo con esta hipótesis, la consideramos incompleta[5], ya que no contempla a Freud en su división. En su decisión final, el creador del psicoanálisis no sólo expresaba su lucha contra su enfermedad, sino que también expresaba la resignación frente a lo que consideraba como uno de los objetivos de la terapia psicoanalítica: devolverle al sujeto la posibilidad de gozar de la vida. Así, por el rodeo del Otro encarnado en su médico, deja de vivir una vida que le impide gozar, de "vivir bien", como lo señalaban los estoicos.

Es interesante que aunque Lacan tenía respeto al suicidio, no fue una de sus opciones, por más que sufrió de una enfermedad neurológica degenerativa que lo afectó significativamente en su calidad de vida y murió a causa de un cáncer de colon del cual, de haberse operado recién fue diagnosticado, no hubiese llegado a ser mortal...salvo que Lacan "había manifestado siempre una fobia respecto de la cirugía y las enfermedades físicas en general, y no soportaba ningún atentado contra su integridad corporal"[6]. La bolsa o la vida.

---

3. Freud, S. (1933). "¿Por qué la guerra?". En *Obras completas*, t. XXII. Buenos Aires, Argentina: Amorrortu, 2003.
4. Soler, C. (2011). Los trastornos del ánimo, ¿tienen un sentido? *Revista de psicoanálisis Aún*, (5).
5. Esta hipótesis, si bien insuficiente, está sustentada sociológicamente en que, según resultados estadísticos de acuerdo a religiones, los judíos se suicidan menos que los católicos y protestantes.
6. Roudinesco, E. (2000). *Lacan. Esbozo de una vida, historia de un sistema de pensamiento.* Santa Fe de Bogotá, Colombia: Fondo de Cultura Económica, p. 584.

Tanto en un caso como en el otro, ninguno de los dos psicoanalistas hizo ejemplo de su muerte, como lo hiciera Sócrates.

Las ideas tampoco nacen de un repollo, de modo tal que las vicisitudes en la vida de Freud y Lacan –así como de cualquier autor– marcaron sus obras, lo que también hace a sus desarrollos sobre el suicidio. Pero así también, situaciones similares en la vida, dieron lugar a posiciones distintas al respecto.

Ética: asunto de discurso

Los cuatro discursos planteados por Lacan están organizados de tal forma que son diversos modos de lazo social, en tanto que ponen en relación los elementos que implican –significante amo, saber, sujeto barrado y objeto plus-de-goce–, además de poder ubicar la impotencia e imposibilidad, gracias a lo cual son modos de regulación de goce. Que Lacan catalogue como "falso discurso" al discurso capitalista responde a la forclusión de la barrera de lo imposible que allí ocurre. En cada uno de los discursos, en el lugar del agente –que, como vimos, luego Lacan llamará *semblante*– estarán los elementos previamente nombrados.

Como consecuencia de ello, seguimos a Lacan en su afirmación de que "la ética es relativa al discurso"[7]. En efecto: a cada discurso le concierne una ética y no por ser mejor o peor que otro, sino por la relación distinta de los elementos en el mismo. Es así que mientras el discurso del amo tiene como propósito que "las cosas marchen" sin pregunta alguna, el discurso psicoanalítico es su anverso al ocuparse de interrogar el tropiezo, de lo que hace cruz a la marcha, cruz que no es leída como obstáculo sino como una equis en un mapa del tesoro al que, paradójicamente, *no cesamos* de dirigirnos, lo que vuelve siempre al mismo lugar; razón por la cual hablamos de una clínica orientada por lo real. Mientras que el discurso jurídico se ocupa de la víctima y el victimario, culpable *o* inocente, juzgado por sus acciones *o* inimputable; el discurso analítico se ocupa del sujeto dividido, víctima *y* victimario, culpable *e* inocente…según su deseo.

Vimos cómo el suicidio fue leído a lo largo de la historia de diversas formas. Pues bien, cada una de las lecturas que un profesional puede realizar sobre el suicidio responde al discurso desde el cual realice dicha lectura. Recordemos que un discurso no depende de las paredes en las que se esté, de modo tal que el discurso universitario no se restringe a la

7. Lacan, J. (1974). "Televisión". En *Otros escritos*. Buenos Aires, Argentina: Paidós, 2012, p. 567.

Universidad, ni necesariamente el discurso analítico tiene lugar exclusivo en las paredes del consultorio del analista. También se puede pasar de un discurso a otro sin advertirlo siquiera. A propósito del suicidio, generalmente solemos asistir al paso del discurso analítico al discurso del amo, en donde se sabe qué es lo benéfico o maléfico para el paciente, guiados así por nuestras buenas intenciones que no hacen más que encubrir un uso del poder que no responde a los principios de la dirección de la cura: "Henos aquí pues en el principio maligno de ese poder siempre abierto a una dirección ciega. Es el poder de hacer el bien, ningún poder tiene otro fin, y por eso el poder no tiene fin"[8]. De allí que la ética del psicoanálisis concierne a una ética del Bien-decir, no prescriptiva, no diciendo "dónde está el Bien"[9], sino que sea una ética de lo singular.

En razón de esto, cuando hablamos de "dirección de la cura", no nos referimos –como lo advierte Lacan– a dirigir al paciente hacia los ideales, pero tampoco se refiere –confusión bastante común y que divide aguas entre discurso del amo y discurso del analista– a supuestos objetivos, como en las psicoterapias. Hablar de dirección de la cura es hablar en términos de asociación "libre", la única dirección posible es aquella que las asociaciones van marcando. Ya en Freud encontramos explícitamente este punto:

> Sin duda, el médico analista es capaz de mucho, pero no puede determinar con exactitud lo que ha de conseguir. Él introduce un proceso, a saber, la resolución de las represiones existentes; puede supervisarlo, promoverlo, quitarle obstáculos del camino, y también por cierto viciarlo en buena medida. Pero, en líneas generales, este proceso, una vez iniciado, sigue su propio camino y no admite que se le prescriba ni su dirección ni la secuencia de los puntos que acometerá.[10]

Es así como, por ejemplo, el médico puede considerar que el suicidio es resultado de una enfermedad mental, alteración química y que el individuo actúa en consecuencia de ello; o, jurídicamente, se lo considere como imputable o inimputable, responsable o irresponsable de su accionar. Por el contrario, vimos que Lacan ubica al acto como discontinuo, no pudiendo ser atribuido a otro acto, además que desligándolo de toda idea psicopatológica, y considerando al sujeto como siempre responsable:

---

8. Lacan, J. (1961). "La dirección de la cura y los principios de su poder". En *Escritos*, t. II. Buenos Aires, Argentina: Siglo veintiuno, 2010, p. 609.
9. *Ibíd.*, p. 549.
10. Freud, S. (1913). "Sobre la iniciación del tratamiento". En *Obras completas*, t. XII. Buenos Aires, Argentina: Amorrortu, 2010, pp. 131-132.

> La clínica del suicidio es en efecto para el psicoanálisis la de un humano responsable. Se opone de ese modo a la idea que anima la perspectiva de los cuidados, de que el suicidio sea el resultado de un encadenamiento fatal, un 'trastorno' de la personalidad hereditario o ambiental, o incluso una 'enfermedad' cuyo origen sería biológico o neuronal.[11]

Si la ciencia médica se ocupa del cuerpo, la salud y la vida, el psicoanálisis se ocupa del sujeto, el deseo y del goce. Una muestra de cómo las vías de ambas no necesariamente convergen lo vemos en el relato "Yo fumaba muy bien": "Dejé de fumar debido a las migrañas, pero quizás no fue el motivo principal. Lo que pasa es que soy cobarde y ambicioso. Soy tan cobarde que quiero vivir más. Qué cosa más absurda, realmente: querer vivir más. Como si fuera, por ejemplo, feliz"[12].

La exhortación a no comprender no deja de ser vigente en el caso del suicidio, sino una posición radical, ya sea como amenaza o como efectuado. ¿Por qué tendríamos que suponer que aquí no se trata de significante, es decir, que puede ser leído de Otra forma? Cuestión que nos puede abrir a preguntas tales como: ¿De qué es intento un intento de suicidio? ¿Tienen los mismos estatutos diversos intentos de suicidio en un mismo caso? ¿Qué fantasías sostienen las ideaciones suicidas? Antes de que la angustia del analista –una de las mayores resistencia en el análisis, fruto de la pasión por comprender– lo precipite a un pasaje al acto, al pasar de la escena de la equivocidad al de lo inequívoco, vendría bien recordarle la afirmación hecha por Camus: "Todos los hombres sanos han pensado en su propio suicidio"[13].

Es acá donde la posición del analista está más fuertemente exigida como destituida, manteniendo la atención parejamente flotante, sin prestar "especial atención" a ningún material asociativo. De hacerlo, enmarcará en su fantasma ese significante deviniendo signo, punto en el que cierra la posibilidad por parte del analizante de advertir el saber no sabido.

Cierta indicación dada por Lacan en su texto "Variantes de la cura-tipo" nos parece sumamente pertinente al respecto: "La actitud del analista no podría sin embargo dejarse a la indeterminación de una libertad de indiferencia. Pero la consigna de uso de una neutralidad benevolente no le aporta una indicación suficiente. Pues si subordina la benevolen-

11. Guéguen, (2010). "Principios del poder del psicoanálisis frente al suicidio". En *Suicidios, medicamentos y orden público*. Madrid, España: Gredos, p. 204.
12. Zambra, A. (2013). "Yo fumaba muy bien". En *Mis documentos*. Barcelona, España: Anagrama, p. 132.
13. Camus, A. (1942). *El mito de Sísifo*. Buenos Aires, Argentina: Losada, 2010, p. 18.

cia del analista al bien del sujeto, no por ello le devuelve la disposición de su saber"[14].

Advirtamos así que no alcanza con considerar riesgoso que alguien diga "me quiero matar" –expresión cotidiana en Argentina–, como tampoco no suponer algunos silencios como peligrosos. Esta falta de garantías en la lectura del analista es la que implica el acto analítico, de allí que Lacan ubique al deseo del analista como lo que cause su acción por fuera de cualquier ideología e identificación que el discurso amo pueda ofrecer. Mejor entonces que el analista esté advertido sobre los prejuicios que sostienen sus "buenas intenciones"; puntos ciegos, no solamente de su posición de sujeto sino de su formación teórica:

> Tanto la medicina como la psicología, y también el psicoanálisis, intentan desarrollarse como prácticas científicas, pero esta aspiración a la cientificidad ha ocultado la dimensión moral no sólo en la práctica sino en los conceptos mismos, de modo que, cuando se cree que se está dando una definición científica de salud y de enfermedad, de normal y patológico, en realidad se está dando una definición moral que corresponde a algún sistema ético no explicitado, que permanece oculto. Las referencias éticas en ese caso quedan inadvertidas.[15]

El deber de clinicar

Es precisamente por esta relación entre teoría y práctica que podemos plantear un deber de clinicar. Relación inexorablemente articulada por la ética psicoanalítica al ser definida como "la praxis de su teoría", la cual es requerida en tanto que, sin ella, "el orden de afinidades que trazan las ciencias que llamamos conjeturales, quedará a merced de esa deriva política que se empina en la ilusión de un condicionamiento universal"[16].

Este deber de clinicar concerniente al suicidio se hace necesario en los diversos estatutos trabajados en este libro y los que aún están por ser trabajados, en los suicidios premeditados o precipitados, así como también en los inadvertidos suicidios indirectos, tal como lo vimos en el

14. Lacan, J. (1955). "Variantes de la cura-tipo". En *Escritos*, t. I. Buenos Aires, Argentina: Siglo veintiuno, 2010, p. 334-335.
15. Mazzuca, R. (2013). "Ética, psicopatología y psicoanálisis". En *Psicopatología: clínica y ética: de la psiquiatría al psicoanálisis*. Buenos Aires, Argentina: Grama, p. 76.
16. Lacan, J. (1964). "Acto de fundación". En *Otros escritos*. Buenos Aires, Argentina: Paidós, 2012, p. 250.

capítulo sobre *La subversión freudiana del suicidio*; naufragio de todo ideal de prevención.

Como lo hemos venido señalando, la lectura del acto implica que el analista no se sume al silencio del suicida, no para obturar con respuestas generalizadas, sino para demarcar la lógica que implica dicho fenómeno en el caso por caso, por más que en el corazón de nuestra práctica palpite lo real, y que en el suicidio se haga especialmente patente su valor de enigma. Hemos de "fracasar mejor", tomando las palabras de Samuel Beckett: "El psicoanalista es conminado a dar razón de su práctica. Y si es cierto que hay en la experiencia analítica, por una parte, lo indecible o, incluso, lo imposible de decir, ello no habilita de ningún modo al analista a hacer de su práctica algo inefable o a suponerla intransmisible"[17].

Lo imposible de decir… ¿por quién? Poner al analista en el banquillo implica, precisamente, que se sobreponga al horror de su acto y, en el tema que nos concierne, como lo señalamos al inicio de este libro, que no quede fascinado con la "belleza horrenda" con la que se ha juzgado al suicidio.

En "Subversión del sujeto y dialéctica del deseo en el inconsciente freudiano", Lacan señala que:

> Lo que nos califica para proceder en este camino [el de su enseñanza] es evidentemente nuestra experiencia de esa praxis [la analítica]. Lo que nos ha decidido a esto, aquellos que nos siguen darán fe de ello, es una carencia de la teoría sumada a un número de abusos en su transmisión, que, por no carecer de peligro para la praxis misma, resultan tanto la una como los otros en una ausencia total de estatuto científico.[18]

Al respecto, la lectura de Frydman es precisa al señalar el anudamiento entre la teoría, la transmisión, la formación y la praxis; y –por tanto– en la articulación epistémica, política y clínica con las consecuencias entre sí: por carencias teóricas, se efectúan abusos en la transmisión, trayendo como consecuencia riesgos en la práctica.[19] Acorde con esto, consideramos que un patente riesgo de la práctica está en considerar que en ella encontramos "hechos", los cuales, posteriormente, teorizamos. Grosera

17. Schejtman, F. (2013). "Una introducción a los tres registros". En *Psicopatología: clínica y ética: de la psiquiatría al psicoanálisis*. Buenos Aires, Argentina: Grama, p. 387.
18. Lacan, J. (1960). "Subversión del sujeto y dialéctica del deseo en el inconsciente freudiano". En *Escritos*, t. II. Buenos Aires, Argentina: Siglo veintiuno, 2010, p. 756.
19. Frydman, A. (2012). *La subversión de Lacan: una introducción a la noción de sujeto*. Buenos Aires, Argentina: Continente.

diferencia en tanto que "los llamados 'hechos' están organizados a partir de la doctrina [...] es creado por la doctrina, tal como la ciencia es creada por el postulado"[20].

Una práctica no se efectúa sin teoría, por más que se desconozca cuál, se formule o no, así como podemos usar terminología psicoanalítica para dar una hipótesis de lectura que nada tiene de analítica: "Se trata ciertamente de un rigor en cierto modo ético, fuera del cual toda cura, incluso atiborrada de conocimiento psicoanalítico, no sería sino psicoterapia"[21]. De ahí nuestro énfasis en los diversos estatutos que el suicidio puede tener y cómo es la ética la que permite delimitar el campo analítico.

Si bien el acto es la lectura del acto, y por ende, como en la práctica lo sabemos, es sólo *a posteriori* que podemos leer algo como acto, pasaje al acto, síntoma, etc.; ¿Cómo hablar de una anticipación, una práctica de la prevención, sin ponernos en el lugar de un Otro omnisapiente de la garantía, excluyendo la dimensión necesariamente azarosa del análisis?: "La clínica psicoanalítica debe consistir no sólo en interrogar al análisis, sino en interrogar a los analistas, de modo que éstos hagan saber lo que su práctica tiene de azarosa, y que justifique a Freud el haber existido"[22].

Lacan ya hablará del drama del psicoanálisis en lo que nosotros podemos ubicar como el acto del cual el analista es soporte: "Pero el drama del psicoanálisis es el de ser una acción humana tan fundadora, tan integrada a la acción misma de la palabra, que entraña una responsabilidad suprema, total, casi intolerable para quienes son sus soportes"[23]; intolerable con el que el psicoanalista francés insistirá casi treinta años más tarde al definir la clínica psicoanalítica como lo real en cuanto imposible de soportar. Precisamente el deber de clinicar, de pensar los efectos de la práctica, es el momento segundo que justifica que el analista sea –según el seminario *R.S.I*– al menos dos.

La ética del psicoanálisis: más allá del Bien

A lo largo de los capítulos recorridos, advertimos cómo el acto nada tiene que ver con lo benéfico o maléfico, no encaja en un Bien para todos,

20. Lacan, J. (1975). *De la psicosis paranoica en sus relaciones con la personalidad*. Iztapalapa, México: Siglo veintiuno, 2000, p. 279.
21. Lacan, J. (1955). *Op. cit.*, p. 312.
22. Lacan, J. (1977). "Apertura de la sección clínica". *Ornicar?*, (3), 1981, p. 45.
23. Lacan, J. (1954). "Del símbolo y de su función religiosa". En *El mito individual del neurótico*. Buenos Aires, Argentina: Paidós, 2009, pp. 63-64.

encontrando en el suicidio como acto una expresión clara al respecto. En razón de esto, las elaboraciones realizadas por Lacan a la altura del seminario *La ética del psicoanálisis* nos parecen acordes al respecto, especialmente, la pertinencia del uso de la tragedia *Antígona* de Sófocles, "buscando en él algo diferente de una lección de moral"[24].

Tengamos presente que a lo largo de todo el seminario, Lacan contrapone la ética del psicoanálisis a la ética aristotélica. Nos dice el analista francés que para pensar la ética del psicoanálisis se sirvió de la ética aristotélica planteada en *Ética a Nicómaco* y *Ética Eudeba*, en donde podemos ubicar una ética de la mesura, del hombre del camino medio, que le permitiría al hombre elegir de forma racional acciones que tiendan al Sumo Bien. Se sirvió de estas pero para plantear que la ética psicoanalítica está en la orilla opuesta, en cuanto toda referencia a un Bien es cuestionada, además de advertir los estragos que tiene pensar una cura en favor de los ideales del Bien y la felicidad.

Lejos de pretender sumar a Antígona a los ejemplos que Lacan da a lo largo de su obra sobre el suicidio como acto, en tanto que es explícito al decir que no se trata de un suicidio sino de un sacrificio[25], nos interesa servirnos del análisis que realiza de la obra para dar cuenta de la relación entre el acto y el deseo, contraria a la idea del acto como búsqueda de un Bien.

Recordemos brevemente en qué consiste dicha tragedia. Los hijos de Edipo –Polinices y Eteocles–, habían decidido turnarse el trono de Tebas. Sin embargo, Eteocles se reusó a ceder el trono desatándose una lucha entre los hermanos, uno como traidor a la patria y otro defendiéndola, muriendo ambos en combate. Frente a estos hechos, Creonte –el nuevo

---

24. Lacan, J. (1959-1960). *El seminario. Libro 7: La ética del psicoanálisis*. Buenos Aires, Argentina: Paidós, 2009, p. 300.
25. Sin duda esta distinción de Lacan entre sacrificio y suicidio acarrea una investigación completa al respecto: "Antígona colgada en su tumba evoca algo muy diferente del acto del suicidio, pues hay toda suerte de mitos de heroínas, de jovencitas ahorcadas, como por ejemplo el de Erígone, ligado al advenimiento del culto de Dioniso. Su padre, a quien Dioniso le donó el vino, por desconocer bien su uso abusó de él, murió y su hija se fue a ahorcar sobre su tumba. Este es un mito explicativo de todo un rito en el que vemos imágenes más o menos simplificadas, simbolizadas, de jovencitas suspendidas de los árboles. En suma, hay allí todo un trasfondo ritual y mítico que puede retornar para volver a situar en su armonía religiosa lo que aquí es promovido sobre la escena" (*Ibíd.*, pp. 341-342). En la próxima clase, Lacan ya no será tan taxativo en esta distinción, pero abre un estatuto distinto que llama "suicidio místico": "El fin de Antígona nos presenta la sustitución de no sé qué imagen sangrienta de sacrificio que realiza el suicidio místico" (*Ibíd.*, p. 356).

rey– prohíbe bajo pena de muerte que Polinices reciba sepultura por haber actuado en contra de la patria, a diferencia de Eteocles quien debía ser sepultado con honores. Antígona –hija de Edipo y hermana de ambos caídos en guerra– decide no cumplir con la orden de Creonte apuntalada en las leyes divinas, las leyes no escritas, como es la de dar sepultura, a pesar de los intentos de Ismene –su hermana– por persuadirla al respecto, siendo descubierta y capturada en el intento de llevar adelante la sepultura. Es presentada frente a Creonte y, mostrándose inflexible frente a éste, encerrada viva en una tumba. Creonte es persuadido por Tiresias a sacar de la tumba a Antígona, quien le señala que sus decisiones han penetrado en un campo que la ley de los hombres no debe atravesar. Sin embargo, al llegar a la tumba, Antígona se ha ahorcado, trayendo como consecuencia que Hemón –hijo de Creonte y prometido de Antígona– y Eurídice –esposa de Creonte– se suiciden.

En la tragedia en cuestión, podemos ubicar tres posiciones éticas distintas dadas por Antígona, Ismene y Creonte. Mientras que la primera apunta a un más allá del principio del placer –como el deseo–, Ismene presentifica el principio del placer, el resguardo de la vida como Sumo Bien y el acatamiento de normas. Por su parte, Creonte, como gobernante de la ciudad, ejemplifica el Bien para todos. Hemos de destacar que, lejos de considerar contrarias las posiciones de Antígona y Creonte, consideramos que las oposiciones están dadas por Antígona e Ismene. Esta última encarna la cobardía moral con su concomitante culpa, cuando intenta que a ella también se la responsabilice de no haber acatado la ley de Creonte. En esto, tanto Antígona como Creonte son taxativos al reusar su acusación, ya que su culpa recae en su resguardo dentro de las normas y la preservación de la vida. Lo que da especial cuenta Antígona es lo señalado por Lacan con la apuesta de Pascal: pone en juego la vida, única forma de que tenga un sentido.

Este punto nos relanza a lo que señalamos previamente concerniente a que no se trata de que la ética del psicoanálisis suplante a otras éticas o que sea extensible a otros discursos; que la posición de Antígona suplante a la de Creonte o viceversa. Sin embargo, podemos decir que el discurso analítico, vía la tragedia, puede advertir los efectos fatales de un totalitarismo del Bien: "El bien no podría reinar sobre todo sin que apareciese un exceso real sobre cuyas consecuencias fatales nos advierte la tragedia"[26]. El psicoanálisis no apunta a un "para todos", de allí que el deseo del psicoanálisis sea el deseo de la diferencia absoluta entre el Ideal y el objeto *a*.

---

26. *Ibíd.*, p. 310.

Tengamos presente que varios analistas han considerado que las elaboraciones de este seminario son extremas, suicidas[27], y aún Lacan manifestó que sería el único seminario que reescribiría en tanto respondía a un tiempo de sus elaboraciones que había dejado de ser actual.[28] Se han horrorizado con el deseo puro de Antígona[29], y han estimado más pertinente la articulación presentada en el seminario *Los cuatro conceptos fundamentales del psicoanálisis* en torno a considerar que "el deseo del análisis no es un deseo puro. Es el deseo de obtener la diferencia *absoluta*". Expresión que parece no horrorizarlos, quizás por estar embelesados con el surgimiento de "la significación de un amor *sin límites*"[30]...

Sin embargo, si tenemos en cuenta lo desarrollado en torno a la operación de separación y la referencia allí a la pulsión de muerte –en su especificidad lacaniana, como lo trabajamos en el capítulo que consagramos al respecto– vemos cómo dicha pulsión, apuntando al significante de la falta en el Otro, afirma el deseo por fuera de la vida como sentido, más allá del principio del placer y de la vida como Sumo Bien. Antígona en su acto, que podemos ubicar en el dar sepultura a su hermano, señala la diferencia absoluta del sujeto del significante de los demás seres vivos, digno de sepultura por poseer un nombre; contrario a Creonte que pretende dicha diferencia en el orden de las cualidades y de los ideales, entre el traidor a la patria y el héroe de guerra; diferencia entre la muerte y la segunda muerte, diferencia que sólo es posible por la virtud del significante:

> Antígona representa por su posición ese límite radical que, más allá de todos los contenidos, de todo lo bueno o lo malo que haya podido hacer Polinice, de todo lo que puede ser infligido, mantiene el valor único de su ser. Ese valor es esencialmente de lenguaje [...] Esa pureza, esa separación del ser de todas las características del drama histórico que atravesó, éste es justamente el límite, el *ex nihilo* alrededor del cual se sostiene Antígona. No es otra cosa

---

27. ¿Acaso a alguien se le ocurrió que por hacer Freud uso de la tragedia de Edipo los análisis terminarían con la sustracción de los ojos? Esta censura que recae sobre Antígona sin duda responde más a resistencias inconscientes que a un pensamiento concreto.
28. Esta excepción parece no haber llamado la atención de nadie en sus consecuencias denegatorias, es decir, de leerse analíticamente.
29. Basta con hacer la más mínima búsqueda en internet o librería con material psicoanalítico para advertir los títulos de libros y artículos que se esfuerzan en sostener que "el deseo del analista no es un deseo puro".
30. Lacan, J. (1964). *El seminario. Libro 11: Los cuatro conceptos fundamentales del psicoanálisis*. Buenos Aires, Argentina: Paidós, 2001, p. 284.

más que el corte que instaura en la vida del hombre la presencia misma del lenguaje.[31]

Pero si bien la ética del psicoanálisis tiene en su horizonte a Antígona, es un horizonte con el que debemos encontrarnos en nuestra acción como analistas cotidianamente. Si parece radical, basta con leer lo que Lacan señala como la mayor responsabilidad: "Ser psicoanalista es estar en una posición responsable, la más responsable de todas, en tanto él es aquel, a quien es confiada la operación, de una conversión ética radical, aquella que introduce al sujeto en el orden del deseo"[32].

Que el acto esté desprendido de toda idea de beneficio o perjuicio nos debe recordar lo dicho por Freud[33] en "Análisis terminable e interminable", en donde señala que el analista acompaña al paciente en la revisión de las represiones que realizó, posibilitándole así nuevas lecturas. ¿Cuál elegir? No es el analista el que debe tomar esa decisión, pero sí debe –y en eso es radical– dirigir la cura hasta ese umbral de elección.

Es así que consideramos que la pregunta "¿Ha usted actuado en conformidad con el deseo que lo habita?"[34] es una pregunta que debe interpelar especialmente al analista, en tanto es él quien ha de estar advertido, por su propio análisis, de qué deseo lo entusiasma a ocupar el lugar de analista. Hablar de ética en psicoanálisis implica, necesariamente, hablar del deseo del analista. Lejos de intentar responderla –y advirtiendo que su valor consiste, precisamente, en su estatuto de interrogación– abramos a otras preguntas *acordes* para ponerlo en el banquillo: "¿Cuál puede ser entonces el deseo del analista? ¿Cuál puede ser la cura a la que se consagra? ¿Va a caer en el sermoneo que hace el descrédito del sacerdote cuyos buenos sentimientos han sustituido a su fe, y a asumir como él una 'dirección' abusiva?"[35].

31. Lacan, J. (1959-1960). *Op. cit.*, p. 335.
32. Lacan, J. (1964-1965). *El seminario. Libro 12: Problemas cruciales del psicoanálisis*. Buenos Aires, Argentina: Escuela Freudiana de Buenos Aires, Inédito. Clase del 5 de mayo de 1965.
33. Sin duda hallamos en Freud una posición al respecto que podemos llamar, por lo menos, dividida, ya que, si bien encontramos el principio soberano de abstinencia, también leemos menciones como la de "Puntualizaciones sobre el amor de transferencia", en donde evoca a Hipócrates y el "bien" para el paciente (p. 174), o la referencia en "Recordar, repetir y reelaborar" cuando comenta sobre el "mejor modo de salvar al enfermo" (p. 155).
34. Lacan, J. (1959-1960). *Op. cit.*, p. 373.
35. Lacan, J. (1966). "Posición del inconsciente". En *Escritos*, t. II. Buenos Aires, Argentina: Siglo veintiuno, 2010, p. 811.

Una objeción al suicidio

Como vimos en el capítulo anterior, Lacan señaló deberle a los estoicos el respeto al suicidio en tanto acto. Sin embargo, este respeto no lo excluye de objetarlo. Es en este punto que nos detendremos ahora.

Si nos remitimos a las acepciones que encontramos en la Real Academia Española sobre "objeción", encontramos: "Razón que se propone o dificultad que se presenta en contra de una opinión o designio, o para impugnar una proposición". A propósito de "objeción de consciencia", leemos: "Especialmente en el servicio militar, negativa a realizar actos o servicios invocando motivos éticos o religiosos".

La referencia jurídica, como se ve, es clara y acorde con la perspectiva de Lacan de que el análisis es un juicio.[36] En esta dirección, advirtamos lo siguiente a propósito de los fundamentos jurídicos de las objeciones:

> Son una manifestación del derecho de contradicción, dirigidas a evitar el ingreso al debate oral de pruebas ilegales, inconducentes, superfluas y repetitivas, a enfrentar la prueba buscando minimizar su efecto demostrativo y a evitar comportamientos indebidos en el debate oral que puedan afectar los principios de buena fe, lealtad, eficiencia y eficacia y presunción de inocencia.[37]

Sin embargo, en un análisis son bienvenidas –gracias a la asociación libre– las contradicciones al ubicar al sujeto en su división, así como la repetición que, en transferencia, permite ser leída para poder ser recordada; además de asociaciones que, en su aparente superficialidad, dan cuenta del mecanismo de desplazamiento operando. En última instancia, es un juicio que no responde a pruebas por fuera de la realidad psíquica.

Como se hace evidente, y especificando en el campo del análisis, una objeción no es una prohibición, lo que haría caer al psicoanálisis en una "reeducación emocional del paciente"[38] al dirigirlo y no a la cura. Además, recordemos la indicación de Lacan sobre lo inútil de que el analista intente prohibir algo en el análisis, haciendo referencia al *acting-out*[39], lo que sería apostar a la voluntad cuando ya ha dado muestras de su fracaso.

---

36. Lacan, J. (1959-1960). *Op. cit.*
37. González, P. (2017). *Manual de derecho procesal penal. Principios, derechos y reglas*. México D.F, México: Fondo de Cultura Económica, p. 232.
38. Lacan, J. (1961). "La dirección de la cura y los principios de su poder". En *Escritos*, t. II. Buenos Aires, Argentina: Siglo veintiuno, 2010, p. 559.
39. Lacan, J. (1962-1963). *El seminario. Libro 10: La angustia*. Buenos Aires, Argentina: Paidós, 2006.

Esto igualmente nos puede recordar al texto freudiano “Recordar, repetir y reelaborar”, en donde se considera que “El mejor modo de *salvar* al enfermo de los prejuicios que le causaría la ejecución de sus impulsos es comprometerlo a no adoptar durante la cura ninguna decisión de importancia vital (p. ej., abrazar una profesión o escoger un objeto definitivo de amor); que espere, para cualquiera de tales propósitos, el momento de la curación”[40].

Sin embargo, Freud estaba lejos de ser ingenuo al respecto. Renglón seguido, hace mención a lo que llama “la libertad personal del analizado”, a quien no se le estorba llevar adelante objetivos irrelevantes, a pesar de ser disparatados, además de advertir que sólo el ser humano adviene prudente y escarmienta por su propia experiencia. Igualmente, señala que hay pacientes a quienes no se les logra persuadir de llevar adelante empresas inadecuadas, y que sólo después se tornarán obedientes y accesibles para el análisis. Y, finalmente, los casos en los que no es posible refrenar –transferencia mediante– pulsiones silvestres; o que, vía la repetición, se desgarre el lazo del análisis.

Como lo señala Soler, no debemos confundir los procedimientos con los fines de la práctica analítica, advirtiendo que si bien, en lo que atañe a la regla analítica, se trata de una suspensión del acto –haciendo clara alusión a la cita freudiana recién mencionada–, en cuanto a los fines hay diferencia y hasta oposición entre uno y otro. En razón de esto, “sería necesario que los analistas pongan en suspenso a lo que hay que llamar un prejuicio, y que se pregunten para todo acto que interviene en ruptura con el hilo de la transferencia –porque todo acto es siempre una discontinuidad– si es acto o pasaje al acto”[41].

Nuevamente los estoicos parecen haber vislumbrado con mucha anterioridad la necesidad de esta distinción ya que, como lo vimos en el apartado sobre los estoicos y el respeto al suicidio, consideraban distinto huir de la vida que salir de ella.

Esta objeción no excluye la internación o recurso a otros dispositivos, mucho menos la interconsulta psiquiátrica, sino poner en evidencia que esto no garantiza que el suicidio no llegue a consumarse. Si bien, como señala Ey –teniendo total actualidad y siendo extensible a otros profesionales del campo *psí*– el riesgo suicida constituye “una de las mayores preocupaciones de los psiquiatras y de auxiliares en el ejercicio cotidia-

40. Freud, S. (1914). “Recordar, repetir y reelaborar”. En *Obras completas*, t. XII. Buenos Aires, Argentina: Amorrortu, 2003, p. 155. El subrayado es mío.
41. Soler, C. (2010), “El sujeto del acto”. En *Acto, pasaje al acto y* acting-out *en psicoanálisis*. Santa Fe de Bogotá, Colombia: Gloria Gómez, p. 37.

no de su actividad profesional"[42], es bien conocido que ni las ventanas con barrotes ni las camisas de fuerza –devenidos chalecos farmacológicos– impiden en todos los casos que se efectúen suicidios en centros de internación[43], así como todos los recaudos por parte del analista no lo excluyen, en la mayoría de los casos, de un sentimiento de culpa expresado en la frase "se *me* suicidó un paciente". ¿Habrá confundido el fracaso propio del acto con una falta profesional, lectura imaginaria de lo real en juego? ¿Retorno de frustración allí donde de castración se trata? ¿Lamento desde el discurso del amo?

Como vimos en la referencia a propósito de una objeción al suicidio, Lacan sostiene esta objeción en que "no es necesario que quede como tentativa para que de todos modos sea fracasado, completamente fracasado desde el punto de vista del goce"[44].

Para el psicoanalista francés, quien consideraba que todo análisis era didáctico, resultaba fundamental que se diera testimonio del recorrido del análisis, de allí que, por ejemplo, propusiera el dispositivo del pase, del cual dirá que fue un fracaso, fracaso del cual se pretendía hacer enseñanza y transmisión del psicoanálisis. Se entiende entonces el tono irónico de Lacan cuando se refiere a los monjes budistas y los bidones de nafta al decir que "no vuelven para dar testimonio".

En este mismo sentido, entendemos que tal objeción radica en la imposibilidad resultante de la irreversibilidad que la muerte impone para que el sujeto pueda realizar una lectura del acto –lo que explica por qué Lacan habla de una objeción al suicidio y no, verbigracia, de una objeción al asesinato–, la cual implicaría un saldo de saber. Todo acto, en su *realización*, resultado de la operación de separación, se efectúa en suspensión de la articulación significante. Es así que sólo en un segundo momento podemos ubicar la dimensión de transmisión.

Ahora bien, si hablamos de objeción es porque, tal como vimos previamente, esta se sostiene en la ética del psicoanálisis, distinta a la de otros discursos. ¿Tendrá que el analista justificar su acto en el "amar y trabajar" de Freud, siendo dos modos de hacer existir al Otro[45]? ¿Qué deseo está

---

42. Ey, H. (1948). *Estudios psiquiátricos*. Buenos Aires, Argentina: Polemos, 2008, p. 357.
43. Al respecto, remito al lector a Vargas, D. (2019). "Riesgo suicida e internación hospitalaria". En *Abordajes inclusivos en salud mental. Clínica, comunidad y derechos*. Buenos Aires, Argentina: Asociación Argentina de Salud Mental, pp. 505-507.
44. Lacan, J. (1971). "Saber, ignorancia, verdad y goce". En *Hablo a las paredes*. Buenos Aires, Argentina: Paidós, 2012, p. 38.
45. Miller, J-A. (1998). *Los signos del goce*. Buenos Aires, Argentina: Paidós.

dispuesto a alojar? ¿El deseo del analista, apuntando a la diferencia absoluta, está acaso en contravía al suicidio en tanto acto?

En última instancia, ¿por qué una objeción? No por razones de bienestar ni de buena voluntad, mucho menos de salud, tampoco como fruto de un juramento como el médico, salvo incurriendo en una *hipocrasía*.[46] ¿A qué Otro garante podría el analista consagrar su acto? Una objeción que el psicoanálisis puede hacer al suicidio está basada en que es de lo que falla de lo que se ocupa el psicoanalista:

> Lo que está más allá del principio del placer es todo lo que falla, todo aquello de lo cual se ocupa el analista, es decir, esa repetición de una demanda, que de todos modos está ahí para algo, para algo distinto que desembocar en el anonadamiento. Ahí hay algo que insiste, y lo que insiste, es justamente lo que tiene más sentido, y este sentido es del orden del goce.[47]

Es así que podemos decir que la objeción en cuestión radica en que el suicidio implica un fracaso definitivo de la insistencia del goce que acarrea la repetición, además de ir en contra de la ética del Bien-decir al imposibilitar que el sujeto soporte y lea las consecuencias de su acto; segundo momento en el que sea posible "orientarse en el inconsciente, en la estructura"[48]; para demarcar así lo que fue contingente y electivo.

¿Excluye nuestra época al suicidio como acto?

Empédocles, Gribouille, samuráis, monjes budistas, estoicos y Montherlant... Estos han sido los ejemplos que hemos encontrado en Lacan para hacer referencia al suicidio como acto. Unos, remitidos a tiempos lejanos, casi mitos o, directamente, a la ficción de un cuento infantil. Otros, a culturas totalmente distintas a la Occidental; y un novelista parisino del siglo pasado.

Consideramos importante dejar planteada una pregunta concerniente a nuestra época, en la que la vida se ha vuelto sinónimo de consumo, de superación y de promesa de eternidad por parte del discurso de la

46. Vargas, D. (2009). El suicidio, sus estatutos y ética del psicoanálisis. *Affectio societatis*. 7 (12), p. 107. Neologismo que condensa Hipócrates –haciendo alusión al juramento médico– e hipocresía, y refiere cuando el analista se dice tal pero actúa acorde al precepto médico.
47. Lacan, J. (1972). *Conferencia en Lovaina*. Buenos Aires, Argentina: Escuela freudiana de Buenos Aires. Inédito.
48. Lacan, J. (1974). *Op. cit.*, p. 552.

ciencia, que pretende forcluir la muerte, cuestión rastreable en Ariés.[49] Precisamente, se trata de esa oscura autoridad de la que, en ocasiones, el suicidio es una forma de sustraerse, al no quedar reducido a ser un cuerpo al que se le exige vivir y producir, amar y trabajar. Como lo dirá Lacan haciendo uso de una cita latina del satírico Décimo Junio Juvenal: "*Et non propter vitam vivendi perdere causas* [Y no por amor a la vida perder las causas (o razones) de vivir"[50].

Si bien el psicoanalista francés ubicó que muy raramente el suicido es un acto, en relación al contexto histórico en el que estamos, consideramos que esta investigación es el primer paso para dejar de buscarlo en ejemplos que parecen haber sido presa de la idealización que el tiempo pasado siempre facilita, para así cuestionar y posibilitar leerlos en nuestra práctica y psicopatología de la vida cotidiana.

No diferenciar los estatutos del suicidio es tan impertinente como no diferenciar entre una huelga de hambre y una anorexia. Lacan, con el posible estatuto de acto del suicidio, hizo un intento más –ya que, como bien lo demuestra la historia, no termina siendo suficiente– por despatologizar la clínica analítica, lo que no es sustraer el *pathos*, el sufrimiento, sino ubicar allí la responsabilidad del sujeto, respuesta de sujeto que no es efecto de una patología sino de una posición ética al Otro, al deseo y al goce. Y no solamente esto: fue otro intento de advertir al analista sobre el horror que suele tener de su acto.

Lacan señala que de ninguna manera el discurso psicoanalítico termina dándole un sentido a la vida, si bien le otorga sentido a muchas cosas. Advierte que, mientras para el biólogo y el behaviorista la vida se piensa en términos de supervivencia, en psicoanálisis hablamos de acto: "Para lo que es del ser hablante, hay algo que se llama el acto, y eso constituye ahí, sin la menor duda, el sentido; la característica del acto en tanto que tal, es exponer su vida, arriesgarla; es estrictamente su límite"[51].

El sueño de la ciencia por conseguir la vida eterna, entonces, se torna pesadilla. Rechazar la muerte es también rechazar la posibilidad de arriesgar la vida, única forma de que pueda advenir el deseo como sentido, como vector del acto. Se entiende entonces que Lacan afirme –con clara referencia hegeliana– que "el deseo basta para hacer que la vida no tenga sentido si produce un cobarde"[52].

---

49. Ariés, P. (2011). *El hombre ante la muerte*. Buenos Aires, Argentina: Taurus.
50. Lacan, J. (1962). "Kant con Sade". En *Escritos*, t. II. Buenos Aires, Argentina: Siglo veintiuno, 2010, p. 743.
51. Lacan, J. (1972). *Op. cit.*
52. Lacan, J. (1962). *Op. cit.*, p. 743.

Este sueño de eternidad de la ciencia, entonces, no hace más que abrir la puerta a lo insoportable: "La muerte es del dominio de la fe. Ustedes tienen mucha razón en creer que van a morir, desde luego; eso los sostiene. Si no lo creyeran en eso, ¿podrían soportar la vida que tienen? Si uno no estuviera sólidamente apoyado sobre esta certeza de que eso terminará, ¿acaso podrían ustedes soportar esta historia?"[53].

La actualidad de la pregunta por el suicidio como acto es también la pregunta de si no ha quedado cubierto por la depresión, los accidentes, la locura, los pasajes al acto; especialmente en la época en donde, si hay algo de lo que el capitalismo nada quiera saber, es de un sujeto que diga ¡no! a los objetos que le prometen la felicidad, así como al ideal de salud mental –solidario de dicho discurso– con su concomitante empuje a la productividad. Este discurso no siempre *cautiva* –tanto en sus acepciones de fascinación como de cautiverio– al sujeto, en razón de que el deseo y el goce no responden a ideales: son disruptivos, interrogan, objetan.

Sin embargo, y como lo podemos advertir por el capítulo que dedicamos a la historia del suicidio, no se trata de considerar que el suicidio es consecuencia de la entronización que el capitalismo hace del individualismo, ya que así se olvida que también tiene lugar en culturas primitivas en donde lo social tenía un papel central.[54] Se trata de poder ubicar cómo el sujeto responde al discurso de su época, más que pretender ubicar a un discurso como la fuente de todos los supuestos males.

Este punto resulta consonante con lo dicho por Miller[55] quien señala que el sujeto del pensamiento, al que se le supone que quiere su propio bien –traducido esto en términos de utilidad– puede, en ocasiones, actuar de forma "inadecuada" vía una acción que lo perjudica. Prosigue señalando que, si seguimos la enseñanza de Lacan, las formulaciones en torno al acto cuestionan el postulado del sujeto del pensamiento y de buscar su bien, para proponer la oposición entre el ideal de conducta racional imperante en nuestra actualidad y el acto suicida.

Pensar el suicidio como consecuencia de desesperación, depresión, ansiedad, locura, resulta ser una forma efectiva de no querer saber nada de que un sujeto pueda estar habitado por un deseo de separación radical que encuentre su manifestación irreversible en el suicidio.

Se trata entonces, al modo de Freud en lo que atañe a los suicidios indirectos en "Psicopatología de la vida cotidiana", de poder leer actos allí

---

53. Lacan, J. (1972). *Op. cit.*
54. Bauzá, H. (2018). *Miradas sobre el suicidio*. Buenos Aires, Argentina: Fondo de Cultura Económica.
55. Miller, J-A. (1993). "Jacques Lacan: Observaciones sobre su concepto de pasaje al acto". En *Infortunios del acto analítico*. Buenos Aires, Argentina: Atuel.

donde etiquetas diagnósticas o la idealización de conceptos –cuestión harto evidente a propósito del acto– vienen a obturar cualquier pregunta posible al respecto, pregunta que abre la posibilidad de suponer allí un sujeto.

Para Freud, el suicidio –así como lo femenino– era un enigma: "cómo es posible que llegue a superarse la pulsión de vivir, de intensidad tan extraordinaria" se preguntaba en "Contribuciones para un debate sobre el suicidio", considerando que "acaso la respuesta a esta pregunta psicológica nos resultó inalcanzable porque no disponíamos de un buen acceso a ella"[56].

La respuesta –en mayúscula– como siempre, en el nulo intento de llenar el agujero de lo imposible de saber, recayendo en el por qué, siempre –como lo femenino– imposible de generalizar; como lo señala Leila Guerriero en su crónica *Los suicidas del fin del mundo*, al compilar irónicamente las "razones" de la ola de suicidios ocurrida a fines de los años noventa en Las Heras, provincia de Santa Cruz, Argentina:

> Porque sí, porque no había nada para hacer, porque estaban aburridos, porque no se llevaban bien con sus padres, porque no tenían padres o porque tenían demasiados, porque les pegaban, porque los hacían abortar, porque tomaban tanto alcohol y tantas drogas, porque les habían hecho un daño, porque salían de noche, porque robaban, porque salían con mujeres, porque salían con mujeres de la noche, porque tenían traumas de infancia, traumas de adolescencia, traumas de primera juventud, porque hubieran querido nacer en otro lado, porque no los dejaban ver al padre, porque la madre los había abandonado, porque hubieran preferido que la madre los hubiera abandonado, porque los habían violado, porque eran solteros, porque tenían amores pero desgraciados, porque habían dejado de ir a misa, porque eran católicos, satánicos, evangelistas, aficionados al dibujo, punks, sentimentales, raros, estudiosos, coquetos, vagos, petroleros, porque tenían problemas, porque no los tenían en absoluto.[57]

Es así que finalizamos reformulando la pregunta con la que iniciamos este apartado: ¿seguirán los analistas de nuestra época excluyendo al suicidio como acto?

---

56. Freud, S. (1910). "Contribuciones para un debate sobre el suicidio". En *Obras completas*, t. XI. Buenos Aires, Argentina: Amorrortu, 2003, p. 232.
57. Guerriero, L. (2012). *Los suicidas del fin del mundo*. Buenos Aires, Argentina: Tusquets, p. 207.

Conclusiones

> "Uno siempre responde con su vida entera a las preguntas más importantes. No importa lo que diga, no importa con qué palabras y con qué argumentos trate de defenderse. Al final, al final de todo, uno responde a todas las preguntas con los hechos de su vida: a las preguntas que el mundo le ha hecho una y otra vez. Las preguntas son estas: ¿Quién eres? ¿Qué has querido de verdad? ¿Qué has sabido de verdad? ¿A qué has sido fiel o infiel? ¿Con qué y con quién te has comportado con valentía o con cobardía? Estas son las preguntas. Uno responde como puede, diciendo la verdad o mintiendo: eso no importa. Lo que sí importa es que uno al final responde con su vida entera".
>
> Sándor Márai, *El último encuentro*.

Al llegar al final de nuestro recorrido, extraigamos algunas conclusiones sobre lo trabajado.

Vimos a Freud haciendo uso de la biología –especialmente de la teoría de la evolución planteada por Jean-Baptiste Lamarck– para dar cuenta de la pulsión de muerte y de la repetición, partiendo de la especulación y el recaudo hasta arribar a la certeza gracias al sadismo y al masoquismo.

Ubicamos dos posiciones posibles dentro de los posfreudianos: una que rechaza la idea de la pulsión de muerte –estando entre sus representantes Donald Winnicott–, justificando la importancia de las pulsiones agresivas pero, no por ello, con la posibilidad de hablar de una tendencia autoagresiva; y otra, comandada por Melanie Klein y extendida por Wilfred Bion, quienes hicieron de la pulsión de muerte un concepto crucial dentro de sus postulados teóricos al ubicarlo en el centro de la constitución del aparato psíquico.

Por su parte, Lacan, si bien no rechaza los desarrollos freudianos de la pulsión de muerte –ya que considera que rehusarla es desconocer su doctrina por completo– los reformula al desprenderlos de todo biologismo evolutivo, ubicándolos en el orden del lenguaje. Esta reformulación, como pudimos advertir, atraviesa toda la obra lacaniana, así como muestra momentos de continuidad y oposición con Freud, así como críticas a autores posfreudianos.

En lo que atañe a la historia del suicidio, vimos las dificultades que ya desde el lenguaje nos presenta este vocablo, así como las mutaciones que ha sufrido; partiendo de expresiones carentes de juicio de valor, arribando al sufijo "cidio", lo que dio lugar a su prohibición y sanción por su relación al homicidio.

Desde la Antigüedad, donde el Estado escuchaba las razones de aquel que quería dar punto final a su vida, entre relatos de honor y locura; pasando por la Biblia, en donde no era considerado pecado, hasta la lectura de San Agustín que, bajo la interpretación del décimo mandamiento, lo sanciona como pecado. Vimos a filósofos católicos en oposición a dicha perspectiva agustiniana, como lo fue Donne o Hume, al plantear que aún en el suicidio se expresaba la voluntad divina; hasta perspectivas como la de Spinoza que lo consideraba imposible. Otros, como Kant, por más que no encontraron su justificación desde la religiosidad, se opusieron por atentar contra la subsistencia de la moralidad, pero también encontrando ciertas excepciones al respecto. Produciéndose, finalmente, en la actualidad, un retornar al punto en donde son necesarias razones legítimas para que el Otro social admita dar fin a una vida que clama para que se le asista con tal propósito.

Advertimos diversos tratamientos del cuerpo del suicida, con la prohibición de ser sepultado y siendo merecedor de maltratos; pasando por la remoción de sus propiedades; hasta el cuerpo como sede del cerebro, responsable de ideaciones suicidas, desalojando la responsabilidad subjetiva.

Igualmente, la evidente contribución realizada por autores desde diversos campos del saber –filosofía, medicina, sociología, psicología, literatura– pone de manifiesto que resulta insuficiente la comprensión de este fenómeno desde una sola perspectiva.

A propósito de la subversión que los desarrollos freudianos realizaron sobre la concepción del suicidio, pudimos localizar tres perspectivas. Por un lado, da una respuesta inédita a la problemática que atravesó varios siglos: el sujeto y el objeto del suicidio no es el mismo, se ha tomado al yo como objeto vía identificación, siendo un caso paradigmático el de la melancolía. Por otro lado, como consecuencia de sus desarrollos a propósito del masoquismo, ubica el valor erótico que puede tener el suicidio; y, finalmente, rompe con la idea del suicidio como manifestación de libertad yoica, ubicando allí la sobredeterminación inconsciente, siendo su paradigma los suicidios indirectos.

Sin embargo, dicha subversión también arrastra algunas de las concepciones históricas previas, tal como considerar al suicidio un asesinato, como lo plantea San Agustín. No obstante, las razones que llevan a Freud a considerarlo un asesinato responde a la materialidad significante y al deseo, en cuanto que suicidio o matar*se* involucran, en sí mismo, la muerte de otro; así como los iniciales deseos de muerte dirigidos a otro que, en un segundo momento, retornan sobre el sujeto.

Al trabajar sucintamente los estatutos de *acting-out* y pasaje al acto del suicidio, y sirviéndonos del cuadro de la angustia, pudimos ubicar al primero entre impedimento y turbación, así como al segundo entre emoción y embarazo. Articulados a las nociones de escena y mundo, dentro de las características del *acting-out*, destacamos la mostración al Otro, su intento de rectificación, en tanto verdad pero no sujeto; su diferencia con el síntoma en su articulación a la transferencia, así como subida del semblante a la escena. En esa dirección, el suicidio de Sócrates nos sirvió como referencia para ubicar dichas características al ejemplificar el ideal del filósofo griego; la presencia de la deuda dejada al Otro y su posición provocadora frente al jurado en su juicio. Igualmente, aprovechamos para señalar lo que Lacan llama "deseo de muerte" presente en Sócrates, para distinguirlo de un anhelo de muerte.

En lo referente al pasaje al acto, rastreamos su antecedente en la psiquiatría clásica, así como el *niederkommen* freudiano dio cuenta de su estructura en la reformulación que Lacan realizó al importarlo al campo del psicoanálisis. Respecto a la escena y el mundo, determinamos que se efectúa una identificación al objeto como resto caído de la escena. El suicidio melancólico nos sirvió como paradigma señalando la precipitación que tiene lugar en el típico modo de suicidio de arrojarse por la ventana, atravesamiento salvaje del fantasma en el intento del melancólico por atravesar su imagen en búsqueda de realizar su ser de objeto.

Igualmente, destacamos que por más que están en oposición pasaje al acto y *acting-out*, no por ello queda excluida la posibilidad que se produzca uno luego del otro, tal como algunos casos freudianos así lo corroboran. De igual manera, situamos los malentendidos en torno al suicidio sustituido por el pasaje al acto en el cuadro de la angustia, advirtiendo que allí Lacan habla de fantasma de suicidio y no de suicidio, el cual debe ser pensado a la luz del caso por caso y no por el fenómeno en sí.

Nos fue posible advertir doce características del acto. *Dimensión significante*: por la influencia de Austin en la obra de Lacan, sin equivalencia por ello a la verbalización. Igualmente, destacamos que el significante en el acto está próximo a significarse a sí mismo, imposibilidad que da lugar al cambio de registro de lo simbólico a lo real. *Fundador de sujeto*: en tanto el sujeto es efecto del acto, no agente de éste, lo que no lo hace menos responsable. En el acto, el sujeto está destituido subjetivamente, de allí que, luego del acto, reencontrará su presencia renovada. *Retroactividad*: concomitante a la naturaleza significante del acto, está dada por su lectura, sin forma de pre-decirlo, de allí que todo acto es sin futuro, recuperando su significación sólo *après-coup*. *Novedad*: Gracias a considerar a la palabra como la acción humana por excelencia, pudimos ubicar que, en el principio, fue la acción de la palabra en sus efectos sobre lo real lo que nos permite localizar, precisamente, un inicio. *Irreversibilidad*: en solidaridad con la característica anterior, por la pérdida efectuada que el acto implica, así como los efectos simbólicos desencadenados. Igualmente, destacamos la equivalencia topológica entre acto y corte. *Desconocimiento*: Lacan la plantea en razón de la imposibilidad del sujeto de reconocerse en el acto, debido a la transformación que ha sufrido por éste, de allí que su división advenga como representante. *Separación*: a la luz de una de las dos operaciones de causación del sujeto, situando que nada tiene que ver con un ideal de independencia del Otro, sino del sin-sentido que implica. Por la función del objeto *a*, el sujeto se separa de los efectos de sentido, apuntando al intervalo de la cadena significante, lugar donde se localiza el deseo, realizándose en la pérdida. Precisamos que el "un querer" que implica acarrea un "querer lo que se desea", sostenido en lo impostergable. *Repetición*: aclarando que debe ser entendida en términos de *tyche*, de encuentro fallido con lo real, más que de *automaton*. De esta forma, diferenciamos la idea de repetición, en términos de insistencia de lo mismo, a intromisión de la diferencia en la insistencia significante, sirviéndonos de la figura topológica del ocho interior como efecto de corte en la banda de Moebius. *Fracaso*: en solidaridad con la repetición, se trata de un encuentro fallido con lo real. Aprovechamos para distinguir el acto fallido freudiano de lo fallido del acto lacaniano, señalando que, mientras el primero es solidario de la división del sujeto y el fracaso ubicable desde la intención yoica, el segundo radica en la imposibilidad de que el significante se signifique a sí mismo. *Franqueamiento*: lo precisamos entre transgresión y conquista, implicando franquear un conjunto simbólico que sitúa al acto por fuera de la ley. Luego del acto, dicho conjunto simbólico se reorganiza, y siendo la ley en cuestión impartida por el Otro social o impuesta por el propio sujeto. *Certeza y angustia*: sirviéndonos del cuadro de la angustia y ubicando a la angustia en su uso motorizador del acto, así como a la certeza en solidaridad de la destitución subjetiva y del significante en lo real. Finalmente, propusimos una definición de acto en la que sintetizamos las características previamente señaladas.

Concerniente a las referencias del suicidio como acto en Lacan, ubicamos la mención al suicidio de Empédocles en "Función y campo..."

como antecedente de lo que, posteriormente, Lacan desarrollará en "Posición del inconsciente" en torno a las operaciones de alienación y separación, así como del acto. El "¡No!" a nivel de enunciación funciona como separador en las ligazones del Eros en tanto articulación significante con efecto de sentido.

Destacamos la influencia de Heidegger con el ser-para-la-muerte y su articulación al sujeto en tanto efecto del significante y la pulsión de muerte en términos simbólicos. Será por asumir su ser-para-la-muerte que Empédocles es usado por Lacan para dar cuenta de una diferencia absoluta.

También señalamos la importancia de la influencia en Lacan de la lectura realizada por Kojève de la dinámica del amo y del esclavo hegeliano. El deseo deviene humano en tanto se arriesga la vida, superando la angustia, por el reconocimiento de deseo. En consonancia con esto, situamos al suicidio, no como "perversión del instinto", sino como afirmación de la vida gracias a la pulsión de muerte en su estatuto simbólico, y al sujeto afirmándose como deseante en la negación.

Con "Posición del inconsciente", desarrollamos la dimensión ética en la operación de separación por implicar un querer que es una elección, no un efecto automático de estructura, implicando una identificación con el deseo del Otro, ubicable en el "entusiasmo de la pérdida" presente en Lacan y ausente en Freud.

Situamos en el acto un deseo de separación en contraposición a un supuesto deseo de muerte. Distinguimos el suicidio melancólico del suicidio de Empédocles, en tanto el primero apunta a una separación de la vida impuesta por la forclusión, contrario al segundo afirmado en la elección de la pérdida y posicionado en un discurso.

El protagonista de *L'histoire du vèritable Gribouille* también le sirvió a Lacan para pensar el suicidio como acto gracias a la operación de separación, al dar cuenta de la manera en la que el sujeto se propone como objeto a la pregunta enigmática frente al deseo del Otro.

La referencia al *harakiri* evidenció la diferencia de perspectiva entre Oriente y Occidente en torno a la muerte y al suicidio. A pesar de ser una práctica que debía realizarse en situaciones precisas, en donde debía predominar el honor por sobre la vida, no estaba excluida allí la responsabilidad ni la contingencia. Vimos a Lacan distinguir al acto de un comportamiento, señalando que se realiza en honor de algo. Destacamos la parte de estructura en tanto un real que no se da por descontado en el acto, la libra de carne que se arriesga.

Con los monjes budistas vimos a Lacan siendo explícito en su crítica a la pulsión de muerte y su posición distinta al respecto. Ubicamos la dimensión de fracaso del suicidio con la precisión y recaudo que manifiesta respecto a que no hay un acto sin fracaso, en tanto no hay discurso que no sea del semblante, reencontrando así al acto en un discurso. Distinguimos lo fracasado del goce en el nivel de la tentativa de suicidio, del fracaso que el acto conlleva, ubicando allí el fracaso en el orden del goce y la repetición. Precisamos la mención histórica con la muerte del monje Quang Duc, situando la imposibilidad de dar testimonio. Diferenciamos el suicidio de Sócrates en tanto hace ejemplo de la ley griega, del suicidio del monje budista objetando la ley insensata.

Destacamos algunas omisiones y tergiversaciones realizadas a la famosa referencia hecha por Lacan en "Televisión", las cuales dieron lugar a pensar al suicidio como el único acto sin fracaso, cuestión que nos llevó a proponer una traducción. Esclarecimos la referencia a Claude-Levi Strauss y a Henry de Montherlant concerniente al suicidio de este último, en el que pudimos leer la diferencia absoluta mencionada previamente con Empédocles y Gribouille, precisando que, lejos de una moral kantiana, el hacerse una conducta respondía a la separación de la fraternidad. Opusimos la esperanza al acto, en tanto espera del Otro como respuesta y garantía. Sobre el "prejuicio de no saber nada" dijimos que es solidario de la imposibilidad del sujeto para dar testimonio de las consecuencias del acto, además de ser un acto en el que, luego de efectuarse, no se vuelve a saber nada.

Vimos a Lacan adjudicarle su respeto al suicidio a los estoicos. Recordamos lo desarrollado sobre esta escuela que enfatiza en un morir bien más que en un vivir longevo, además de las ocasiones en las que consideraban debía realizarse suicidio.

Sirviéndonos de la clínica del obsesivo, trabajamos la muerte como acto fallido, en el orden de lo accidental, contraria a las posiciones decididas que vinimos rastreando en las diversas referencias. Constatamos la mención a escuelas filosóficas en las que el suicidio tenía un lugar preponderante.

A propósito de lo que al inicio de nuestra investigación se nos planteó como paradojas, pudimos esclarecer los siguientes puntos. Distinguimos que la dimensión significante no es equivalente al de la palabra. El suicidio como acto, si bien necesitando de la motricidad, no se limita a él, adviniendo a este estatuto por la incidencia significante en el campo de lo real. Igualmente, al dar cuenta que la fundación de sujeto preexiste y subsiste a la muerte biológica, al situar al sujeto en tanto historizado y efecto del significante, nos posibilitó distinguirlo de la muerte del cuerpo viviente.

Aclaramos que la retroactividad, en tanto lectura del acto, no necesariamente recae sobre el sujeto sino también sobre el Otro. Igualmente, la temporalidad lógica la pudimos localizar en el cumplimiento de los tres tiempos demarcados por Lacan en "El acerto de certidumbre anticipada..." en cada una de las referencias dadas por Lacan a propósito del suicidio como acto, en donde el acto no aparece como efecto de división sino queriendo lo que se desea. Tanto la novedad como la irreversibilidad se nos presentaron como solidarias y radicalizadas por el cambio que implica la marca de la muerte en el acto en cuestión.

El desconocimiento lo situamos como una de las características con las que no cuenta el suicidio como acto, por la imposibilidad de división posterior a su realización. La separación, en lo que al suicidio como acto implica, se nos plantea como uno de los paradigmas dados por Lacan por la imposibilidad del retorno a la alienación, a los juegos del sentido. Recordamos que el acto *es* repetición, entendido en términos de *tyche*, subvirtiendo la idea de repetición en tanto igualdad y precisando la dimensión de encuentro fallido con lo real. El fracaso se nos presenta como solidario de lo dicho sobre la repetición, al señalar que, por un lado, cumple con el fracaso del acto pero, al mismo tiempo, implica un fracaso del goce por el cese definitivo de la repetición.

A propósito del franqueamiento, marcamos diversos niveles posibles en las referencias de Lacan, pero precisamos como elemento mínimo y fundamental el franqueamiento que el acto acarrea a las leyes propias del significante por su paso a lo real. En los diversos ejemplos dados por Lacan, pudimos situar cómo el actuar le quita a la angustia su certeza, al evidenciar que en cada una de las referencias se trata de un acto en el que la entereza con el que se realiza está dada por la destitución subjetiva. Finalmente, el ocho interior nos permitió localizar topológicamente al suicidio como acto en un lugar *éxtimo* entre los actos.

En nuestro último capítulo consagrado a las consecuencias éticas, iniciamos realizando la diferencia de Freud y Lacan en lo que atañe al suicidio, advirtiendo cómo, para el primero, el suicidio resultaba ser menos honroso que morir luchando contra los infortunios de la vida, destacando a su vez cómo en su suicidio asistido podemos ubicar una formación de compromiso, dando cuenta de su posición dividida entre resistir a las inclemencias de la vida y optar por la muerte cuando resulta imposible gozar de la vida.

Afirmamos que la ética depende del discurso, denotando entonces que cada uno de ellos, siendo diversos modos de lazo social, no se superponen, ni son superadores uno del otro, mucho menos se restringen a un lugar físico. Como ejemplo, diferenciamos el discurso del amo del discurso analítico en su relación al sujeto y lo real, así como explicitamos el paso del discurso analítico al discurso del amo que suele ocurrir en cuanto al suicidio, lo que nos dio la oportunidad de precisar a qué nos referimos con dirección de la cura.

El deber de clinicar nos resultó consecuente no sólo por la ya conocida referencia de Lacan de que el analista debe ser por lo menos dos, sino por las lecturas posibles que la historia de Gribouille así nos lo evidenció. Denotamos las consecuencias de las articulaciones teóricas para la práctica analítica, por estar ambas supeditadas a la ética. Es así que la exclusión del suicidio como acto imposibilita leerlo en nuestra práctica.

Antígona nos sirvió para plantear cómo la ética del psicoanálisis apunta a más allá del principio del placer, de cualquier Sumo Bien, al trazar tres posiciones éticas posibles en dicha tragedia –deseo decidido en Antígona, cobardía moral en Ismene y una ley sin límite en aras del Bien común en Creonte– así como situamos que los desarrollos de posteriores seminarios al de *La ética del psicoanálisis*, al igual que la reformulación lacaniana de la pulsión de muerte, permiten realizar una lectura distinta del deseo puro al ubicarlo como deseo de diferencia absoluta.

Fundamentamos una objeción al suicidio sirviéndonos de la dimensión jurídica de la objeción al considerar al análisis como un juicio. Distinguimos así que lo que autoriza al analista en dicha objeción es que el suicidio implica una suspensión definitiva de la repetición y del goce, así como ir en contra de la ética del Bien-decir por imposibilitar al sujeto una lectura del acto.

Finalmente, interrogamos si nuestra época excluye al suicidio como acto, advirtiendo que aparece como objetor del sujeto pensante, actuante acorde a un Bien o los ideales de salud mental, además de señalar que se trata de distinguir los estatutos posibles del suicidio de las llamadas psicopatologías y conductas desadaptativas. La reformulación de la pregunta sobre si excluye nuestra época al suicidio como acto nos permitió redireccionar la responsabilidad del asunto al interpelar directamente a los analistas al respecto.

Sin duda que el tema del suicidio en psicoanálisis aún es un campo fructífero de investigación, de allí que, a lo largo de este libro, se hayan marcado diversas líneas posibles de ahondar al respecto: otros estatutos del suicidio de los aquí trabajados, como son los suicidios no-violentos y los místicos; la relación entre sacrificio y suicidio, relación que es entendida erróneamente como natural y que acarrea un avance en la teoría inacabada del superyó en Lacan; las diferencias y similitudes en las éticas propuestas por Freud y Lacan, convergencias y divergencias que tendrán consecuencias en sus conceptualizaciones de la dirección de la cura; pensar la lógica del acto en las diversas posiciones subjetivas del ser, ya que las investigaciones parecen hacerla patrimonio de la neurosis; entre otras investigaciones que el lector podrá extraer.

Espero que este libro haga del horror al suicidio, motivo de entusiasmo. Después de todo, la muerte es un asunto de los vivos, y el deseo –como lo señala Lacan– es el infierno.

Bibliografía

Abínzano, R. y Vargas, D. (2019). De la angustia al dolor: *acting-out*, pasaje al acto y duelo en la clínica de la anorexia y bulimia. *Revista Universitaria de Psicoanálisis*, (19), pp. 71-78.

Abínzano, R. (2018). *Lecturas freudianas de la anorexia mental*. Buenos Aires, Argentina: Escabel.

Abínzano, R.; Moraña, J.; Pozzobon, F.; y Vargas, D. (2018). De una cuestión preliminar a la noción de *acting-out* en las psicosis: el *agieren* freudiano. *Revista Universitaria de Psicoanálisis*, (18), pp. 69-78.

Alberti, S. (2010). "El acto en psicoanálisis". En *Acto, pasaje al acto y acting-out en psicoanálisis*. Bogotá, Colombia: Gloria Gómez, pp. 15-34.

Alighieri, D. (1307). *La divina comedia*. Barcelona, España: Juventud, 2006.

Allouch, J. (2000). Jacques Lacan analizándose. *Acheronta*. Recuperado de http://www.acheronta.org/acheronta12/lacan-es.htm

Allouch, J. (2004). *La sombra de tu perro. Discurso psicoanalítico, discurso lesbiano*. Buenos Aires, Argentina: El cuenco de plata.

Álvarez, A. (1973). *El dios salvaje*. Naucalpan de Juárez, México: Organización editorial Novaro.

Andrés, R. (2015). *Semper dolens. Historia del suicidio en Occidente*. Barcelona, España: Acantilado.

Ariès, P. (2011). *El hombre ante la muerte*. Buenos Aires, Argentina: Taurus.

Aristóteles. (Siglo V a. C.). *Ética Eudemia*. Madrid, España: Alianza, 2002.

Aristóteles. (Siglo V a. C.). *Ética a Nicómaco*. Madrid, España: Centro de estudios políticos y constitucionales, 2009.

Austin, J. (2008). *Cómo hacer cosas con palabras*. Buenos Aires, Argentina: Paidós.

Bauzá, H. (2018). *Miradas sobre el suicidio*. Buenos Aires, Argentina: Fondo de Cultura Económica.

Biggs, M. (2009). "Morir sin matar: las autoinmolaciones, 1963-2002". En Gambetta, D. (comp.), *El sentido de las misiones suicidas*. México D.F: Fondo de Cultura Económica, pp. 240-285.

Bion, W. (1950). *Volviendo a pensar*. Buenos Aires, Argentina: Lumen-Hormé, 2013.

Bion, W. (1963). *Elementos de psicoanálisis*. Buenos Aires, Argentina: Hormé-Paidós, 2000.

Brown, R. (2001). *El arte del suicidio*. Madrid, España: Síntesis.
Cable News Network. (2 de diciembre de 2017). "No resucitar": el tatuaje de un hombre que dejó confundidos a los médicos que lo atendieron. *CNN*. Recuperado de http://cnnespanol.cnn.com/2017/12/02/no-resucitar-el-tatuaje-de-un-hombre-que-dejo-confundidos-a-los-medicos-que-lo-atendieron/#0
Camus, A. (1942). *El mito de Sísifo*. Buenos Aires, Argentina: Losada, 2010.
Cioran, E. (2011). *Conversaciones*. Buenos Aires, Argentina: Tusquets.
Cohen, D. (2010). *Por mano propia: estudio sobre las prácticas suicidas*. Buenos Aires, Argentina: Fondo de Cultura Económica.
Domínguez, G. (2013). Freud y su relación con la biología: entre Darwin y Lamarck. *Memorias V Congreso Internacional de Investigación y Práctica Profesional en Psicología XX Jornadas de Investigación Noveno encuentro de Investigadores en Psicología del MERCOSUR*. Buenos Aires, Argentina: Facultad de Psicología, pp. 40-44.
Donne, J. (1608). *Biathanatos*. Barcelona, España: El Cobre, 2007.
Durkheim, E. (1897). *El suicidio*. Buenos Aires, Argentina: Losada, 2004.
Ey, H. (1948). *Estudios psiquiátricos*. (1ª edición). Buenos Aires, Argentina: Polemos, 2008.
Ey, H. (1965). *Tratado de psiquiatría*. (8ª edición). Barcelona, España: Masson, 1996.
Foucault, M. (1979). *¿Qué es un autor?* Buenos Aires, Argentina: Cuenco de Plata, 2010.
Freud, S. (1900). "La interpretación de los sueños". En J. Strachey (Ed.) y J.L. Etcheverry y L. Wolfson (Trads.), *Obras completas* (Vol. IV-V). Buenos Aires, Argentina: Amorrortu, 2003.
Freud, S. (1901). "Psicopatología de la vida cotidiana". En J. Strachey (Ed.) y J.L. Etcheverry y L. Wolfson (Trads.), *Obras completas* (Vol. VI). Buenos Aires, Argentina: Amorrortu, 2003.
Freud, S. (1901). "Psicopatología de la vida cotidiana". En J. Strachey (Ed.) y L. López Ballesteros (Trad.), *Obras completas* (Vol. II, pp. 755- 931). Buenos Aires, Argentina: Siglo veintiuno, 2012.
Freud, S. (1905). "Fragmento de análisis de un caso de histeria". En J. Strachey (Ed.) y J.L. Etcheverry y L. Wolfson (Trads.), *Obras completas* (Vol. VII, pp. 1-108). Buenos Aires, Argentina: Amorrortu, 2003.
Freud, S. (1909). "A propósito de un caso de neurosis obsesiva". En J. Strachey (Ed.) y J.L. Etcheverry y L. Wolfson (Trads.), *Obras completas* (Vol. X, pp. 119-194). Buenos Aires, Argentina: Amorrortu, 2003.
Freud, S. (1910). "Sobre el psicoanálisis 'silvestre'". En J. Strachey (Ed.) y J.L. Etcheverry y L. Wolfson (Trads.), *Obras completas* (Vol. XI, pp. 217-227). Buenos Aires, Argentina: Amorrortu, 2003.
Freud, S. (1910). "Contribución para un debate sobre el suicidio". En J. Strachey (Ed.) y J.L. Etcheverry y L. Wolfson (Trads.), *Obras completas* (Vol. XI, pp. 231-232). Buenos Aires, Argentina: Amorrortu, 2003.

Freud, S. (1913). "Sobre la iniciación del tratamiento". En J. Strachey (Ed.) y J.L. Etcheverry y L. Wolfson (Trads.), *Obras completas* (Vol. XII, pp. 121-144). Buenos Aires, Argentina: Amorrortu, 2003.

Freud, S. (1912-1913). "Tótem y tabú". En J. Strachey (Ed.) y J.L. Etcheverry y L. Wolfson (Trads.), *Obras completas* (Vol. XIII, pp. 1-162). Buenos Aires, Argentina: Amorrortu, 2003.

Freud, S. (1914). "Recordar, repetir y reelaborar". En J. Strachey (Ed.) y J.L. Etcheverry y L. Wolfson (Trads.), *Obras completas* (Vol. XII, pp. 145-157). Buenos Aires, Argentina: Amorrortu, 2003.

Freud, S. (1914). "Introducción del narcisismo". En J. Strachey (Ed.) y J.L. Etcheverry y L. Wolfson (Trads.), *Obras completas* (Vol. XIV, pp. 65-98). Buenos Aires, Argentina: Amorrortu, 2003.

Freud, S. (1914). "Introducción al narcisismo". En J. Strachey (Ed.) y L. López Ballesteros (Trad.), *Obras completas* (Vol. III, pp. 2017-2033). Buenos Aires, Argentina: Siglo veintiuno, 2012.

Freud, S. (1915). "Pulsiones y destinos de pulsión". En J. Strachey (Ed.) y J.L. Etcheverry y L. Wolfson (Trads.), *Obras completas* (Vol. XIV, pp. 105-134). Buenos Aires, Argentina: Amorrortu, 2003.

Freud, S. (1915). "De guerra y muerte. Temas de actualidad". En J. Strachey (Ed.) y J.L. Etcheverry y L. Wolfson (Trads.), *Obras completas* (Vol. XIV, pp. 273-303). Buenos Aires, Argentina: Amorrortu, 2003.

Freud, S. (1915). "Sinopsis de las neurosis de transferencia". En *Textos inéditos y documentos recobrados*. Medellín, Colombia: Universidad de Antioquia; Barranquilla, Colombia: Universidad de Norte, 2017, pp. 158-188.

Freud, S. (1916). "Algunos tipos de carácter dilucidados por el trabajo psicoanalítico". En J. Strachey (Ed.) y J.L. Etcheverry y L. Wolfson (Trads.), *Obras completas* (Vol. XIV, pp. 313-339). Buenos Aires, Argentina: Amorrortu, 2003.

Freud, S. (1916-1917). "Conferencias de introducción al psicoanálisis". En J. Strachey (Ed.) y J.L. Etcheverry y L. Wolfson (Trads.), *Obras completas* (Vol. XV-XVI). Buenos Aires, Argentina: Amorrortu, 2003.

Freud, S. (1916-1917). "Lecciones introductorias al psicoanálisis". En J. Strachey (Ed.) y L. López Ballesteros (Trad.), *Obras completas* (Vol. III, pp. 2123-2412). Buenos Aires, Argentina: Siglo veintiuno, 2012.

Freud, S. (1917). "Duelo y melancolía". En J. Strachey (Ed.) y J.L. Etcheverry y L. Wolfson (Trads.), *Obras completas* (Vol. XIV, pp. 235-255). Buenos Aires, Argentina: Amorrortu, 2003.

Freud, S. (1919). "Lo ominoso". En J. Strachey (Ed.) y J.L. Etcheverry y L. Wolfson (Trads.), *Obras completas* (Vol. XVII, pp. 215-251). Buenos Aires, Argentina: Amorrortu, 2003.

Freud, S. (1920). "Más allá del principio del placer". En J. Strachey (Ed.) y J.L. Etcheverry y L. Wolfson (Trads.), *Obras completas* (Vol. XVIII, pp. 1-62). Buenos Aires, Argentina: Amorrortu, 2003.

Freud, S. (1920). "Sobre la psicogénesis de un caso de homosexualidad femenina". En J. Strachey (Ed.) y J.L. Etcheverry y L. Wolfson (Trads.), *Obras completas* (Vol. XVIII, pp. 137-164). Buenos Aires, Argentina: Amorrortu, 2003.

Freud, S. (1921). "Psicología de las masas y análisis del yo". En J. Strachey (Ed.) y J.L. Etcheverry y L. Wolfson (Trads.), *Obras completas* (Vol. XVIII, pp. 63-136). Buenos Aires, Argentina: Amorrortu, 2003.

Freud, S. (1923). "El yo y el ello". En J. Strachey (Ed.) y J.L. Etcheverry y L. Wolfson (Trads.), *Obras completas* (Vol. XIX, pp. 1-66). Buenos Aires, Argentina: Amorrortu, 2003.

Freud, S. (1923). "La organización genital infantil". En J. Strachey (Ed.) y J.L. Etcheverry y L. Wolfson (Trads.), *Obras completas* (Vol. XIX, pp. 141-149). Buenos Aires, Argentina: Amorrortu, 2003.

Freud, S. (1924). "El problema económico del masoquismo". En J. Strachey (Ed.) y J.L. Etcheverry y L. Wolfson (Trads.), *Obras completas* (Vol. XIX, pp. 161-176). Buenos Aires, Argentina: Amorrortu, 2003.

Freud, S. (1924). "El sepultamiento del complejo de Edipo". En J. Strachey (Ed.) y J.L. Etcheverry y L. Wolfson (Trads.), *Obras completas* (Vol. XIX, pp. 177-187). Buenos Aires, Argentina: Amorrortu, 2003.

Freud, S. (1926). "Inhibición, síntoma y angustia". En J. Strachey (Ed.) y J.L. Etcheverry y L. Wolfson (Trads.), *Obras completas* (Vol. XX, pp. 71-161). Buenos Aires, Argentina: Amorrortu, 2003.

Freud, S. (1927). "Fetichismo". En J. Strachey (Ed.) y J.L. Etcheverry y L. Wolfson (Trads.), *Obras completas* (Vol. XXI, pp. 141-152). Buenos Aires, Argentina: Amorrortu, 2003.

Freud, S. (1930). "El malestar en la cultura". En J. Strachey (Ed.) y J.L. Etcheverry y L. Wolfson (Trads.), *Obras completas* (Vol. XXI, pp. 57-140). Buenos Aires, Argentina: Amorrortu, 2003.

Freud, S. (1933). "Nuevas conferencias de introducción al psicoanálisis. 32ª conferencia. Angustia y vida pulsional". En J. Strachey (Ed.) y J.L. Etcheverry y L. Wolfson (Trads.), *Obras completas* (Vol. XXII, pp. 75-103). Buenos Aires, Argentina: Amorrortu, 2003.

Freud, S. (1933). "¿Por qué la guerra?" En J. Strachey (Ed.) y J.L. Etcheverry y L. Wolfson (Trads.), *Obras completas* (Vol. XXII, pp. 179-198). Buenos Aires, Argentina: Amorrortu, 2003.

Freud, S. (1937). "Análisis terminable e interminable". En J. Strachey (Ed.) y J.L. Etcheverry y L. Wolfson (Trads.), *Obras completas* (t. XXIII, pp. 211-254). Buenos Aires, Argentina: Amorrortu, 2003.

Freud, S. (1940). "Esquema del psicoanálisis". En J. Strachey (Ed.) y J.L. Etcheverry y L. Wolfson (Trads.), *Obras completas* (Vol. XXIII, pp. 133-209). Buenos Aires, Argentina: Amorrortu, 2003.

Freud, S. (1940). "La escisión del yo en el proceso defensivo". En J. Strachey (Ed.) y J.L. Etcheverry y L. Wolfson (Trads.), *Obras completas* (Vol. XXIII, pp. 271-278). Buenos Aires, Argentina: Amorrortu, 2003.

Frydman, A. (2012). *La subversión de Lacan: una introducción a la noción de sujeto*. Buenos Aires, Argentina: Continente.

Gallo, R. (2013). *Freud en México: Historia de un delirio*. México D.F: Fondo de Cultura Económica.

Godoy, C. (2010). Muerte y acto en la neurosis obsesiva. En *Memorias II Congreso Internacional de Investigación y Práctica Profesional en Psicología XVII Jornadas de Investigación Sexto Encuentro de Investigadores en Psicología del MERCOSUR*. Facultad de Psicología, Universidad de Buenos Aires, Ciudad Autónoma de Buenos Aires, pp. 223-225.

González, P. (2017). *Manual de derecho procesal penal. Principios, derechos y reglas*. México D.F: Fondo de Cultura Económica.

Green, A. (2014). *¿Por qué las pulsiones de destrucción o de muerte?*. Buenos Aires, Argentina: Amorrortu.

Guéguen, P-G. (2010). "Principios del poder del psicoanálisis frente al suicidio". En Bardón, C. y Puig, M. (Comp.) *Suicidios, medicamentos y orden público*. Madrid, España: Gredos, pp. 205-211.

Guerriero, L. (2012). *Los suicidas del fin del mundo*. Buenos Aires, Argentina: Tusquets

Heidegger, M. (1927). *El ser y el tiempo*. Buenos Aires: Fondo de cultura económica, 2010.

Hume, D. (2009). *Sobre las falsas creencias del suicidio, la inmortalidad del alma y las supersticiones*. Buenos Aires, Argentina: El cuenco de plata.

Kant, I. (1785). *Fundamentación de la metafísica de las costumbres*. Santiago, Chile: Escuela de Filosofía Universidad ARCIS. Recuperado de http://www.juslapampa.gob.ar/Consejo/images/kantfundamentaciondelametafisicadelascostumbres.pdf

Klein, M. (1952). "Algunas conclusiones teóricas sobre la vida emocional del bebé". En V.S De Campo et. al (Trads.), *Obras completas*, (Vol. III, pp. 70-101). Buenos Aires, Argentina: Paidós, 2008.

Kojève, A. (1982). *La dialéctica del amo y del esclavo en Hegel*. Buenos Aires, Argentina: La pléyade.

Korman, V. (2004). *El espacio psicoanalítico*. Barcelona, España: Síntesis.

Kris, E. (1951). Ego psychology and interpretation in psychoanalytic therapy. *The psychoanalytic quarterly*, (20), pp. 15-30.

Lacan, J. (1938). *La familia*. Buenos Aires, Argentina: Argonauta, 2003.

Lacan, J. (1938). "Intervenciones de Lacan en la Sociedad Psicoanalítica de París. El instinto de muerte". En *Intervenciones y textos*, t. I. Buenos Aires, Argentina: Manantial, 2002, pp. 11-13.

Lacan, J. (1945). "El tiempo lógico y el acerto de certidumbre anticipada. Un nuevo sofisma". En T. Segovia (Trad.), *Escritos* (t. I, pp. 193-208). Buenos Aires, Argentina: Siglo veintiuno, 2010.

Lacan, J. (1952). "El mito individual del neurótico, o Poesía y verdad en la neurosis". En *El mito individual del neurótico, o Poesía y verdad en la neurosis* (pp. 11-52). Buenos Aires, Argentina: Paidós, 2009.

Lacan, J. (1953). "Función y campo de la palabra y del lenguaje en psicoanálisis". En T. Segovia (Trad.), *Escritos* (Vol. I, pp. 231-309). Buenos Aires, Argentina: Siglo veintiuno, 2010.

Lacan, J. (1953-1954). *El seminario. Libro 1: Los escritos técnicos de Freud*. Buenos Aires, Argentina: Paidós, 2007.

Lacan, J. (1954). "Del símbolo y de su función religiosa". En *El mito individual del neurótico* (pp. 53-99). Buenos Aires, Argentina: Paidós, 2009.

Lacan, J. (1954-1955). *El seminario. Libro 2: El Yo en la teoría de Freud y en la técnica psicoanalítica*. Buenos Aires, Argentina: Paidós, 2008.

Lacan, J. (1955). "Variantes de la cura-tipo". En T. Segovia (Trad.), *Escritos* (t. I, pp. 311-346). Buenos Aires, Argentina: Siglo veintiuno, 2010.

Lacan, J. (1955-1956). *El seminario. Libro 3: Las psicosis*. Buenos Aires, Argentina: Paidós, 2009.

Lacan, J. (1956). "Respuesta al comentario de Jean Hyppolite sobre la *Verneinung* de Freud". En T. Segovia (Trad.), *Escritos* (t. I, pp. 363-378). Buenos Aires, Argentina: Siglo veintiuno, 2010.

Lacan, J. (1956-1957). *El seminario. Libro 4: La relación de objeto y las estructuras freudianas*. Buenos Aires, Argentina: Paidós, 2004.

Lacan, J. (1957-1958). *El seminario. Libro 5: Las formaciones del inconsciente*. Buenos Aires, Argentina: Paidós, 2007.

Lacan, J. (1958-1959). *El seminario. Libro 6: El deseo y su interpretación*. Buenos Aires, Argentina: Paidós, 2014.

Lacan, J. (1959-1960). *El seminario. Libro 7: La ética del psicoanálisis*. Buenos Aires, Argentina: Paidós, 2009.

Lacan, J. (1960). "Subversión del sujeto y dialéctica del deseo en el inconsciente freudiano". En T. Segovia (Trad.), *Escritos* (t. II, pp. 755-787). Buenos Aires, Argentina: Siglo veintiuno, 2010.

Lacan, J. (1960-1961). *El seminario de Jacques Lacan. Libro 8: La transferencia*. Buenos Aires, Argentina: Paidós, 2004.

Lacan, J. (1961). "La dirección de la cura y los principios de su poder". En T. Segovia (Trad.), *Escritos* (t. II, pp. 559 -615). Buenos Aires, Argentina: Siglo veintiuno, 2010.

Lacan, J. (1961). "Observación sobre el informe de Daniel Lagache: 'Psicoanálisis y estructura de la personalidad'". En T. Segovia (Trad.), *Escritos* (t. II, pp. 617-651). Buenos Aires, Argentina: Siglo veintiuno, 2010.

Lacan, J. (1961-1962). *El seminario. Libro 9: La identificación*. Ricardo Rodríguez Ponte (Trad.). Buenos Aires, Argentina: Escuela freudiana de Buenos Aires. Inédito.

Lacan, J. (1962). "Kant con Sade". En T. Segovia (Trad.), *Escritos* (t. II, pp. 727-751). Buenos Aires, Argentina: Siglo veintiuno, 2010.

Lacan, J. (1962-1963). *El seminario. Libro 10: La angustia*. Buenos Aires, Argentina: Paidós, 2006.

Lacan, J. (1963). "Introducción a los nombres del padre". En N. González

(Trad.), *De los nombres del padre* (pp. 65-103) Buenos Aires, Argentina: Paidós, 2007.

Lacan, J. (1964). *El seminario. Libro 11: Los cuatro conceptos fundamentales del psicoanálisis*. Buenos Aires, Argentina: Paidós, 2001.

Lacan, J. (1964). "Acto de fundación". En G. Esperanza et al. (Trads), *Otros escritos* (pp. 247-259) Buenos Aires, Argentina: Paidós, 2012.

Lacan, J. (1964). *Les fondements de la psychanalyse* [Estenotipia]. Disponible en www.ecole-lacanienne.net/es/bibliolacan/seminaires-version-j-l-et-non-j-l-2/

Lacan, J. (1964-1965). *Seminario 12: Problemas cruciales del psicoanálisis*. Ricardo Rodríguez Ponte (Trad.). Buenos Aires, Argentina: Escuela freudiana de Buenos Aires. Inédito.

Lacan, J. (1966). "Posición del inconsciente". En T. Segovia (Trad.), *Escritos* (t. II, pp. 789-808). Buenos Aires, Argentina: Siglo veintiuno, 2010.

Lacan, J. (1966-1967). *Seminario 14: La lógica del fantasma*. Ricardo Rodríguez Ponte (Trad.). Buenos Aires, Argentina: Escuela freudiana de Buenos Aires. Inédito.

Lacan, J. (1967). "Alocución sobre las psicosis del niño". En G. Esperanza et al. (Trads), *Otros escritos* (pp. 381-391) Buenos Aires, Argentina: Paidós, 2012.

Lacan, J. (1967-1968). *Seminario 15: El acto psicoanalítico*. Ricardo Rodríguez Ponte (Trad.). Buenos Aires, Argentina: Escuela freudiana de Buenos Aires. Inédito.

Lacan, J. (1968). "La lógica del fantasma. Reseña del seminario de 1966-1967". En G. Esperanza et al. (Trads), *Otros escritos* (pp. 343-348). Buenos Aires, Argentina: Paidós, 2012.

Lacan, J. (1968). "Alocución sobre las psicosis del niño". En G. Esperanza et al. (Trads), *Otros escritos* (pp. 381-391). Buenos Aires, Argentina: Paidós, 2012.

Lacan, J. (1968-1969). *El seminario. Libro 16: De un Otro al otro*. Buenos Aires, Argentina: Paidós, 2008.

Lacan, J. (1969). "El acto psicoanalítico. Reseña del seminario de 1967-1968". En G. Esperanza et al. (Trads), *Otros escritos* (pp. 395-403). Buenos Aires, Argentina: Paidós, 2012.

Lacan, J. (1969-1970). *El seminario. Libro 17: El reverso del psicoanálisis*. Buenos Aires, Argentina: Paidós, 2009.

Lacan, J. (1970). "Radiofonía". En G. Esperanza et al. (Trads), *Otros escritos* (pp. 425-471). Buenos Aires, Argentina: Paidós, 2012.

Lacan, J. (1970). "Discurso a la Escuela Freudiana de París". En G. Esperanza et al. (Trads), *Otros escritos* (pp. 279-300) Buenos Aires, Argentina: Paidós, 2012.

Lacan, J. (1971). *El seminario. Libro 18: De un discurso que no fuera de semblante*. Buenos Aires, Argentina: Paidós, 2009.

Lacan, J. (1971). "Saber, ignorancia, verdad y goce". En *Hablo a las paredes*. Buenos Aires, Argentina: Paidós, 2012.
Lacan, J. (1972). *Del discurso psicoanalítico*. Olga Mabel Máter (Trad.). Inédito.
Lacan, J. (1972). *Conferencia en Lovaina*. Ricardo Rodríguez Ponte (Trad.). Buenos Aires, Argentina: Escuela freudiana de Buenos Aires. Inédito.
Lacan, J. (1973). "El atolondradicho". En G. Esperanza et al. (Trads), *Otros escritos* (pp. 473-522). Buenos Aires, Argentina: Paidós, 2012.
Lacan, J. (1974). "Televisión". En O. Masotta y O. Gimeno-Grendi (Trads.), *Psicoanálisis. Radiofonía y Televisión* (pp. 81-135). Buenos Aires, Argentina: Manantial, 1993.
Lacan, J. (1974). "Télévision". En *Autres écrits* (pp. 509-545). París, Francia: Seuil, 2001.
Lacan, J. (1974). "Televisión". En G. Esperanza et al. (Trads), *Otros escritos* (pp. 535-572). Buenos Aires, Argentina: Paidós, 2012.
Lacan, J. (2012, Agosto 26). Télévision [Archivo de video]. Recuperado de https://www.youtube.com/watch?v=m6csLeB0Tuk
Lacan, J. (1974-1975). *Seminario 22: R.S.I.* Ricardo Rodríguez Ponte (Trad.). Buenos Aires, Argentina: Escuela freudiana de Buenos Aires. Inédito.
Lacan, J. (1975). *De la psicosis paranoica en sus relaciones con la personalidad*. México D.F, México: Siglo veintiuno, 2000.
Lacan, J. (1975). "La tercera". En *Intervenciones y textos* (t. II, pp. 73-108). Buenos Aires, Argentina: Manantial, 2001.
Lacan, J. (1975). Réponsé à une question de Marcel Ritter. Recuperado de http://ecole-lacanienne.net/wp-content/uploads/2016/04/1975-01-26b.pdf
Lacan, J. (1977). Apertura de la sección clínica. *Ornicar?,* (3), pp. 37-46.
Lamarck, J-P. (1986). *Filosofía zoológica*. Barcelona, España: Alta fulla.
Laplanche y Pontalis. (1986). *Diccionario de psicoanálisis*. Barcelona, España: Labor.
Leibovich, A. (1991). Crónica de una distorsión en psicoanálisis. *Asociación Escuela Argentina de Psicoterapia para Graduados*, (17), pp. 47-59.
Levé, É. (2010). *Suicidio*. Madrid, España: 451.
Lodge, D. (2010). *La vida en sordina*. Barcelona, España: Anagrama.
Lombardi, G. (1993). "El acto analítico considerado a la luz de sus infortunios". En *Infortunios del acto analítico*, Buenos Aires, Atuel, pp. 57-80.
Lombardi, G. (2015). *La libertad en psicoanálisis*. Buenos Aires: Paidós.
Márai, S. (1942). *El último encuentro*. Barcelona, España: Salamandra, 2000.
Mazzuca, R. (2013). "Ética, psicopatología y psicoanálisis". En *Psicopatología: clínica y ética: de la psiquiatría al psicoanálisis*. Buenos Aires, Argentina: Grama.
Miller, J-A. (1993). "Jacques Lacan: Observaciones sobre su concepto de pasaje al acto". En *Infortunios del acto analítico* (pp. 39-55). Buenos Aires, Argentina: Atuel.
Miller, J-A. (1998). *Los signos del goce*. Buenos Aires, Argentina: Paidós.

Muñoz, P. (2009). *La invención lacaniana del pasaje al acto: de la psiquiatría al psicoanálisis*. Buenos Aires, Argentina: Manantial.

Muraro, V. (2019). *Interpretación y vanguardia*. Buenos Aires, Argentina: Letra Viva.

Nítobe, I. (1989). *El código del samurái. Bushido*. Barcelona, España: Obelisco, 2004.

Pastor, J. y Ovejero, B. (2007). *Michael Foucault, caja de herramientas contra la dominación*. Asturias, España: Universidad de Oviedo.

Paulhan, J. (1930). *El guerrero aplicado*. Madrid, España: Arena, 2009.

Pinguet, M. (1980). *La muerte voluntaria en Japón*. Buenos Aires, Argentina: Adriana Hidalgo, 2016.

Platón. (390 a. C.). "Apología de Sócrates". En *Diálogos*, t. I, Madrid, España: Gredos, 2011.

Platón. (390 a. C.). "Fedón". En *Diálogos*, t. I, Madrid, España: Gredos, 2011.

Platón. (390 a. C.). "Leyes". En *Diálogos*, t. IX, Madrid, España: Gredos, 1999.

Rabinovich, D. (1999). *El deseo del psicoanalista*. Buenos Aires, Argentina: Manantial.

Real Academia Española. (2011). *Diccionario de la lengua española* (22ª. ed.). Recuperado de www.rae.es.

Rimbaud, A. (1972). *Poesía completa*. Madrid, España: Visor, 2009.

Roudinesco, E. (2000). *Lacan. Esbozo de una vida, historia de un sistema de pensamiento*. Santa Fe de Bogotá, Colombia: Fondo de Cultura Económica.

Sand, G. (1850). *L'histoire du véritable Gribouille*. Recuperado de http://www.gutenberg.org/files/32640/32640-h/32640-h.htm

Sauval, M. (1996). "El síntoma y la dirección de la cura". *Acheronta*, (3), pp. 54-74. Recuperado de http://www.acheronta.org/acheronta4/sintoma1.htm

Sauval, M. (1998). La urgencia..."analítica". *Psicoanálisis y hospital*, (13). Recuperado de www.sauval.com/pdf/La%20urgencia%20analitica.pdf

Sauval, M. (s.f). La angustia. J. Lacan. Lectura del seminario (notas y comentarios). "Negación expletiva". Recuperado de http://www.sauval.com/angustia/expletiva.htm

Schejtman, F. (2013). "Una introducción a los tres registros". En *Psicopatología: clínica y ética: de la psiquiatría al psicoanálisis*. (pp. 385-447) Buenos Aires, Argentina: Grama.

Schopenhauer, A. (1851). *Sobre el dolor del mundo, el suicidio y la voluntad de vivir*. Madrid, España: Tecnos, 2006.

Séneca, L. (4 a. C.). *Epístolas morales a Lucilo*. Madrid, España: Gredos, 1986.

Sófocles. (441 a. C.). *Antígona*. Buenos Aires, Argentina: Quadrata, 2004.

Soler, C. (2004). Las interpretaciones del psicoanálisis. *Heteridad* (4), pp. 29-33.

Soler, C. (2010). "El sujeto del acto". En *Acto, pasaje al acto y* acting out *en psicoanálisis* (pp. 35-43). Santa fe de Bogotá, Colombia: Gloria Gómez.

Soler, C. (2011). Los trastornos del ánimo, ¿tienen un sentido?. *Revista de psicoanálisis Aún*, (5), pp. 11-24.

Soler, C. (2013). *El fin y las finalidades del análisis*. Buenos Aires, Argentina: Letra viva.

Spielrein, S. (1912). La destrucción como origen del devenir. Recuperado de http://www.elescarmiento.com.ar/archivo/Sabina_Spielrein.pdf

Spinoza, B. (1677). *Ética demostrada según el orden geométrico*. (3ª edición). Madrid, España: Trotta, 2009.

Szasz, T. (2002). *Libertad fatal*. Barcelona, España: Paidós.

Tsunetomo, Y. (1716). *Hagakure. El camino del samurái*. Madrid, España: Arkano, 2005.

Vargas, D. (2010). El suicidio, sus estatutos y ética del psicoanálisis. En *Affectio societatis*, *7* (12), pp. 96-108.

Vargas, D. (2011). "El suicidio: ¿un acto no fallido?". En *Conversación analítica VIII: Las formaciones del inconsciente* (pp. 55-60). Buenos Aires, Argentina: Grama.

Vargas, D. (2016). "Suicidios encubiertos: interrogaciones sobre la necesidad de castigo y el deseo inconsciente". En *Memorias VIII Congreso Internacional de Investigación y Práctica profesional en Psicología, XXIII Jornadas de Investigación, y XII Encuentro de Investigadores en Psicología del Mercosur*. Buenos Aires, Argentina: Universidad de Buenos Aires, pp. 798-802.

Vargas, D. (2016). "¿Qué Otro no existe?" En *Conversación Analítica XIII: Del Uno al no-todo* (pp. 51-53). Buenos Aires, Argentina: Grama.

Vargas, D. (2017). El analista: un objeto deseante. En *Aun. Revista Internacional de Psicoanálisis*, *10*, pp. 101-110.

Vargas, D. (2019). "Riesgo suicida e internación hospitalaria". En *Abordaje inclusivos en Salud Mental. Clínica, comunidad y derechos*. Buenos Aires, Argentina: Asociación Argentina de Salud Mental, pp. 505-507.

Vargas, D. (2019). Algunas consideraciones sobre el *acting-out* y el pasaje al acto en las psicosis. En *Memorias XI Congreso Internacional de Investigación y Práctica profesional en Psicología, XXVI Jornadas de Investigación, XV Encuentro de Investigadores en Psicología del Mercosur, I Encuentro de Terapia Ocupacional y I Encuentro de Musicoterapia*. Buenos Aires, Argentina: Universidad de Buenos Aires, pp. 857-861.

Vargas, D. (2019). Realidad, juicio y rectificación subjetiva. En *Memorias XI Congreso Internacional de Investigación y Práctica profesional en Psicología, XXVI Jornadas de Investigación, XV Encuentro de Investigadores en Psicología del Mercosur, I Encuentro de Terapia Ocupacional y I Encuentro de Musicoterapia*. Buenos Aires, Argentina: Universidad de Buenos Aires, pp. 852-856.

Vargas, D. y Abínzano, R. (2020). Anorexia y suicidios no violentos. *Affectio Societatis* (En evaluación).

Vegh, I. (2008). Topología y clínica: un encuentro posible. *Imago agenda*, (120), pp. 3-4, 16.

Viereck, G. y Freud, S. (1926). "El valor de la vida. Una rara entrevista con Freud". En *Palabra plena: conversaciones con psicoanalistas* (pp. 39-50). Cali, Colombia: Bonaventuriana, 2012.

Winnicott, D. (1959). "La clasificación, ¿hay una contribución psicoanalítica a la clasificación psiquiátrica?". En *Obras completas*, pp. 433-442. Recuperado de http://psikolibro.blogspot.com/search/label/Obras%20Completas%20Winnicott

Winnicott, D. (1962). "Un modo personal de ver el aporte kleiniano". En *Obras completas*, pp. 1021-1026 . Recuperado de http://psikolibro.blogspot.com/search/label/Obras%20Completas%20Winnicott

Winnicott, D. (1968). "Raíces de la agresión". En *Obras completas*, pp. 1452-1456. Recuperado de http://psikolibro.blogspot.com/search/label/Obras%20Completas%20Winnicott

Zambra, A. (2013). "Yo fumaba muy bien". En *Mis documentos*. Barcelona, España: Anagrama.